SAUL BERNSTEIN
LOUIS LOWY

Neue Untersuchungen
zur Sozialen Gruppenarbeit

Herausgegeben von

SAUL BERNSTEIN
LOUIS LOWY

Neue Untersuchungen zur Sozialen Gruppenarbeit

Aus dem Amerikanischen übersetzt
von Margarete Harvey, Uta Löckenhoff
und Gertraud Wopperer

LAMBERTUS-VERLAG

Das amerikanische Originalwerk (Kapitel 2—7 der
deutschsprachigen Ausgabe) erschien unter dem Titel
„Further Explorations in Group Work" bei
Boston University School of Social Work, 1970.
Das erste Kapitel ist ein Originalbeitrag.

Alle deutschsprachigen Rechte vorbehalten
© 1975, Lambertus-Verlag, Freiburg im Breisgau
Gestaltung: Werner Bleyer, Freiburg im Breisgau
Herstellung: Druckerei Heinz Rebholz, Freiburg im Breisgau
ISBN: 3-7841-0085-6

Inhalt

Vorwort zur deutschen Ausgabe

Seit dem Erscheinen der ersten Auflage der „Untersuchungen zur Sozialen Gruppenarbeit" im Jahre 1969 hat das Interesse an methodischen Ansätzen zur Arbeit mit Gruppen sehr zugenommen. Es geht inzwischen über den Kreis der Sozialarbeiter weit hinaus. Angehörige anderer Berufe, Sozialpädagogen, Seelsorger, Lehrer, Ärzte, deren Aufgabe es ist, Menschen zu helfen, Lebenssituationen besser zu meistern, setzen sich damit auseinander.

Immer mehr Einrichtungen versuchen, ihren Klienten neben der Einzelhilfe auch Gruppenarbeit anzubieten. Sozialarbeiter, die Familientherapie oder Gemeinwesenarbeit als Methode benutzen, kommen ohne solide Kenntnisse des Arbeitens mit Gruppen nicht aus. In der Jugend- und Erwachsenenbildung wird nach bisher überwiegender Aufmerksamkeit für Lehrinhalte und Lehrziele den Prozessen der Kommunikation und den Techniken der Intervention mehr Beachtung geschenkt. So steigt die Nachfrage nach Sozialarbeitern und Sozialpädagogen, die gute Kenntnisse in der Gruppenarbeit mitbringen.

Andererseits ist die Soziale Gruppenarbeit als Methode der Sozialarbeit in die allgemeine Auseinandersetzung um den Auftrag der Sozialarbeit geraten. Sie muß sich kritischen Fragen stellen:

- nach ihrem spezifischen Ansatz innerhalb der Sozialarbeitsmethoden und ihrem Beitrag zur Weiterentwicklung einer Sozialarbeitstheorie
- nach der Abgrenzung gegenüber anderen Konzepten des Arbeitens mit Gruppen
- ihrer Brauchbarkeit außerhalb der traditionellen Felder der Sozialarbeit
- ihrer Anwendung durch Träger anderer Berufsrollen
- nach der wissenschaftlichen Begründung und der Nachprüfbarkeit ihrer Handlungsansätze
- nach ihrem Nutzen, zu einer tatsächlichen Verbesserung der Lebens-

bedingungen beizutragen in einer Zeit, wo sich die Aufmerksamkeit mehr und mehr der Gesellschafts- und Systemveränderung zuwendet und der Sozialarbeit häufig der Vorwurf gemacht wird, durch Anpassungstechniken zur Erhaltung und Verfestigung menschenunwürdiger Lebensumstände beizutragen, statt Emanzipation zu ermöglichen.

Das alles sind Herausforderungen, die nach Antworten verlangen. Die Gesellschaft erwartet heute mehr denn je von der Sozialarbeit einen Beitrag zur Lösung der vielfältigen individuellen und sozialen Probleme, vor denen sie steht. Dieser Anspruch ist groß. Er kann nur erfüllt werden durch die Weiterentwicklung wissenschaftlicher Konzepte einerseits und durch ihre kontrollierte Anwendung in der Praxis andererseits.

Dabei geht es den Sozialarbeitern wie den Angehörigen anderer helfender Berufe. Sie werden oft mit Notsituationen konfrontiert, auf die sie noch keine wissenschaftlich abgesicherte Antwort geben können und müssen trotzdem handeln. Es ist aber als ein Fortschritt auf dem Wege zur Verwissenschaftlichung und Professionalisierung der Sozialarbeit anzusehen, daß die Fragen nach der *systematischen* Anwendung *gesicherten* Wissens, der *kritischen* Anwendung *hypothetischen* Wissens und des Bewußtseins, daß manches Handeln der wissenschaftlichen Fundierung überhaupt noch entbehrt, heute in Ausbildung und Praxis durchgängig gestellt wird.

Die School of Social Work der Boston University versucht seit Jahren, durch ihre Untersuchungen zur Sozialen Gruppenarbeit ihren Beitrag zur Weiterentwicklung der Sozialarbeit im Sinne der oben dargestellten Ziele zu leisten. Sie ist in der glücklichen Lage, über ein Team von Wissenschaftlern zu verfügen, die alle Sozialarbeiter sind und die die Praxis der Sozialarbeit nicht nur vom Hörensagen, sondern aus vielfältiger eigener Tätigkeit gründlich kennen.

Sonst ist einerseits die Theorie, wie sich das bei uns immer wieder zeigt, in der Gefahr, auf einem zu hohen Abstraktionsgrad oder in der Laborsituation stehen zu bleiben und die vielfältige Wirklichkeit der Praxis zu übersehen oder zu vergewaltigen. Andererseits droht der Praxis, „vor lauter Bäumen den Wald nicht zu sehen" und in den Zufälligkeiten des Einzelfalles zu ersticken.

Dagegen zeigt der Versuch der Kollegen der Boston School of Social Work, Praxistheorie weiter zu entwickeln, daß Sozialarbeit weder ein totales Auf-

gehen in der unvergleichbaren Einzelsituation noch, wo sie systematisiert
wird, nicht mehr Sozialarbeit, sondern Soziologie oder Gesellschaftspolitik
ist. Vielmehr wird ihr Standort und ihr eigenständiger Beitrag im gesamt-
gesellschaftlichen Gefüge deutlich. Auch dies kann der deutschen Sozialarbeit, die z. Z. in der Auseinandersetzung um ihre Identität ist, hilfreich
sein.

Jeder der sieben Beiträge dieser Veröffentlichung ist ein Versuch, „das Netz,
mit dem wir unsere Wirklichkeit einzufangen versuchen, immer enger zu
machen". (Popper)

Die vier Modelle der Sozialen Gruppenarbeit sind durch die regelmäßige
Lehrtätigkeit von Prof. Lowy in der Bundesrepublik schon vorgestellt
worden. Es ist begrüßenswert, daß sie nun einer breiteren Fachöffentlich-
keit bekanntwerden und auf ihre Brauchbarkeit für die Praxis erprobt werden können. Dabei wird es notwendig sein zu überprüfen, inwieweit diese
Modelle in den in der Bundesrepublik gegenüber den USA stärker
strukturierten und differenzierten sozialpädagogischen Arbeitsfeldern der
Jugend- und Erwachsenenbildung anwendbar sind oder weitere Modelle,
die der Arbeit in diesen Feldern und ihren Zielen besser gerecht werden,
entwickelt werden müssen.

Die beiden Artikel über „Zielformulierung in der sozialen Arbeit mit
Gruppen" und „Wertvorstellungen und Gruppenarbeit" sind jetzt, wo nach
einer Zeit langer Enthaltsamkeit von der Beschäftigung mit Zielen und
Werten zugunsten des diagnostischen und interventionstechnischen Ansatzes diese Fragen wieder im Mittelpunkt der Diskussion stehen, besonders interessant. Sie zeigen, daß eine Konkretisierung solcher grundsätzlicher Fragestellungen auf methodisches Handeln hin auch zugleich Ver-
sachlichung bedeutet.

Das Spannungsverhältnis zwischen der Notwendigkeit, Ziele von außen
zu setzen, ohne dabei die Gruppenmitglieder zu vergewaltigen, und Ziele
durch die einzelnen Gruppenmitglieder und die Gruppe als Ganzes bestimmen zu lassen, ohne dabei der Gefahr der Gebundenheit an das
Bekannte zu erliegen, statt Entwicklung zu fördern, wird hier sichtbar.

Der Beitrag über Wertvorstellungen ist der Versuch, eine Klammer zu
finden zwischen zwei Extremen in der Entwicklung der Sozialarbeit. Sie
sind mit den Stichworten „viel Werte, wenig Methodik" und „viel Metho-

dik, wenig Werte" zu umschreiben. Werte und Methoden aber stehen in
einem unlösbaren Zusammenhang, und methodisches Arbeiten ist ohne
die Entscheidung für Werte nicht möglich. Die Anmerkungen zu den
Werten der Mittelschicht könnten die derzeitigen Auseinandersetzungen,
in denen viele Sozialarbeiter stehen, bereichern.

Die beiden folgenden Artikel über „Das Sündenbock-Phänomen – Kennzeichen und Bewältigung" und „Die Gruppenzusammensetzung als ein
Instrument zur Behandlung von Kindern" sind Beispiele dafür, wie eine
Praxistheorie weiterentwickelt werden kann. Sie zeigen die Umsetzung
soziologischer und sozialpsychologischer Forschungsergebnisse in kon-
kretes Handeln in jeweils anderen Situationen. Sie machen deutlich, wie
wenig Instrumente für eine zielgerichtete Hilfe heute schon zur Verfügung
stehen und wievieler Anstrengungen es noch bedarf, sie zu verbessern.
Hier werden erste Ansätze einer Systematisierung der Arbeit in konkreten
Situationen aufgezeigt.

Dies gilt in noch stärkerem Maße für die Beiträge über „Das behinderte
Kind und die Gruppe seiner Altersgenossen" und die „Anwendung des
Entwicklungsstufenmodells auf Gruppen in psychiatrischer Behandlung".
Ihr besonderer Wert für die deutsche Sozialarbeitsausbildung und die
Praxis dürfte nicht zuletzt in der Verarbeitung des Fallmaterials, an der es
uns immer noch mangelt, liegen. Gerade an diesen beiden Artikeln, aber
auch am Beitrag zum „Sündenbock-Phänomen" wird deutlich, wie unauf-
hebbar der Zusammenhang zwischen individueller Hilfe und Veränderung
gesellschaftlicher Zustände ist. So sind die Beiträge zur Arbeit mit Behinderten und psychisch Kranken einerseits Beispiele dafür, wie das Problem
der Integration von Kranken und Behinderten in die Gesellschaft anzu-
gehen ist, zugleich zeigen sie aber auch Transfermöglichkeiten dieser Ansätze für die Bewältigung von Problemen, denen Minoritäten in einer
Gesellschaft überhaupt ausgesetzt sind. Sachgerechte Hilfe hat immer zwei
Ebenen: die Befähigung der Betroffenen selbst, mit ihrer Lage fertig zu
werden und die Aktivierung der Menschen des Umfeldes.

Alle Beiträge sind ein deutliches Bekenntnis zu den zentralen Prinzipien
der Sozialarbeit, den einzelnen Menschen zu bejahen, ihm alle verfügbaren Chancen zu seiner Entwicklung zu geben und ihm die Gelegenheit
zu bieten, soziale Verantwortung übernehmen zu können. Es geht darum,

über der Liebe zur Menschheit allgemein und dem Schaffen einer besseren Gesellschaft von morgen nicht zu übersehen, daß Menschen von heute in ihren konkreten Notsituationen einen Anspruch auf bestmögliche Hilfe haben. Es wird aber auch deutlich, daß Gruppenarbeit dabei nicht stehen bleibt, sondern, indem sie dies immer sachgerechter tut, auch ihren Beitrag zur Lösung grundsätzlicher Probleme der Menschheit leisten will und kann.

Wie mühsam es ist, Wünschenswertes zu ermöglichen und sich nicht nur dem erhabenen Gedanken vom Wert des Menschen verpflichtet zu fühlen, sondern wenigen Menschen in schwierigen Situationen dazu zu verhelfen, daß sie menschenwürdiger leben können, zeigen die „Neuen Untersuchungen zur Sozialen Gruppenarbeit".

Sie ermutigen alle, die trotz der Belastungen der täglichen Praxis nicht den Blick für die Unvollkommenheit ihres Tuns verloren und die Initiative, ihre Arbeit immer besser zu machen, behalten haben.

Sie sind für die Ausbildungsstätten eine Verpflichtung, ihren Beitrag zur Weiterentwicklung der Praxis zu leisten.

Teresa Bock

Vorwort

Diese Veröffentlichung erwuchs aus ihrer Vorgängerin: „Explorations in Group Work"*. Das von letzterer erweckte Interesse und ihre weite Verbreitung hierzulande und im deutschsprachigen Ausland ermutigten den „Ausschuß für Theorie der Gruppenarbeit" an der School of Social Work der Universität Boston, eine weitere Publikation in Angriff zu nehmen. Im Laufe der vergangenen Jahre waren in dem Ausschuß natürlich sowohl personelle Veränderungen wie auch personelle Kontinuität zu verzeichnen. Den Kern bildete wiederum das Group Work Department der Schule, ergänzt durch Dekan Joseph Meisels, ein Mitglied der Fakultät für Soziale Einzelhilfe, mehrere Praxisanleiter und Praktikanten. Eine Neuerung bildete die Einladung von Studenten des zweiten Studienjahrs zu unseren Sitzungen, und zwar im Turnusverfahren, um eine höhere Teilnehmerzahl zu erreichen. Den Studenten wurden die Arbeitsunterlagen zur Verfügung gestellt, und sie wurden ermuntert, bei den Diskussionen mitzumachen.

Unser Vorgehen war ähnlich wie bei der ersten Veröffentlichung der „Explorations". Wir prüften möglicherweise in Betracht kommende Themen und sahen uns einige davon näher daraufhin an, wie weit sie Brauchbares enthielten, bevor wir die endgültige Auswahl trafen.

Dabei ließen wir uns von Kriterien leiten wie: Die Bedeutung des Themas für Theorie und Praxis der Gruppenarbeit, Lücken in der Fachliteratur, unsere Möglichkeit, etwas wirklich Bedeutsames zum Thema zu sagen, und ein genügend starkes Interesse bei denen, die die Beiträge dazu verfassen sollten. Wir wiederum waren bereit, die Einheitlichkeit der Themenführung für den ganzen Band zugunsten der Vorteile zu opfern, die daraus zu erwarten waren, daß die Autoren sich ganz ursprünglich dem Thema

---

* deutsch „Untersuchungen zur Sozialen Gruppenarbeit", Lambertus-Verlag, Freiburg [3]1973

verpflichtet fühlten, über das sie schreiben sollten und an dem sie meist
Jahre hindurch gearbeitet hatten.

Wir folgten ferner der Grundregel, daß alle Mitglieder des Ausschusses frei
in der Kritik und im Angebot von Vorschlägen sein sollten, daß jedoch
die letzte Entscheidung über den Inhalt der verschiedenen Beiträge den
Autoren zustehen sollte. Wir hielten es für unrealistisch und nicht wünschenswert zu versuchen, ein völliges Einverständnis aller zu allen Beiträ-
gen zu erreichen.

Jeder Autor hatte bei verschiedenen Anlässen Gelegenheit, die Wirkung
seiner Ideen auf uns andere zu prüfen, bevor und nachdem er sich zu einem
Beitrag verpflichtet hatte. Die Diskussionen waren lebhaft und anregend
und nicht ohne beachtliche Ergebnisse für das Vorhaben. Gegen Ende
des Zeitabschnitts, währenddessen die Artikel vorbereitet wurden, kamen
einige Mitglieder des Ausschusses zu einer Gruppe zusammen, um den
Plan für einen Kurs der Schule über Praxis der Sozialarbeit zu entwerfen.
Dies erweiterte die schon vorhandenen Angegungen für Gruppenarbeit in
Hinsicht auf ihre Beziehungen zu anderen Methoden und im Zusammenhang mit einem umfassenden Verständnis der Sozialarbeit.

Durch die Mitarbeit von Studenten und auf andere Weise konnten die Beiträge über den Kreis der Mitglieder des Ausschusses hinaus geprüft werden. Sie sind also alles andere als Erzeugnisse von Arbeiten im Allein-
gang. Der hohe Aufwand an Zeit, Arbeit und Denkkraft führte zu wert-
vollen Resultaten für uns in unserer beruflichen Entwicklung sowie für
unsere Praxis und Lehre. Wir hoffen, sie werden auch für die Leser einen
ähnlichen Nutzen bringen.

                                                                    Saul Bernstein

15

Einführung

Dieser Band weist viele Verbindungen zu den „Untersuchungen zur Sozialen Gruppenarbeit" auf, aber er ist in sich abgeschlossen und kann unabhängig davon gelesen werden. Sein eigentlicher Inhalt ist anders, aber die Einflüsse der „Untersuchungen" auf die hier publizierten Beiträge sind vielfältig. Ein deutliches Beispiel dafür ist der Aufsatz von Frey und Garland, in dem das Stufenmodell der Gruppenentwicklung auf schizophrene und charakterlich gestörte Menschen angewandt wird. Fragestellungen bezüglich der Gruppenzusammensetzung beziehen sich auf die früheren Aufsätze, ebenso auch die Fragen, die sich aus dem Zusammensein von behinderten mit gesunden Kindern ergeben. Auch die übrigen Aufsätze in diesem Band, die sich mit dem „Sündenbock"-Phänomen und mit der Formulierung von Zielen und Werten befassen, haben gewisse Verbindungen zu den Themen der früheren Veröffentlichung.

Wir haben auch hier sorgfältig überlegt, auf welcher Ebene welche Art von Theorie entwickelt werden sollte. Die hohe Ebene der Abstraktion wirkt so blutleer und verallgemeinernd, daß sie für das Verständnis und die Beeinflussung spezifischer Situationen nur wenig Ansatzpunkte bietet. Da uns an der praktischen Anwendbarkeit der Theorie und an derjenigen Art von Wissen gelegen ist, das bei der Arbeit mit Menschen von Nutzen ist, haben wir uns gegen die Abstraktion und für ein anderes Vorgehen entschieden: Wir haben die vielfältigen Variablen miteinbezogen, die für Gruppen und deren Mitglieder charakteristisch sind und auch als Gruppeneigenschaften bezeichnet werden. Anstatt den Versuch zu unternehmen, uns umfassend mit einem ganzen sozialen System zu beschäftigen, hielten wir es für ergiebiger, einige begrenzte Dimensionen auszuwählen und sie gründlich zu durchforschen. Die Aufsätze über die Entwicklungsstufen der Gruppe, über die Zusammensetzung, über Ziele und Werte behandeln jeder für sich solche begrenzten Variablen. Der Aufsatz über be-

hinderte Kinder konzentriert sich auf ein Problem, das viele Jugendliche
wie auch die um sie besorgten Personen angeht. Die Veröffentlichung
über das „Sündenbock"-Phänomen handelt schließlich ebenfalls von einem
überall vorhandenen menschlichen Problem, das genau wie das Behindert-
sein häufig außerhalb der Gruppe oder vor ihrer Konstituierung entstanden ist,
das aber typisch ist für die Art und Weise, wie Beziehungen in vielen Gruppen zustande kommen.

In Übereinstimmung mit der Geschichte und dem Geist der Gruppenarbeit
und der Sozialarbeit haben wir das Individuum und die Familie, die Gruppe
und die weitere soziale Umgebung im Auge behalten. In allen Aufsätzen
liegt das Schwergewicht auf der Gruppe, aber wir hoffen, daß das Wechselspiel zwischen dieser sozialen Einheit und den Individuen, aus denen sie
sich zusammensetzt, wie auch ihren Familien klar und deutlich zum Ausdruck kommt. Neben unserem Interesse an der reichen Interaktion zwischen Individuum und Gruppe besteht unser Anliegen bei der Arbeit mit
Gruppen zum großen Teil darin, das Verhalten ihrer Mitglieder außerhalb
der Gruppe und für die Zukunft günstig zu beeinflussen. Ein vergleichbares Wechselspiel vielfältiger Art ist zwischen Gruppen und dem weiteren
sozialen Kontext vorhanden. Man kann Gruppen nur verstehen und
wirkungsvoll unterstützen, wenn man diesen Rahmen voll in Rechnung stellt. Gruppen besitzen einen gewissen Grad an Unabhängigkeit
und Autonomie, aber der Hin- und Rückstrom zwischen ihnen und ihren
Mitgliedern, zwischen ihnen und ihrer sozialen Umgebung ist für ihre
Existenz, ihre Lebensfähigkeit und ihre Leistungen von entscheidender
Bedeutung.

Es läßt sich viel von Laborgruppen lernen, die zu Versuchs- und Forschungs-
zwecken zusammengestellt worden sind. Auch wir sind an der Entwicklung neuer Theorien und Kenntnisse interessiert, aber es ging uns dabei
mehr um ihr Potential für einen verbesserten Dienst am Menschen als um
Theorie und Wissen als Ziele an sich. Dieser Standpunkt hat viele Ver-
ästelungen; so etwa unser Interesse an „echten" Gruppen in sozialen Dienststellen anstelle der unter Laborbedingungen gebildeten Gruppen.

Zugegebenermaßen kommt man so zu Einbußen bei der Kontrolle von
Variablen, doch wir bezwecken ja, solche Verallgemeinerungen zu entwik-
keln, die von Praktikern benutzt werden können. Bei Laborgruppen erhebt

sich meist die Frage, ob die Ergebnisse sich bewähren, wenn einer Gruppe praktische Hilfe geboten werden soll.

Diese Unterscheidung kann allerdings überspitzt werden. Auch soziale Dienststellen können sehr wohl mit verschiedenen Formen der Gruppenbildung und mit verschiedenen Ansatzpunkten experimentieren. In diesem Band finden sich dazu implizit oder explizit Vorschläge, wie in den Aufsätzen von Paradise und Daniels über die Gruppenbildung oder von Garland und Kolodny über die Behinderten und über das „Sündenbock"-Phänomen. Immer sollte sich das Interesse an neuer Theorie und neuem Wissen jedoch an der Auswirkung auf den Menschen orientieren.

Der Stand des Wissens in diesen Aufsätzen verdient eine Erwähnung. Die in der Literatur vorhandenen Forschungsergebnisse wurden herangezogen, aber viele der entscheidenden Fragen konnten noch nicht durch Untersuchungen geklärt werden. Wir hoffen, daß über viele der in diesem Bande behandelten Themen Untersuchungen angestellt werden, aber es lag nicht in unserer Macht, solche ehrgeizigen Programme selbst in Angriff zu nehmen, obwohl sich einige von uns mit bescheidenen Untersuchungen befassen. Demzufolge sind wir nicht in der Lage, den Grad an Zuverlässigkeit zu beanspruchen, den man erst durch substantielle Daten erhält, die aus einem exakten Untersuchungsschema gewonnen wurden. Wir haben jedoch alle vorhandenen Forschungsergebnisse zu Rate gezogen. Hin und wieder haben wir Gruppenberichte untersucht, um spezifische Konzepte zu entwickeln und an Erfahrungswerten zu messen. Als Beispiel dafür sei die Vorlesung von Paradise und Daniels über Berichte gescheiterter Gruppen (ein viel zu selten durchgeführtes Unterfangen) angeführt. Ziel war dabei die Frage, ob es in ihrer Zusammensetzung Komponenten gab, durch die sich ihr Scheitern erklären ließe. Wir konnten glücklicherweise innerhalb unseres Komitees auf reiche Erfahrungen in der Arbeit mit Menschen in Gruppen und in anderen Kontexten zurückgreifen, und diese Erfahrung kam uns sehr zustatten, wenn es darum ging, einen Vorschlag zu unterstützen, zu verwerfen oder zu modifizieren. Sie war uns auch eine große Hilfe bei unseren Gesprächen über den Aufsatz von Lowy über Zielformulierung und den Bernstein'schen Bericht über Werte. Wir haben versucht, über unsere Themen angestrengt nachzudenken. Und schließlich

haben wir auch unsere Vorstellungskraft, eleganter gesagt: unsere Kreativität, benützt.
Das bedeutet, daß wir das Wissen der Praxis, unsere Erfahrungen und
eigene Überlegungen eingesetzt haben. Was für einen Großteil der Fachliteratur gilt, trifft auch auf unsere Ausführungen zu: absolute Zuverlässigkeit läßt sich dafür nicht beanspruchen; wir hoffen, daß sie kritisch gelesen werden mit dem Ziel, sie möglichst zu verfeinern und abzuwan-
deln. Wir waren uns nur zu bewußt, daß wir ungeheuer komplexe und
schwierige Probleme angegangen sind, und wir sehen unsere Ergebnisse
als hoffentlich hilfreiche Stufen einer langen und möglicherweise nie
endenden Treppe an. Wir vertrauen darauf, daß die Entwicklung der Theorie
und des Wissens in den vor uns liegenden Jahren voranschreiten wird.
Die Forderung unserer Mitmenschen nach vorurteilsfreier und wirkungs-
vollerer Hilfe ruft alle in der Sozialarbeit Tätigen auf, das ihnen Mögliche
zu tun, um die Dunkelheit weiter zu vertreiben.

                                                                    Saul Bernstein

Modelle der Sozialen Gruppenarbeit

Louis Lowy

„Modelle sind übertragbare theoretische Bezugsmuster, die eine gewisse Redundanz der Handlungsabläufe versprechen. Ohne diese Redundanz ist kein methodisches, auf ein Ziel gerichtetes Vorgehen möglich".[1]
Ein Modell ist der Versuch, in Art eines Schemas denjenigen Bereich des realen Lebens verständlich darzustellen, innerhalb dessen der Sozialarbeiter als Fachmann auf seinem Gebiet tätig ist. Das Modell bringt jene Elemente einer gegebenen Umwelt, die für die Lösung eines spezifischen Problems von Bedeutung sind, in eine bestimmte Ordnung. Catherine P. Papell und Beulah Rothman haben drei grundlegende Modelle der Sozialen Gruppenarbeit umrissen[2]: 1. das Modell der Sozialen Aktion (Social Goals Model), 2. das Modell der therapeutischen Hilfe (Remedial Model), 3. das Modell der gegenseitigen Hilfe und Geborgenheit (Reciprocal Model). Allen drei Modellen sind gewisse Aspekte gemeinsam, sie zeigen aber gleichzeitig so deutliche Unterschiede, daß eine Differenzierung angezeigt erscheint. Sie haben sich in einem langen Prozeß herausgebildet und sich jeweils in einer bestimmten Weise in der Praxis der Sozialen Gruppenarbeit niedergeschlagen. Es handelt sich nicht um im voraus konzipierte Schemata, sondern eher um empirisch abgestützte Kennzeichnungen. Als solche bilden diese Modelle einen Schritt hin zur Entwicklung einer Praxistheorie der Sozialarbeit.
Eine Praxistheorie kann den traditionellen Kriterien von Abgerundetheit, Folgerichtigkeit, Voraussagbarkeit, Wiederholbarkeit usw. nicht genügen. Sie kommt eher den Wünschen und Bedürfnissen des praktisch Eingreifenden entgegen als denen des Forschers. Sie ist charakterisiert durch einen Bezugs-

---

1 Kersting, Heinz J., Verschiedene Modelle in der Sozialen Gruppenarbeit. In: Lebendige Seelsorge, Mai 1972, Heft 3, S. 166 ff.
2 Social Group Work Models: Possession and Heritage. In: Journal of Education for Social Work, Nr. 2, Herbst 1966, S. 66–78.

rahmen und durch Konzepte und Denkgefüge, die in systematischer Weise
Möglichkeiten der Intervention durch den Praktiker beschreiben und sich
in der Praxis immer wieder auf ähnliche Situationen anwenden lassen.

DREI MODELLE

Modelle sind nützliche Hilfsmittel beim Aufbau einer Praxistheorie. Papell
und Rothman umreißen ihre drei Modelle wie folgt:

1. Das Modell der Sozialen Aktion geht auf die frühesten Traditionen der
Sozialen Gruppenarbeit zurück. Es zielt auf soziale Veränderungen, die
durch verantwortliche Mitglieder von Gruppen innerhalb der Gesellschaft
herbeigeführt werden sollen. Fundament dieses Modells und wichtiger Eck-
pfeiler aller praktischen Gruppenarbeit ist das Prinzip des demokratischen
Gruppenprozesses. Ziel des Modells ist die Weckung des sozialen Bewußtseins und die Übernahme sozialer Verantwortung durch die Gruppenmitglieder.

2. Das Modell der therapeutischen Hilfe befaßt sich in erster Linie mit der Behandlung individueller Probleme bei der psychischen, sozialen und kulturellen Anpassung und bedient sich zu diesem Zweck einer eigens dafür
zusammengestellten Gruppe. Die Gruppe ist zugleich Behandlungs*mittel*
und Behandlungs*raum* für den einzelnen. Das Ziel ist hier die Behandlung eines Menschen, der „Probleme" innerhalb und außerhalb der Gruppe
hat. Der wichtigste Beitrag dieses Modells zur gesamten Sozialen Gruppenarbeit besteht in der deutlichen Konzentration auf individuelle Nöte
und Bedürfnisse und in dem daraus resultierenden „Individualisieren".

3. Das Modell der gegenseitigen Hilfe und Geborgenheit faßt als erstes das System
ins Auge, innerhalb dessen soziale Arbeit praktiziert wird, und erst dann
den Klienten, den Groupworker und die Gruppe. Praktiker, die sich nach
diesem Modell richten, sehen das System, in dem sich der Sozialarbeiter
mit seiner Aufgabe, Hilfe zu leisten, befindet: die Familie, die kleine
Freundschaftsgruppe, das Interview ‚unter vier Augen', die Station im Krankenhaus, das Komitee usw. Der Sozialarbeiter verfolgt keine Ziele für den
Klienten oder das Gruppenmitglied, denn die Betonung liegt hier auf dem
Beziehungsgeflecht zwischen dem Sozialarbeiter und anderen Personen.

Der Sozialarbeiter erfüllt seine Funktion, wenn er sich auf die symbiotische Interdependenz zwischen dem Klienten (dem Mitglied) und der Gesellschaft konzentriert und versucht, zwischen den beiden zu vermitteln.

DAS MODELL DER ENTWICKLUNG

An der Boston University School of Social Work bemüht man sich seit Jahren um die Formulierung einer Praxistheorie der Sozialen Gruppenarbeit. Auch an anderen Universitäten (Michigan, Wisconsin, Columbia, Adelphi, Virginia, Commonwealth, Washington, um nur die in diesem Zusammenhang wichtigsten zu nennen) sind solche Versuche im Gang. Diese verschiedenen Bemühungen haben in Form von Modellen und deren Erprobung, in Form empirischer Untersuchungen, in der Anwendung von Forschungsergebnissen auf Kleingruppen usw. ihre Früchte getragen.
Zusätzlich zu den drei bisher genannten Modellen hat das Bostoner Team ein viertes Modell, ein Entwicklungsmodell, entworfen, das eine eklektische Zusammenfassung von Elementen aus den drei anderen Modellen darstellt; es hat sich in der Praxis dann als brauchbar erwiesen, wenn der Groupworker und die Gruppenmitglieder das Gruppenleben als „Mikrokosmos der Welt" betrachten. Bei diesem Modell liegt das Hauptgewicht auf den Faktoren Zeit, Gruppenprozeß und Entwicklungsstufe der Gruppe in ihrem Verhältnis zu der Entwicklung, die das einzelne Gruppenmitglied durchläuft. Gruppenziel ist der Versuch, die Erfahrungen aus dem Zusammenleben mit der Gruppe in einen Zusammenhang mit dem Leben der Außenwelt zu bringen und so die Mitglieder darauf vorzubereiten, daß sie sich einerseits ihrer Lebenssituation besser anpassen können, anderseits aber diese aus dem Gruppenleben gewonnenen Kräfte mit dem Ziel der Veränderung sozialer Bedingungen und Strukturen einsetzen, wenn diese nicht länger nützlich oder angemessen sind. Daher wird Konflikt als notwendig und „normal" betrachtet, und Konfliktbewältigung wird für wichtiger gehalten als Konfliktmeidung. Die Ziele leiten sich aus der Diagnose ab, die in bezug auf die Gruppe und die einzelnen Mitglieder aufgestellt worden ist und die jeweilige Entwicklungsstufe der Gruppe berücksichtigt. Der Sozialarbeiter, der Teil der Gruppe und dennoch von ihr

SOZIALE GRUPPENARBEIT: VIER MODELLE

	1 Modell der sozialen Aktion	2 Modell der therapeutischen Hilfe	3 Modell der gegenseitigen Hilfe und Geborgenheit	4 Entwicklungsmodell
Dimensionen	Soziale Ziele (Beziehung zu Gemeinwesenarbeit)	Rehabilitierung — Behandlung (Beziehung zur Sozialen Einzelhilfe)	Vermitteln zwischen Individuum und „Gesellschaft"	Entwicklung der Gruppe als Mikrokosmos (eklektisch)
I. Hauptziel	Veränderung der sozialen Gruppe als Mittel zur sozialen Aktion — Schaffung einer breiteren Basis für engagierte Bürger	Behandlung und Rehabilitierung des einzelnen durch die Gruppe (Re-Sozialisation)	Dem einzelnen *und* der Gesellschaft dienlich — einzelner und Gesellschaft sind interdependent — Förderung der zwischenmenschlichen Beziehungen	Entwicklung des einzelnen *und* der Gruppe innerhalb eines sozialen Milieus, das verändert werden kann
II. Schlüsselkonzept	„Mündiger Bürger" (Soziale Verantwortung und soziales Bewußtsein)	Verhaltensanpassung als „Behandlungsziel" (Behandlung mehr therapeutisch-klinisch orientiert)	Gefühlserleben, Gruppenerlebnis — Symbiotische Beziehung zwischen einzelnem und Gesellschaft — Gruppe *hilft sich gegenseitig* Individualismus unterspielt	Entwicklung und Wandel des einzelnen — Prozeß und Entwicklung über Zeit entscheidend: Phasen der Gruppe, des einzelnen und des Milieus — Konfliktbewältigung — Entscheidungen treffen

III. Gruppe	Möglichkeit, soziale und politische Veränderungen zu bewirken – Sach-orientiert	Behandlungsraum für den einzelnen – Mittel zum Zweck, den einzelnen zu behandeln – Mitglieder werden nach diagnostischen Gesichtspunkten zur Gruppenbildung ausgewählt	Gruppe ist der „Klient" – Mitglieder rufen einander zur gegenseitigen „Hilfe" oder Arbeit auf – „Gruppe ist König"	Übungsraum für alle Beteiligten – Gruppe bereitet für weitere Gruppenerlebnisse vor – Beziehungen der Gruppe zu anderen Gruppen sind stark betont
IV. Individuum	Insoweit von Bedeutung, als durch gemeinsames Handeln Ich-Stärkung erfahren wird	Mit seinen Problemen im Mittelpunkt der Gruppe – „Einzelner ist König"	Beziehungsgeflecht ist das Entscheidende. Was kann der einzelne zum Ganzen beitragen?	Bedeutend sind zwischenmenschliche Beziehungen und Rollenbeziehungen. Inwieweit kann der einzelne Rollenflexibilität erwerben?
V. Programm	Steht im Mittelpunkt, um soziale Ziele zu verwirklichen	Nur Mittel, dem einzelnen in seiner persönlichen Entwicklung zu helfen – stark diagnostisch ausgerichtet	Aktivitäten, die den Gruppenprozeß, das Wohlbefinden der Gruppe fördern – Programme werden aus der Gruppe heraus entwickelt – Diskussion ist zentral	Soll phasengerecht sein; was ist der Gruppe im Augenblick dienlich? Programm soll Modellcharakter für andere Gruppen haben

	1	2	3	4
VI. Groupworker	Verantwortung für Weckung von sozialem Bewußtsein — hat Ziele, wirkt als Vorbild. Er ist selbst Rollen-Modell, personifiziert Werte, steht zentral in der Gruppe — Advokat für das Ziel	Auf den einzelnen ausgerichtet (starkes Individualisieren). Hilfe zu Rollenveränderungen für den einzelnen, „klinisches" Handeln	Vermittler, Befähiger; Kontrakt wichtig. „Prozeß ist alles"; hat 5 Aufgaben; wird Teil der Gruppe	Befähiger, Vermittler, Advokat. Übernimmt Rollen, die in der Gruppe nicht gespielt werden. Aktiver als bei Modell 3. Er hilft evtl. bei Phasenbeschleunigung; Arbeit mit der Gruppe, um Blockaden abzubauen; auch mit den einzelnen, die die Entwicklung hemmen
	zur Gruppe gewandt	dem einzelnen Klienten zugewandt	in Gemeinschaft mit den Mitgliedern	in Gemeinschaft mit Mitgliedern *und* Gruppe
VII. Einrichtung	Teil des Gemeinwesens — Mittel zum Zweck — Vehikel für soziale Aktion	Prioritäten für Dienstleistung ausschlaggebend — kann nicht ohne Einrichtung arbeiten — Legitimation durch Profession und Einrichtung	Im Hintergrund — evtl. auch ohne Einrichtung — Kontrakt mit der Gruppe ist ausschlaggebend	Veränderung der Einrichtung kann Aufgabe sein — Gruppe als Modell, wie man in der Einrichtung mit anderen Gruppen arbeiten kann — Kontrakt ist wichtig

VIII. Praxisprinzipien	Keine *Vordiagnose*; Gruppe ist repräsentativ für das Gemeinwesen; von professioneller zu eigenständiger Führung	Einzeldiagnose vorrangig – Behandlungsziel muß für jedes Mitglied erarbeitet werden – Sozialarbeiter strukturiert den Inhalt des Gruppengeschehens auf Grund der Behandlungsziele	1. Das Verbindende suchen 2. Hindernisse wegräumen 3. Ideen, Werte, Fakten beitragen 4. Weitere Horizonte vermitteln 5. Bedingungen und Grenzen definieren	Agogisches entwicklungsorientiertes Vorgehen – Gruppenprozesse benützen – zwischenmenschliche Beziehungen fördern – Aufgaben lösen helfen – auf neue Situation übertragen helfen
IX. Nachteile	Unterbetonung des einzelnen in und außerhalb der Gruppe – Unterentwickelte Theorie	Starke Ausrichtung auf den Groupworker – der einzelne ist sehr geschützt – nimmt zuviel vorhandenes Wissen an – Gruppenbeitrag gering	Zuviel Glaube an die „Macht" der Gruppe – Gruppe zu sehr auf sich bezogen (keine Bezugsgruppen) – *Prozeß mehr als Thema* – Beziehung zu anderen Gruppen wird kaum gesucht – naive Einschätzung von Gruppenentwicklung – Theorie mangelhaft – weniger Interesse am einzelnen	Zu sehr phasenschematisch gebunden (Jagd durch die Phasen oder Phasenprozeß zu früh abgebrochen) – Theorie muß besser ausgearbeitet werden – Übertragung auf andere Gruppen schwierig

	1	2	3	4
X. Besondere Vorteile	Engagement in einem demokratischen Prozeß — Hinführung zu sozialer Verantwortung — Weiterführung in Gemeinwesenarbeit	Stark diagnostische Orientierung — gutentwickelte Theorie für Diagnose — Gruppenbildung auf Grund der Diagnose	Partnerschaft im Gruppenprozeß — Authentizität des Sozialarbeiters — entmystifiziert das „Professionelle"	Gruppe wird zur Bezugsgruppe, ist Hilfsmittel und Übungsraum — Zeit als Kriterium (Phasen) — Konflikt wird funktionell gesehen
XI. Theoretische Unterbauung	„Theorie des Möglichen" — Krisenintervention — Planung von sozialen Veränderungen	Psychotherapie — Egopsychologie — Rollentheorie	Systemtheorie und Feldtheorie — Erkenntnisse aus der Existentialphilosophie	Sozialpsychologie, Feldtheorie, Entwicklungspsychologie, Systemtheorie, agogische Formulierungen
XII. Hauptvertreter in U.S.A.	Coyle, Ginsberg, Wiener, Wilson und Ryland	Glasser, Konopka, Redl, Vinter	Schwartz, Shulman, Tropp	Bernstein, Kolodny, Frey, Garland, Lowy, Northen

getrennt ist, formuliert allgemeine Ziele für die und mit der Gruppe und ihren Mitgliedern und modifiziert diese im Verlauf der Entwicklung der Gruppe je nach seinen diagnostischen Eindrücken. Das heißt also, die Stufen der Gruppenentwicklung (und die entsprechende Entwicklung des einzelnen Mitgliedes innerhalb dieses Kontexts), die Zielformulierung als kontinuierlicher Prozeß, die Konfliktbewältigung und das Entscheidungentreffen sind die wesentlichen Bestandteile dieses Modells.

Die Ausführungen in S. Bernstein/L. Lowy: „Untersuchungen zur Sozialen Gruppenarbeit"[3] fußen weitgehend auf dem „Entwicklungsmodell". Die sechs Beiträge im vorliegenden Band befassen sich eingehend mit dem vorhandenen Material und bilden eine Ergänzung der Ausführungen des ersten Bandes.

Um deutlich zu machen, welche Gemeinsamkeiten und welche Unterschiede zwischen den vier erwähnten Modellen bestehen, hat der Autor die voranstehende Übersicht zusammengestellt. Sie ist nach zwölf Dimensionen hin ausgearbeitet und soll die wichtigsten Aspekte jedes dieser Modelle genau darlegen. Als begrifflicher Rahmen kann sie auch zu Lehr- und Lernzwecken herangezogen werden.

Mit Sicherheit werden noch weitere Modelle entwickelt und erprobt werden. Die Erfahrungen mit jedem einzelnen Modell müssen ausgewertet und systematisch beschrieben werden. Ausgezeichnete Arbeit wird heute auf dem Gebiet der Sozialen Gruppenarbeit in den Vereinigten Staaten, in Kanada, Lateinamerika sowie in den westeuropäischen Ländern, vornehmlich den Niederlanden, Westdeutschland, der Schweiz, Norwegen und Großbritannien geleistet. Hinzu kommt das starke Interesse an Gruppenpsychotherapie und Gruppendynamik diesseits und jenseits des Atlantik. Allerdings bringt die Fülle der Erkenntnisse auch eine gewisse Verwirrung in Theorie und Praxis mit sich. Die Suche nach „Antworten" auf scheinbar kaum lösbare Probleme in den zwischenmenschlichen Beziehungen hat im Verein mit dem Aufkommen und der Entwicklung so vieler Gruppentheorien und Praktiken der Gruppenarbeit diese Fülle und zugleich

---

[3] Bernstein, Saul und Louis Lowy, Hrsg., Explorations in Group Work — Essays in Theory and Practice. Boston 1965, Boston University School of Social Work; deutsch: Untersuchungen zur Sozialen Gruppenarbeit. Freiburg [3]1973, Lambertus-Verlag.

Verwirrung geschaffen. Nur sachkundige praktische Arbeit, die auf sorgfältig abgesteckten Zielen und Zwecken aufbaut und gründlich und pein-
lich genau erforscht und ausgewertet wird, kann tatsächlich dem Wohl des
einzelnen und der Gruppe dienen und dazu beitragen, zwischenmenschliche Beziehungen zu verbessern und unser Leben zu bereichern. Im Blick
auf dieses Ziel müssen wir unser Wissen und Können mit Hilfe von Wissenschaft und Forschung erweitern, die uns besser erprobte und zuver-
lässigere Kenntnisse vermitteln können.

Zielformulierung in der sozialen Arbeit mit Gruppen

Louis Lowy

EINLEITUNG

Die Durchsicht der einschlägigen Literatur der Sozialarbeit zeigt, daß trotz wiederholter Hinweise auf Zielformulierungen und Zweckbestimmung die meisten der zu formulierenden Ziele in globalen Wendungen beschrieben werden. Im wesentlichen handelt es sich dabei um die allgemeinen, abstrakten Ziele der praktischen Sozialarbeit bzw. der Einzelhilfe, um die Methoden der Gruppenarbeit und Gemeinwesenarbeit oder um die Ziele sozialer Einrichtungen.
Wenn man die Literatur zur Sozialen Gruppenarbeit sichtet, wird deutlich, daß zwar wiederholte Hinweise den Groupworker verpflichten, bestimmte Ziele zu entwickeln (Klein, Konopka, Phillips)[1], dem Prozeß der Zielorientierung selbst aber wenig Raum gewidmet wird. Selbst eine oberflächliche Durchsicht der einschlägigen Artikel oder Bücher hinterläßt den Eindruck, daß jeder zwar für genaue Ziele des Groupworkers eintritt, aber nur wenige Autoren der Erklärung der Zielformulierung selbst mehr als einige Sätze widmen. Konopka schreibt: „Klarheit in der Beurteilung und Bestimmung sinnvoller Ziele ist eine Voraussetzung für kompetente Hilfe und für ‚klinische' Bewertung der erreichten Ziele. Ohne Beurteilung bleibt die Arbeit des Sozialarbeiters mit Gruppen entweder vage oder, bei einer stereotypen ‚Rezept'befolgung, steril"[2]. Dies stimmt mit der sozialwissenschaftlichen Literatur überein, besonders soweit sie sich mit Versuchen befaßt, Ände-

1 Klein, Alan, Society, Democracy, and the Group. New York 1953, Woman's Press, Whiteside, Inc. und William Morrow and Co.; Konopka, Gisela, Social Group Work: A Helping Process. Englewood Cliffs, N. J. 1963, Prentice-Hall; deutsch: Soziale Gruppenarbeit: ein helfender Prozeß. Weinheim 1968, Verlag J. Beltz; Phillips, Helen, Essentials of Social Group Work Skills. New York 1957, Association Press.
2 Konopka, Gisela, a. a. O., S. 83.

rungen in Organis[...] [...]einden herbeizuführen. Warren Bennis
sagt: „Wenn ei[...] [...]nfluß zu nehmen, dann orientiert er sich
wahrscheinli[...] [...]en Zielen oder variablen Kriterien. Tatsächlich ist di[...] [...]nisationen auf allen Schwierigkeitsebenen ge-
kennzei[...] [...]ue Zielangaben und ein Arrangement der Mittel,
mit der[...] [...]ese Ziele erreichen will"[3]. Das heißt nicht, daß Ziele
in der Arbei[...] [...]rganisationen unveränderlich sind. Es bedeutet jedoch,
daß bei Bemühungen um organisatorische Veränderungen eher eine Zielorientierung und weniger eine Prozeßorientierung vorherrscht. Es kann gut
sein, daß genaue Zielformulierung deswegen so wenig nachdrücklich in der
Sozialen Gruppenarbeit verlangt wurde, weil dies ihrem besonderen historischen Erbe und der historischen Orientierung entspricht. So stellte George
Brager fest: „Zu einem gewissen Umfang kann der Mangel an Zielklarheit
das Ergebnis unseres allzu großen Engagements bei Fragen des Prozesses
und der Wertkonflikte sein und auf die Vielfalt der Einflüsse und die Varia-
tionen der Praxis zurückgeführt werden, deren Erben wir sind"[4].
In der Sozialen Gruppenarbeit beruht die Prozeßorientierung auf der funk-
tionalen Annahme, daß Wachstum und Entwicklung der Gruppe dem individuellen Wachstum untergeordnet sind. Tatsächlich setzt die Soziale
Gruppenarbeit laut Definition die Gruppe als Mittel ein, um individuel-
les Wachstum und individuelle Entwicklung zu fördern. Daher müssen in
der sozialen Arbeit mit Gruppen Ziele im Zusammenhang mit dem „Prozeß" als sehr viel flexibler angesehen werden als in der Arbeit mit aufgabenorientierten Organisationen und Einrichtungen der Gemeinde.
Beweglichkeit innerhalb des Prozesses schließt jedoch die genaue Angabe
von Zielen und eine Verpflichtung, sich das Ergebnis des durch den Sozialarbeiter gesteuerten Prozesses vorzustellen, nicht aus. Tatsächlich verlangt
eine Prozeßorientierung erst recht eine genaue Formulierung der Ziele
durch den Groupworker und macht diese Aufgabe sogar noch wesentlicher.
Groupworker zögerten vielleicht auch, Ziele genauer und nicht nur in vagen,
allgemeinen Wendungen festzuhalten, weil sie den Gruppen und ihren Mit-

3 Bennis, Warren, Leadership Theory and Administrative Behavior. In: The Planning of
Change. Hrsg. Bennis, Kenneth Benne und Robert Chin, 1961, S. 44.
4 Brager, George, Goal Formation: An Organizational Perspective. In: Social Work with
Groups. New York 1960, National Association of Social Workers, S. 25.

gliedern keine Werte oder Ziele aufzwingen wollten, um die Integrität des Rechtes der Menschen auf freie Entscheidung nicht zu verletzen. „Es ist eine Sache, daß der Groupworker versteht, daß er seine Ziele niemandem aufdrängen kann; es ist aber eine andere Sache, wenn er genaue Zielsetzung vermeidet, weil er ein Übergewicht auf den Prozeß legt. Es besteht weder ein Konflikt zwischen der eingehenden Klärung eindeutiger Ziele und der Sorge um die Mittel, noch besteht Grund zu der Befürchtung, die Zielklarheit könne zu einer Starrheit in den Anstrengungen führen"[5].
Alle Bemühungen um Intervention basieren darauf, daß man genau erklärt, was man erreichen möchte. Die Soziale Einzelhilfe hat großen Wert auf Zielformulierung gelegt, obwohl sie nicht weniger prozeßorientiert ist als die Soziale Gruppenarbeit. Helen Perlman[6] führt aus, daß das Ziel bei jedem Klienten aus der realistischen Diagnose seiner Probleme im Zusammenhang mit seiner Situation herausentwickelt werden muß. Sie meint dazu: „Entwickeln' ist hier ein bedeutsames Wort, weil das erwartete Endziel bei einem Klienten nicht im voraus festgelegt werden kann, so wie man die Ziellinie einer Rennstrecke zieht. Was wünschenswert ist, kann frühzeitig aus den Bedürfnissen des Klienten projektiert werden; was dagegen möglich ist, läßt sich nur allmählich aus den Reaktionen des Klienten und der Situation erkennen." Diese These der Einzelhilfe ist sicher auf alle Prozesse (Methoden) der Sozialarbeit anwendbar. Die verschiedenen Bemühungen, Veränderungen herbeizuführen, unterscheiden sich eher darin, wie die Ziele beschrieben und welche Techniken wie eingesetzt und entwickelt werden. Im Bereich der Bildung stellt z. B. die genaue Bestimmung der Lernziele eine Grundvoraussetzung für die Planung eines Curriculum dar. Die Art, wie sie einzeln dargelegt sind, und der methodische Weg, auf dem man die Ziele herausarbeitet, unterscheiden den Bildungsbereich von vielen anderen Disziplinen.

[5] Brager, George, Social Work with Groups, a. a. O., S. 23.
[6] Perlman, Helen Harris, Social Casework. A Problem-solving Process, S. 201. Chicago [12]1967, University of Chicago Press; deutsch: Soziale Einzelhilfe als problemlösender Prozeß. Freiburg [3]1973, Lambertus-Verlag.

URSPRUNG DER ZIELE IN DER SOZIALEN GRUPPENARBEIT

Auf welche Quellen lassen sich die Ziele der Sozialen Gruppenarbeit zurückführen? Wir können fünf Hauptströme erkennen, aus denen sich die
Zielformulierung ableitet:

1. Werte der Sozialarbeit
2. Die Ziele der Einrichtung, in der Sozialarbeit mit Gruppen durchgeführt
   wird
3. Die Ziele der Gruppe
4. Die Ziele der einzelnen Mitglieder
5. Die Ziele des Groupworkers in seiner Eigenschaft als Vertreter seines
   Berufsstandes, als Initiator von Veränderungen und als Angehöriger des
   Personals einer Organisation (Dienststelle).

1. Es ist wichtig, die Unterschiede zwischen Werten und Zielen herauszu-
arbeiten. „Werte sind das Ergebnis einer Auswahl, der Wahl zwischen kon-
kurrierenden menschlichen Interessen. Das Wort Interesse hat viele Bedeu-
tungen und umfaßt alles dynamische menschliche Verlangen, das wir unter
vielerlei Namen, als Impuls, Trieb, Instinkt, Appetit usw. kennen. Interesse
unterscheidet auch nicht zwischen natürlichen oder konditionierten Faktoren. Wenn irgendetwas von Anfang an vorhanden ist, so sind es die Interessen selbst, aber ‚von Anfang an' heißt keinesfalls, daß sie sich einer historischen und genetischen Analyse nicht erschließen. Alle Werte sind also
Interessen, aber nicht alle Interessen sind Werte. Irgendein Urteil — das
nicht unbedingt rational und nicht einmal bewußt sein muß — muß gefällt
werden, bevor ein Interesse im Wettstreit mit anderen Interessen zum
Wert wird: ein Prozeß der Herausarbeitung und Beurteilung ist unerläßlich.
Nehmen wir ein ganz einfaches Beispiel: Sagen wir, der Geschmack X wird
zum Wert, nachdem er dem Geschmack Y vorgezogen wurde. Der Geschmack X selbst ist ein Anwärter für die Klasse der Werte, er ist nicht automatisch dieser Klasse zugehörig. So ist das als Wert Bekannte und Aus-
gewählte charakteristischerweise schon lange Zeit bevorzugt worden und
enthält auch diejenigen menschlichen Interessen, die für besonders kostbar und

intim gehalten werden und die dennoch im allgemeinen öffentlich ausgesprochen und hochgehalten werden können" [7].
Ziele werden als Anstrengungen definiert, die darauf gerichtet sind, bestimmte Ergebnisse zu erreichen, die aus einer Wertorientierung erwachsen. Innerhalb der Sozialarbeit bilden die Werte des individuellen Wachstums und der sozialen Gerechtigkeit die Matrix, in die die allgemeinen Ziele der Sozialarbeit eingebettet sind. Zu ihnen gehört vor allem die höchste Entfaltung derjenigen Möglichkeiten, durch die das Individuum die größtmögliche Erfüllung als menschliches Wesen im Rahmen einer gerechten sozialen Ordnung erreicht [8]. Obwohl alle Sozialarbeiter diesen Werten in ganz allgemeiner Formulierung zustimmen, gibt es unterschiedliche Meinungen darüber, wie diese Werte in der Praxis verwirklicht werden sollen. Henry Miller wirft in seinem Artikel „Value Dilemmas in Social Casework" [9] entscheidende Fragen bezüglich der Wertprobleme in der Sozialarbeit auf, die nicht ohne weiteres beantwortet werden können. Da die Antwort noch aussteht, müssen wir weiterhin mit der Annahme arbeiten, daß die Wertorientierung der beruflichen Sozialarbeit das Fundament ist, von dem der Groupworker bei der Zielformulierung ausgeht. Sie bildet tatsächlich den Boden, aus dem die Ziele der Arbeit erwachsen.

2. Die Ziele der Einrichtung, in der soziale Dienste angeboten und geleistet werden, können sich entweder — und das ist selten — im offenen Konflikt zu dieser allgemeinen Werthaltung befinden. Der Konflikt kann aber auch von der sozialen Agentur durch verwaltungsorientiertes Verhalten verdeckt werden. Das letztere findet man häufiger. Eine Dienststelle hat einen öffentlichen Auftrag, soziale Dienste zu leisten. Dieser Auftrag wird durch ihr Personal ausgeführt, das aus voll- oder teilgeschulten oder Sozialarbeitern ohne besondere Zusatzausbildung und Vertretern anderer Berufe mit unter-

---

7 Geiger, George, The Planning of Change. In: Values and Social Science, S. 110.
8 In: Working Definition of Social Work Practice: Bartlett, Harriett M., Toward Clarification and Improvement of Social Work Practice. In: Social Work, Band 3, Nr. 2, April 1959, S. 3—9; Gordon, William, A Critique of the Working Definition. In: Social Work, Band 7, Nr. 4, Okt. 1962, S. 3—13; ferner: Knowledge and Value: The Distinction and Relationship in Clarifying Social Work Practice. In: Social Work, Band 10, Nr. 3, Juli 1965, S. 32—39.
9 Miller, Henry, Value Dilemmas in Social Casework. In: Social Work Journal, Band 13, Nr. 1, Januar 1968, S. 27—33.

schiedlichen Wertorientierungen besteht. Häufig wird stillschweigend angenommen, daß diese unterschiedlichen Wertvorstellungen sich in Einklang miteinander bringen lassen, und daß jeder Mitarbeiter die fundamen-
talen Werte im gleichen Licht betrachtet. Im Laufe der täglichen Arbeit
entdeckt dann die Einrichtung Wertkonflikte, die sich oft darin äußern,
wie Dienste angeboten oder vorenthalten werden. So können etwa in einer
Einrichtung für Familienhilfe Dienste für junge Leute Priorität vor der
Arbeit mit älteren Menschen haben, weil der Mitarbeiterstab der Jugend
einen größeren Wert beimißt als dem höheren Alter, obwohl sie alle den
grundsätzlichen Wert jedes menschlichen Wesens anerkennen. Gleichzeitig
verfolgt die Organisation auch Ziele, die sich aus ihren organisatorischen
Notwendigkeiten ergeben, z. B. die Erhaltung ihres Selbst und ihres Appa-
rates. Außerdem hat sie den Forderungen der Organisation als eines sozialen Systems Rechnung zu tragen. Wir wissen aus der Organisationstheorie,
daß die Spannungen zwischen den Funktionen der Selbsterhaltung und der
Aufgabenerfüllung einen Großteil der Energien der „Akteure" in der Organisation beanspruchen. Häufig entstehen Zielverschiebungen, die für Ver-
teiler und Konsumenten der Dienste Spannungen mit sich bringen. Zielverschiebung entsteht, wenn die Gruppe oder Organisation sich von ihrem
ursprünglichen Ziel abwendet oder ablenken läßt. Sills[10] stellt fest, daß
„dieses Phänomen der Zielverschiebung vielleicht der häufigst vorkom-
mende krankhafte Aspekt von großen Organisationen ist". Sie tritt dann
ein, wenn die Mittel die Zwecke und die Verfahren die Ziele ersetzen. Dies
geschieht allerdings nicht nur in sehr großen Organisationen; Zielverschiebung kann auch dadurch entstehen, daß man eine Anzahl Menschen in
eine Gruppe aufnimmt und diese ihre eigenen Ziele ohne Rücksicht auf die
Interessen, Wünsche und Bedürfnisse der anderen verfolgen. Dieser Konflikt ist inhärent und taucht mit unterschiedlicher Intensität auf. Er beeinflußt den Groupworker bei der Abstimmung seiner Ziele auf die tägliche
praktische Arbeit. Die prozeßförmige Auseinandersetzung mit diesem Konflikt und die Erarbeitung einer wenn auch geringen Stabilität gehören zu
den Fertigkeiten, die von der Sozialarbeit erwartet werden.
Eine Bestandsaufnahme durch die Mitarbeiter erweist sich als geeignete

10 Sills, David L., The Volunteers. Glencoe, Ill. 1957, Free Press, S. 62.

Technik, um mit der Zielverschiebung umzugehen. In regelmäßigen Abständen sollten sich die Mitarbeiter mit der Frage beschäftigen, ob die Praxis mit den erklärten Werten und den aufgestellten Zielen übereinstimmt und in welchem Umfang das Gleichgewicht gestört ist. Wenn man den Konflikt als gegebene Realität ansieht, liefert das eine gesunde Basis für seine konstruktive Behandlung, und es ist möglich, die Praxis auf die Ziele und die Ziele auf die Werte abzustimmen.
Bei einer solchen Bestandsaufnahme sollte die Stimme des Mandanten oder Klienten gehört werden. Durch seine Hinzuziehung erweist man ihm als menschlichem Wesen Anerkennung und Respekt und trägt dazu bei, daß das Ziel, die volle Entfaltung seiner persönlichen Möglichkeiten, erreicht wird. Die übrigen Gründe sind organisatorischer Natur: Diejenigen, die als Konsumenten Dienste in Anspruch nehmen, sind an der Qualität der Dienste interessiert, können zu ihrem eigenen und zum Nutzen anderer zur Verbesserung der Dienste beitragen und dadurch die Leistungsfähigkeit der Organisation selbst steigern.

3. „Eine minimale Definition von Gruppenzielen scheint ähnliche Eigenschaften zu umfassen wie die Beschreibung individueller Ziele. Ein Ziel ist eine bestimmte zur äußeren Umwelt gehörige Sachlage, auf die die Aktivitäten gerichtet werden können und die, wenn sie erreicht ist, zur Beendigung der Aktivitätenfolge führt. Genauso wie die individuellen hängen auch die Gruppenziele von den Möglichkeiten der Umwelt ab und werden durch Forderungen der Umgebung, z. B. die Ansprüche der Einrichtung, beeinflußt. Man nimmt ja an, daß sich innerhalb der Gruppe ein Prozeß vollzieht, der die Auswahl der Ziele beeinflußt und dem Vorgang der prozeßhaften Entwicklung von Bedürfnissen in Individuen ähnelt. Diese Vermutung deckt sich implizit mit dem Hinweis auf die verborgenen Zielsetzungen („hidden agenda"). Dieser Begriff hat sich bei der Arbeit mit Therapiegruppen und Trainingsgruppen für menschliche Beziehungen als sehr nützlich erwiesen. Thelen und andere haben mit einer quantitativen Untersuchung dieses Phänomens begonnen"[11].

11 Horowitz, Murray, The Planning of Change. The Conceptual Status of Group Dynamics, S. 280.

Cartwright und Zander unterscheiden vier Zielkonzepte:
1. Gruppenziele als Zusammenfassung ähnlicher individueller Ziele
2. Gruppenziele als Ziele der einzelnen für die Gruppe
3. Gruppenziele in Abhängigkeit von besonderen Interrelationen zwischen den Motivationssystemen mehrerer Individuen.
4. Gruppenziele als anregende Kräfte.

Studien haben gezeigt, daß ein allgemeines Ziel
a. in Beziehung zu einer Reihe von Spannungssystemen der Mitglieder steht. Diese Systeme sind in ihrer Entstehung und Auflösung wechselseitig voneinander abhängig;
b. einen Einfluß auf die Gruppenmitglieder ausübt, indem es ihr Verhalten aktiviert und steuert[12].

Es ist schwer, die Natur der Gruppenziele zu bestimmen, da bei dieser komplexen Aufgabe verschiedene sozialpsychologische Dimensionen für jedes individuelle Gruppenmitglied berücksichtigt werden müssen.
Da die Ziele, die eine Gruppe *als Gruppe* hat, von ihrer Entwicklungsstufe abhängen, variieren die Gruppenziele von einer Stufe zur anderen. Eine „Gruppe" in der Anfangsstufe (nach dem Garland-Kolodny-Jones-Modell „Voranschluß")[13] hat wahrscheinlich eine Menge individueller Ziele, die genauer und schärfer umrissen werden, wenn die Gruppe sich durch die „Machtkampf- und Kontroll"-Stufe bewegt. Sie entwickeln sich zunehmend zu echten Gruppenzielen, wenn die Mitglieder die „Vertrautheits"-Stufe erreicht haben und ein Gefühl des Zusammenhalts und der Gruppenbindung verspüren. Gruppenziele ändern sich mit der Gruppenzusammensetzung, mit den Bedürfniskonstellationen der Mitglieder, ihren Erwartungen und ihrer Fähigkeit, am Geben und Nehmen in der Gruppe teilzunehmen.

4. Mag man sich nun die Gruppenziele als bloße Anhäufung von individuellen Zielen oder als deren Vermischung vorstellen, jedenfalls wirkt die Moti-

---

12 Cartwright, D. und A. Zander, Group Dynamics. Evanston, Ill. 1953, Row, Peterson Co., S. 316 ff.
13 Garland, J., R. Kolodny und H. Jones. In: Explorations in Group Work, S. 12—53. Hrsg. Saul Bernstein und Louis Lowy, Boston 1965, Boston University; deutsch: Untersuchungen zur Sozialen Gruppenarbeit. Freiburg [3]1973, Lambertus-Verlag.

vation des einzelnen Gruppenmitgliedes als machtvolle Kraft auf die Zielsetzung ein. Untersuchungen in Kleingruppen haben unseren Blick für den starken Einfluß geschärft, der von anderen Mitgliedern auf den einzelnen ausgeübt wird und zur Unterordnung seiner Ziele unter die Ziele der anderen führt. Sie haben auch gezeigt, daß überwältigender Gruppendruck zur Zielverschiebung des einzelnen führt[14]. Gleichzeitig üben Gruppenmitglieder, die starke Überzeugungen vertreten und charismatische Züge aufweisen, einen so starken Einfluß auf die anderen Mitglieder aus, daß ihre persönlichen Ziele wenigstens zeitweise als Gruppenziele akzeptiert werden.

5. Als gelernter Sozialarbeiter wird ein Groupworker durch die allgemein in der Sozialarbeit anerkannten Ziele beeinflußt. Alan Klein hat sechs dieser Ziele zusammengestellt, und andere Autoren haben im allgemeinen einige davon oder auch alle als legitime Ziele der praktischen Gruppenarbeit akzeptiert[15]. Diese sechs Ziele lauten:

— Individualisierung, d. h. bestmögliche Entwicklung des einzelnen
— Entwicklung von reifen Gruppen
— Entwicklung von sozialem Verantwortungsgefühl
— Erziehung zum demokratischen Verhalten
— Hilfe für eine Gruppe, sich in Richtung auf ihre eigenen Ziele zu bewegen
— Transmission einer Kultur und Anpassung an sie.

Es wird deutlich, daß diese Ziele zwar alle wünschenswert sind, aber auch eine sehr vielfältige und weitgespannte Auswahl darstellen, in der kaum etwas fehlt. Sie werden dem Praktiker als großer Auftrag übergeben, bieten ihm jedoch kaum Richtlinien für sein Handeln. Tatsächlich wirken solche generellen Ziele, da sie alles umfassen, überwältigend. Aber auch wenn man eines dieser allgemeinen Ziele herausgreift, stellt man mit der Zeit fest, daß es dem Groupworker wenig mehr bietet als eine Art öffentlicher Bekanntmachung, die auf jede Gruppe, jede Situation und jede Zeit anwendbar ist. Ihr Nutzen besteht darin, daß die Ziele dem Praktiker als ganz allgemeine Wegweiser dienen können, die er nun aber auf eine bestimmte Gruppe in einer spezifischen Situation zu einer bestimmten Zeit abstimmen und in konkrete Ziele übersetzen soll.

14 Sills, a. a. O., S. 62.   15 Klein, a. a. O., S. 5.

Perlman[16] wies darauf hin, daß die Zielformulierung in der Praxis der Sozialarbeit aus der Diagnose erwächst. Der Groupworker geht bei der Aufstellung seiner Ziele nicht nur von den vorgenannten Quellen aus, sondern
er legt sie auch aufgrund einer Diagnose der Gruppe und ihrer Mitglieder zu
einem bestimmten Zeitpunkt fest. Er bestimmt also die Ziele auch unter Berücksichtigung der besonderen Entwicklungsstufe der Gruppe und der
sozialpsychologischen Besonderheiten der Mitglieder (dazu zählen die ent-
wicklungsbedingten Aufgaben, Bedürfnisse, Interessen und Fähigkeiten).
Die vom Groupworker formulierten Ziele hängen auch von den Rollen ab,
die einzelne Gruppenmitglieder in der Gruppe übernommen haben. Die
Diagnose, zu der er schließlich kommt, liefert dem Groupworker die Instrumente zur Entwicklung der Ziele, auf die hin er dann seine Intervention
oder Behandlung ausrichtet.

 NAH- UND FERNZIELE

Man unterscheidet Nah- und Fernziele. Nahziele sind Ziele, die der Groupworker mit der Gruppe und/oder einzelnen Mitgliedern innerhalb von zwei
oder drei Wochen erreichen möchte. Es können auch Ziele sein, die er für
die Gruppe oder das einzelne Mitglied im nächsten Treffen anstrebt. Der
Groupworker sollte genau erklären, was er unter „Nahzielen" versteht. Fernziele sind allgemeinerer Natur, Nahziele mehr von konkreter Art. Man
sollte sich dabei bewußt sein, daß Nahziele Mittel darstellen, um Fernziele
zu erreichen. Zum Beispiel kann das Ziel, den Gruppenmitgliedern zu helfen, Befriedigung zu erlangen, als Mittel dienen, der Gruppe zu der Erfahrung zu verhelfen, daß ein von diesen Mitgliedern geplantes Unternehmen
erfolgreich verläuft. Daher muß man Zielprioritäten aufstellen. (Wir werden
das später im einzelnen erörtern.)
Bisher wurde nicht erwähnt, daß die einzelnen Gruppenmitglieder und die
Gruppe selbst neben den anerkannten und ausgesprochenen Zielen viele
uneingestandene und unausgesprochene Ziele haben. Gerade letztere beeinflussen sehr häufig die erklärten Absichten. Nach Ansicht des Autors

16 Perlman, a. a. O., S. 202.

sollte man zugeben, daß verborgene Ziele vorhanden sind und wie alle anderen Faktoren den Gruppenprozeß beeinflussen. Allerdings wäre es nutzlos, wenn der mit einer Gruppe arbeitende Sozialarbeiter das Schwergewicht eher auf eventuell existierende uneingestandene Ziele legte und nicht so sehr auf die deklarierten Ziele, da die Sozialarbeit definitionsgemäß im Bereich des „Hier und Jetzt" arbeitet. Eine Konzentration auf die nichteingestandenen Ziele läßt den Groupworker eher unbeweglich werden, anstatt ihn für ein Engagement in Aktivitäten der Sozialarbeit freizumachen.

Theoretische Orientierungen, Modelle und Zielformulierung

Einige theoretische Überlegungen basieren auf den tradierten Vorstellungen von Prozeß und Wachstum und sind mehr mit einer gruppenpsychotherapeutischen Orientierung verbunden. Diese Überlegungen betonen vorwiegend die Evolution der Gruppenziele und machen nur widerstrebend Aussagen über genaue Ergebnisse, wohl aus der Befürchtung heraus, eine unvorhersehbare Entwicklung vorschnell zu beurteilen und das persönliche Wachstum zu behindern. Diese Haltung wurde manchmal durch irregeleitete Vorstellungen über die Selbstbestimmung verstärkt, die als absoluter „Königswert" angesehen wurde (siehe Bernstein)[17]. Wenn man diese extreme Position einnimmt, würde Selbstbestimmung jede Art von Intervention durch den Sozialarbeiter ausschließen, wenn die Gruppenmitglieder nicht *ständig* zu wählen hätten, ob sie die Dienste des Groupworkers annehmen wollen oder nicht.

Die andere theoretische Position ist gekennzeichnet durch den verhaltenstheoretischen Ansatz, der sich weitgehend von der Lerntheorie ableitet, die ausdrücklich eine genaue Festlegung der Behandlungsziele vorsieht. Bei augenscheinlich fehlangepaßtem Verhalten werden Ziele für die individuelle Behandlung jedes „Klienten" in der Gruppe festgelegt. Ziele sind als Häufigkeiten oder andere Größen auf der gleichen Skala festgelegt, auf der

---

17 Bernstein, Saul, Self-Determination: King or Citizen in the Realm of Values. In: Social Work, Band 5, Nr. 1, Januar 1960, S. 3—9.

das ursprünglich fehlangepaßte Verhalten abgetragen wurde. Wenn z. B.
Jack vor der Behandlung durchschnittlich einmal in der Woche zur Schule
ging, kann das letzte Behandlungsziel darauf gerichtet sein, daß er nicht
mehr als einen Tag im Monat aus anderen als Krankheitsgründen fehlt.
Wenn die Mutter aussagt, daß Ted vor der Behandlung sehr häufig mit
seinen Geschwistern zankte, kann es Behandlungsziel sein, daß Ted sich mit
seinen Geschwistern weniger häufig streitet. Wenn Harv in der Schule auf
Verlangen nur 15 Minuten auf seinem Platz sitzen bleiben kann, mag das
Behandlungsziel darauf gerichtet sein, diese Zeit auf 55 Minuten auszudeh-
nen.
Wenn der Schritt zwischen der erstgezeigten und der gewünschten Verhaltensweise nicht gleich getan werden kann, werden Unterziele festgelegt, die
zwischen dem Anfangsniveau und dem endgültigen Behandlungsziel liegen. So kann man eine Folge von sofort erreichbaren Stufen festlegen, die vom
Klienten unter Mithilfe des Groupworkers bestimmt werden und vom Grad
der Schwierigkeit, mit der sie erklommen werden können, abhängen. Diese
Folge bezeichnet man auch als Verhaltenscurriculum. Eines oder mehrere solcher Curricula werden für jeden Klienten in der Gruppe festgelegt.
Im oben angeführten Beispiel könnte der Groupworker für Harv z. B. folgende Unterziele aufstellen: Er soll jede Stunde 25 Minuten lang stillsitzen,
dann 35 Minuten und dann 45 Minuten. Die ganze Folge einschließlich
des Endziels von 55 Minuten ist ein Beispiel für einen Verhaltenslehr-
plan[18].
Behandlungsziele für Gruppen betreffen Probleme zwischenmenschlicher
Beziehungen, die die meisten Mitglieder haben. In einer Gruppe teilten
nur wenige Mitglieder Gemeinsamkeiten miteinander. Während des ersten
Treffens versuchte kein Mitglied, an Spielen eines anderen oder am Essen
oder anderen Dingen teilzunehmen. Das Behandlungsziel für die Gruppe
richtete sich darauf, die Häufigkeit des teil-nehmenden Verhaltens auf drei
oder mehr Male während des Treffens zu steigern. Behandlungsziele der
Gruppe sind ebenso wie individuelle Ziele — das sollte hier gesagt sein —
Beschreibungen von zu veränderndem Verhalten.

18 Dieses Konzept wird ausführlicher behandelt bei Edwin J. Thomas, The Socio-Behavioral
Approach: Illustrations and Analysis, S. 11 f., New York 1968, Council on Social Work
Education.

Provisorische, aber dennoch konkrete Behandlungsziele werden während der ersten Kontakte mit allen Klienten festgelegt. Der Klient ist an der Entscheidung beteiligt, mit welchen Zielen und welchem Verhalten man sich befassen will. Es ist bei dieser Methode unbedingt erforderlich, daß ein „Behandlungsvertrag" — eine Arbeitsabsprache — in bezug auf Ziele und Behandlungsbedingungen ins Auge gefaßt, besprochen und schließlich mit jedem Gruppenmitglied abgeschlossen wird. Bei der Festlegung der Ziele sollte man nicht vergessen, daß die neu zu bildende Gruppe für die Mitglieder eine Quelle der Freude sein, zugleich aber auch einen Druck zur Verhaltensänderung ausüben soll.

Der Beitrag des verhaltenstheoretischen Ansatzes besteht darin, daß die Ziele eher in Form von Verhaltensergebnissen und weniger in Form von „Dingen" formuliert werden. Tatsächlich besteht hierin der Unterschied zwischen einem Ziel und einem Plan. Das Ziel ist das vom Groupworker angestrebte Verhaltensergebnis, und Pläne sind Techniken, mit denen man das Ziel erreichen will. Die Ziele, die der Groupworker aufgrund seiner Diagnose der Gruppe festlegt, können z. B. darauf gerichtet sein, den Mitgliedern zu helfen, ein Gefühl für Solidarität zu entwickeln und gemeinsame Unternehmungen selbst zu planen, die dazu beitragen könnten, dieses Ziel zu erreichen. Die Vorbereitung eines gemeinsamen Unternehmens ist also kein Ziel, sondern ein „Plan".

Einige dieser theoretischen Überlegungen haben sich in einer Reihe von Modellen zur Praxis der Sozialen Gruppenarbeit niedergeschlagen. Diese Modelle bieten uns als begriffliche Rahmen oder symbolische Darstellungen eine Art Orientierungshilfe, wenn wir uns bei der Gliederung abstrakten theoretischen Wissens lieber eines bildlichen Vergleiches bedienen wollen (z. B. die Gesellschaft ist eine Maschine, der Konflikt ist ein mathematisches Spiel usw.).

PRAXISMODELLE UND ZIELBESTIMMUNG

Papell und Rothman unterscheiden drei Modelle der Praxis der Sozialen Gruppenarbeit: 1. das Modell der Sozialen Aktion, 2. das Modell der therapeutischen Hilfe, 3. das Modell der gegenseitigen Hilfe und Geborgenheit[19].

1. Im *Modell der Sozialen Aktion"* ist der Groupworker eine „einflußreiche" Persönlichkeit. Seine wichtigste Aufgabe besteht darin, den Gruppenmitgliedern ein Wertsystem zu vermitteln, das er in Form eines „Rollenmodells" personifiziert. Daher werden die allgemeinen Ziele des Groupworkers durch diese besondere Ausrichtung beeinflußt, die darauf abzielt, die Gruppe in ihrer Beziehung zur Dienststelle und zur Gemeinde zu aktivieren. Die Entscheidung, welche Fragenkreise sich für eine gemeinsame Aktion eignen, und das Abwägen möglicher Alternativen und der daraus entstehenden Konsequenzen gehören zum Kontrakt zwischen dem Sozialarbeiter und einer Gruppe, die auf Soziale Aktionen und die Erfüllung von Aufgaben ausgerichtet ist. Die Ziele des Groupworkers richten sich in erster Linie auf die Gruppe und ihre Mitglieder, da ja die Erreichung von Gruppenzielen angestrebt wird. Ganz spezielle Ziele des Groupworkers leiten sich von diesen verallgemeinerten Zielvorstellungen ab.

2. Im *Modell der therapeutischen Hilfe* wird die Gruppe gewissermaßen als Umfeld für die Behandlung des Individuums angesehen. Die diagnostischen Ziele für jedes einzelne Mitglied, die vor der Gruppenbildung durch den Groupworker festgelegt werden, stehen an erster Stelle. Gruppenziele dienen der Erreichung der Ziele für das individuelle Mitglied. Der Groupworker, der Wandel initiiert und *„für* den Klienten" handelt, der Probleme in seinem Sozialverhalten hat, räumt so dem Behandlungsziel eine Vorrangstellung ein. Vinter formuliert es so: „Spezielle Behandlungsziele müssen für jedes Mitglied der Klientengruppe festgelegt werden"[20]. Das Schwergewicht im Prozeß der Zielsetzung wird hier auf die Entwicklung eines besseren Sozialverhaltens des Individuums gelegt, das als Gruppenmitglied dann zum Zusammenhalt der Gruppe beiträgt oder nicht beiträgt. In diesem Modell fehlt die Festlegung eines Zieles für die Gruppe *als Gruppe*.

3. Das *Modell der gegenseitigen Hilfe und Geborgenheit* will sowohl dem Indi-

19 Papell, C. und B. Rothman, Social Group Work Models: Possession and Heritage. In: Education for Social Work, S. 66—76.
20 Vinter, Robert, The Essential Components of Social Group Work Practice. Ann Arbor, Michigan 1959, University of Michigan Press, S. 4.

viduum als auch der Gruppe dienen. Es sieht sie in symbiotischer Interaktion und legt den Schwerpunkt auf die Begegnung von Menschen in
einem System „gegenseitiger Hilfe". Es gibt keine vorher festgelegten therapeutischen Ziele, und daher ist auch kein bestimmtes Ergebnis angestrebt.
Dadurch, daß sich die Gruppenmitglieder in ihren Beziehungen untereinander für die Lösung von Problemen einsetzen, werden ihre Ziele im Verlauf des Gruppenprozesses erkennbar. Der Groupworker, der als Teil der
Gruppe diesen Prozeß mitmacht, verknüpft seine Ziele mit den im Verlauf des Prozesses auftauchenden Bedürfnissen der Gruppe und ihrer Mitglieder.
In dem Maß, in dem der Groupworker Einfluß nimmt und selbst beeinflußt
wird, entsteht ein wechselseitiger Zusammenhang zwischen seinen Zielen
und denen der Gruppe, die sich allmählich gegenseitig ergänzen. Hauptziel
des Groupworkers ist es, Bedingungen zu schaffen, die wechselseitige Beziehungen zwischen den Mitgliedern möglich machen und es ihnen gestatten, sich gezielt und aktiv für die Erfüllung menschlicher Bedürfnisse und
Hoffnungen einzusetzen. Daher hat der Groupworker keine spezifischen
Ziele für das einzelne Mitglied oder die Gruppe, sondern sucht vornehmlich
nach einem gewissen Nenner, auf den sich die Bedürfnisse und Forderungen der Mitglieder bringen lassen, und macht die Hindernisse sichtbar, hinter denen dieser gemeinsame Nenner verborgen ist. So entwickelt und errichtet er einen Vertrag der Mitglieder untereinander, demzufolge Gruppenmitglieder und Groupworker gemeinsam die Ziele der Gruppe festigen,
so daß die Gruppe in die Lage versetzt wird, im Rahmen dieses Kontraktes ihren Zielen näherzukommen und sie endlich zu erreichen.
Zusätzlich zu diesen drei Modellen entwickelt die Boston School of Social
Work ein viertes Modell, ein *Entwicklungsmodell*, das einen Kompromiß
zwischen den genannten Modellen der gegenseitigen Hilfe, der sozialen
Aktion und der therapeutischen Hilfe darstellt[21].
Dieses Modell betrachtet das Gruppenleben als „Mikrokosmos der Welt":
die Mitglieder können ihre Erfahrungen auf andere Situationen ihres Lebens übertragen. Die Hauptbetonung liegt hier auf den Faktoren Zeit,

21 Bernstein, Saul und Louis Lowy, Hrsg., Explorations in Group Work. Boston 1965, Boston
University School of Social Work; deutsch: Untersuchungen zur Sozialen Gruppenarbeit. Freiburg ³1973, Lambertus-Verlag.

Gruppenprozeß und Entwicklungsstufe der Gruppe in ihrem Verhältnis zu der Entwicklung, die das einzelne Gruppenmitglied durchläuft. Die Person wird von der Warte zwischenmenschlicher Bezüge und die Gruppe als Struktur gesehen, durch die die Menschen wachsen und sich entwickeln können. Die Ziele leiten sich aus einer Diagnose der Gruppe und des individuellen Mitglieds ab. Sie basieren somit auf der Entwicklungsstufe der Gruppe und hängen von den Interessen, Bedürfnissen und Hoffnungen des einzelnen Gruppenmitgliedes ab, das wechselseitige Beziehungen mit anderen erfährt. Der Groupworker, der Teil der Gruppe und doch von ihr getrennt ist, formuliert allgemeine Ziele für die Gruppe und ihre Mitglieder und modifiziert sie im Verlauf der Entwicklung der Gruppe entsprechend seinen diagnostischen Eindrücken.

Durch die Gruppenziele sollen Gruppenerfahrungen in einen Bezug zur realen Welt gebracht werden. Die Ziele wollen die Mitglieder zum einen auf eine bessere Anpassung an ihre Lebenssituation vorbereiten, zum anderen sollen diese — aus der Gruppenerfahrung gewonnenen — Kräfte von den Mitgliedern mit dem Ziel eingesetzt werden können, soziale Bedingungen und Strukturen zu ändern, wenn diese nicht mehr nützlich oder zweckmäßig sind. In dieser Hinsicht kombiniert das Entwicklungsmodell Züge der drei anderen Modelle miteinander.

So entwickeln sich die spezifischen Ziele des Groupworkers in einem fortgesetzten diagnostischen Prozeß, dessen Objekt der Gesamtzusammenhang der Person in ihrer Situation ist und der in einem sozialen Milieu abläuft, das den Groupworker zwingt, seine Ziele den sich wandelnden eigenen Zielen und Orientierungen der Gruppe und den ebenfalls in einem Wandel begriffenen Bedürfnissen, Interessen, Hoffnungen und Zielen der einzelnen Mitglieder anzupassen. Die vordringliche Sorge des Groupworkers gilt eher der Verhaltensänderung der miteinander in Beziehung stehenden Menschen als der Erfüllung einer Aufgabe um ihrer selbst willen.

Die nachfolgenden Ausführungen zur Zielbestimmung orientieren sich vor allem am Entwicklungsmodell. Später muß sich die Praxistheorie auch mit den Zielkonstellationen der anderen Modelle befassen und jeweilige Ähnlichkeiten und Unterschiede darstellen. Ausgehend von einer allgemeinen, auf den Grundsätzen der Sozialarbeit (nicht der Sozialen Gruppenarbeit) aufbauenden Diagnose bzw. Beurteilung der jeweiligen Situation des einzelnen, der möglichen Risiken, der Probleme der einzelnen und der Probleme der Gruppe sollte das jeweils für die praktische Arbeit relevante und geeignete Modell ausgewählt werden, und der Sozialarbeiter sollte sich dann bei seiner Tätigkeit auch an den Erfordernissen des von ihm gewählten Modells ausrichten. Aus einer solchen Diagnose, die das vom Groupworker einzusetzende Modell bestimmt, entwickelt sich die Zielsetzung nicht in einem einmaligen Akt, sondern prozeßartig.

VARIABLEN, DIE DEN PROZESS DER ZIELSETZUNG IM
ENTWICKLUNGSMODELL BEEINFLUSSEN

Die Wurzeln der Ziele praktischer Sozialarbeit mit Gruppen sind gleichzeitig Variablen, die auf den Zielsetzungsprozeß einwirken. Werte, individuelle und Gruppenziele, Ziele des Groupworkers, Ziele der Einrichtung üben alle einen starken Einfluß aus. Zusätzlich gibt es jedoch noch drei weitere bedeutende Variablen, die in besonderer Weise den Zielsetzungsprozeß beeinflussen und die daher für sich betrachtet werden müssen:
1. Zwischenmenschliche Beziehungen und Interaktionsstruktur
2. Das Programm der Gruppe
3. Die Stufe der Gruppenentwicklung

1. *Zwischenmenschliche Beziehungen und Interaktionsstruktur.* Art und Qualität der zwischenmenschlichen Beziehungen beeinflussen den Gruppenprozeß und bestimmen wesentlich mit, welche Erfahrungen der einzelne und die Gruppe machen. Sie wirken auch auf die Ziele des Groupworkers ein. Zwecke, die man zu Beginn der Gruppentreffen festgelegt haben mag, verändern sich, wenn der Groupworker merkt, daß die interpersonellen Beziehungen konfliktgeladen sind und eine gespannte Gruppenatmosphäre erzeugen. Beispielsweise kann sich der Groupworker die Entwicklung von Techniken für ein geordnetes Entscheidungentreffen in der Gruppe vorgenommen haben. Bald stellt er jedoch fest, daß die Gruppe noch nicht genügend in sich gefestigt ist, um sich auf bestimmte Normen zu einigen, und daß daher die Voraussetzungen für ein geordnetes Entscheidungentreffen fehlen. Die Mitglieder schreien sich an, die Gefühle schlagen hohe Wellen,

viele einzelne werden von anderen eher abgelehnt als angenommen. Der
Groupworker zielt *nun* zunächst darauf ab, den Mitgliedern zu helfen,
einander zu akzeptieren und Gruppennormen zu entwickeln. Diese Ziele
sind dann Mittel, um das weitere Ziel, das systematische Entscheidungentreffen, zu erreichen.

2. *Die Art des Programms* beeinflußt die Ziele des Groupworkers, soweit es
in einem Zusammenhang mit dem Verhalten steht. Wenn der Groupworker
glaubt, ein von den Mitgliedern gewähltes Programm sei für ihr Wachstum
und ihre Entwicklung schädlich, wird er sich die Änderung dieses Programms zum Ziel setzen. Da im Rahmen des Entwicklungsmodells das
Programm in der Gruppenarbeit eher Mittel als Zweck ist, wird der Groupworker bei der Entwicklung seiner Ziele nicht von einer Aktivität ausgehen, d. h. er wird sich nicht am künstlerischen Gestalten, am Nähen oder
Kartenspielen selbst orientieren, sondern eher die Verhaltensweisen bedenken, die durch diese Aktivitäten verstärkt oder gehemmt werden. Voraussetzung dafür ist eine auf die Diagnose ausgerichtete Sicht der jeweiligen
Aktivität. So könnte etwa künstlerisches Gestalten die bestgeeignete Aktivität sein, um der Gruppe und ihren einzelnen Mitgliedern verstärkt das
Gefühl zu vermitteln, daß sie etwas meistern können.
Die Ziele des Groupworkers richten sich eher darauf, dieses Gefühl des
eigenen Könnens zu verstärken, als darauf, die Mitglieder im künstlerischen
Gestalten wirklich geschickter zu machen. Tatsächlich ist ja das künstlerische
Gestalten hier ein Mittel, um das Verhaltensziel zu erreichen. Es wäre auch
denkbar, daß andere Aktivitäten wie z. B. Schwimmen zu diesem Ziel
führen. So hat es der Sozialarbeiter nicht nötig, sich auf eine einzige Aktivität zu konzentrieren, und kann der Gruppe helfen, verschiedene Programme
als Mittel zur Erzielung eines bestimmten Verhaltens einzusetzen.

3. *Die jeweilige Stufe der Gruppenentwicklung* hängt eng mit der Zielsetzung
durch den Groupworker zusammen. In der Voranschlußphase, die durch die
Verhaltensmuster der Annäherung und des Ausweichens gekennzeichnet ist,
werden diese Faktoren die allgemeinen Ziele des Groupworkers für die
Gruppe und ihre Mitglieder beeinflussen. So wird er besonders darauf
achten, daß die Mitglieder möglichst viel Gelegenheit bekommen, um Verhalten im Rahmen des Einander-Näherkommens und Einander-Auswei-

chens zu erproben. Sein wichtigstes allgemeines Ziel wird darin bestehen, den Mitgliedern eine gewisse Distanz voneinander zu gestatten. In der zweiten Stufe, der Zeit besonderer Macht- und Kontrollkonflikte, wird sich der Groupworker besonders dafür einsetzen, daß die Gruppenmitglieder diese Fragen von Macht und Kontrolle klären, und er wird ihnen Techniken zeigen, die sie befähigen, diesen Kampf erfolgreich zu bestehen. Das Fernziel des Groupworkers richtet sich in dieser Stufe darauf, mit den Mitgliedern zu einer festeren Absprache über seine Dienste zu kommen, um schließlich die gegenseitigen Rechte und Pflichten in ihren zukünftigen Beziehungen abzuklären. In der dritten Stufe, der Vertrautheitsphase, kommt es zu gegenseitigen Enthüllungen durch die Mitglieder. Es bieten sich dann auch Gelegenheiten, die positiven und negativen zwischenmenschlichen Gefühle zu klären. Das allgemeine Ziel gilt hier der Verfestigung des Gruppenzusammenhaltes, der in der vierten Stufe weiter ausgebaut wird. Hier richtet sich das Ziel darauf, Gelegenheiten zum gemeinsamen Agieren gegenüber anderen Gruppen herbeizuführen. Die „Trennungsstufe" (Stufe 5) sieht ihr Hauptziel schließlich darin, daß man „einander gehen läßt" und sich mit dem Gedanken vertraut macht, daß die Beendigung der Gruppe eine Realität darstellt. Eine solche Theorie der Gruppenentwicklung muß genau darlegen, welche zusätzlichen Variablen die Stufen der individuellen Reifung beeinflussen und damit auch wieder auf die jeweilige Erscheinungsform der einzelnen Gruppenphasen einwirken. Gruppentyp, Art der Einrichtung und die sozialpsychologischen Eigenarten der Mitglieder bestimmen als Faktoren mit, welche Form die Stadien der Gruppenentwicklung annehmen. Das empfindliche Gleichgewicht zwischen der individuellen Bedürfnislage, persönlichen Variablen und individuellen Zielen einerseits und den Erfordernissen für das Funktionieren der Gruppe und den Gruppenzielen andererseits hat Einfluß auf den Prozeß der Zielsetzung.

GRUNDSÄTZE FÜR DEN PROZESS DER ZIELSETZUNG

Da bisher noch kein Modell eine Theorie über die Zielsetzung enthält, kann der Praktiker bestenfalls eine Reihe von Grundsätzen aufstellen, von denen er sich bei der Arbeit leiten läßt. Diese Grundsätze kann man auch

als Hypothesen formulieren, die sich nach praktischer Erprobung und anschließender empirischer Erforschung in einen dann entstehenden theoretischen Rahmen einbauen lassen. Sie beruhen auf den schon genannten Annahmen und dem „Entwicklungsmodell", das sich mit Verhaltensanpassung und/oder Verhaltensänderung befaßt. Der Zielsetzungsprozeß muß flexibel sein. Das verlangt die Art der Begegnung zwischen dem Sozialarbeiter, der Gruppe und ihren Mitgliedern im gesamten Verlauf des Gruppenprozesses.

Prinzip 1

Die Ziele des Sozialarbeiters sollten sich aus der diagnostischen Einschätzung der Gruppe, ihrer Entwicklungsstufe und ihrer einzelnen Mitglieder im Rahmen ihres Milieus (Gemeinwesen oder Einrichtung) ableiten.

Prinzip 2

Die Ziele sollten Verhalten beschreiben, das für die Gruppe und die Mitglieder als wünschenswertes Ergebnis des Arbeitsprozesses festgelegt wird. Der Ausdruck „Verhalten" umschließt Denken, Fühlen und Handeln.

Prinzip 3

Die Ziele sollten sich auf einen verbesserten Stand des sozialen Wohlbefindens und des Sozialverhaltens der Gruppe und ihrer Mitglieder richten.

Prinzip 4

Die Ziele sollten — innerhalb der Grenzen, die durch die angebotenen Dienste, die Praxis der sozialen Arbeit und die zeitlichen und örtlichen Gegebenheiten gesetzt sind — erreichbar sein.

Prinzip 5

Die Ziele sollten entsprechend den sich im Laufe des Gruppenprozesses wandelnden Bedingungen nach Prioritäten geordnet werden.

Prinzip 6

In den Prozeß der Zielformulierung sollten die Ziele der Mitglieder und die Ziele des Groupworkers gleichermaßen eingebracht werden.

1. Die Ziele des Sozialarbeiters sollten sich aus der diagnostischen Einschätzung der Gruppe und ihrer Mitglieder unter Berücksichtigung des Milieus, in dem die Gruppe funktioniert, ergeben. Nehmen wir an, ein Groupworker hat festgestellt, daß eine Gruppe sich in Stufe 3 ihrer Entwicklung befindet (Vertrautheit) und daß eine Gruppenstruktur entstanden ist, die die Aufgabe zu erfüllen hilft, welche die Gruppe sich gesetzt hat. Er wird dann genau darlegen können, daß die Ziele für die Gruppe nun in einer Stärkung ihres Zusammenhalts und in der Schaffung einer Gruppenatmosphäre liegen, die es erlaubt, abweichende Standpunkte und Positionen zu äußern, und in der Konflikte beigelegt werden können. Wenn eine Gruppe in einem Nachbarschaftswerk gerade erst gebildet worden ist und man sich noch darum bemüht, einander kennenzulernen, sollte der Groupworker darauf abheben, den einzelnen Mitgliedern dabei zu helfen, ein Gefühl für das Miteinander-Bekanntsein zu entwickeln und ein vorzeitiges Festlegen von Beziehungsmustern zu verhindern. Was für die Gruppenziele gilt, hat auch für die individuellen Ziele Gültigkeit. Im therapeutischen Modell z. B. sind Behandlungsziele vor allem auf das einzelne Mitglied und auf ein verbessertes Sozialverhalten ausgerichtet. Andere Forderungen an die Behandlungsziele lauten:

a. Sie müssen eine Verminderung des Druckes, unter dem der Klient steht, oder die Lösung der Schwierigkeiten, die er erfährt, voraussehen lassen;

b. sie müssen erkennen lassen, daß das — vom Groupworker und von anderen dem Klienten wichtigen Bezugspersonen wahrgenommene — Problem im Sozialverhalten des Klienten eine Besserung erfahren wird;

c. sie sollen die Fähigkeiten des Klienten, seine Bereitschaft zur Veränderung usw. widerspiegeln;

d. die Behandlungsziele sollen realistisch, d. h. auf die Möglichkeiten der Hilfeleistung ausgerichtet sein;

e. die Behandlungsziele sollen auf solche Veränderungen in Haltungen und

Verhaltensweisen gerichtet sein, die durch Gruppenarbeit erreicht werden können[22].

Im helfenden Modell bleibt kein Raum für Gruppenziele des Sozialarbeiters, die deshalb auch nicht zu formulieren sind.

Im Entwicklungsmodell ist der einzelne mit der Gruppe verbunden. Daher lassen sich hier sowohl Gruppen- als auch individuelle Ziele unterscheiden. Ein besseres Sozialverhalten des Individuums ist zwar ein Hauptziel der praktischen Sozialarbeit, aber keineswegs das ausschließliche, und zwar umso weniger, als im Rahmen der Sozialen Gruppenarbeit die Gruppenziele den Nährboden für die individuellen Ziele bilden und nicht von diesen getrennt werden können. Zwischen diesen beiden Zielsetzungen gibt es theoretisch und praktisch Konflikte. Diese Tatsache dient dem Groupworker bereits als diagnostischer Hinweis und kann sehr wohl seine Intervention erforderlich machen. Wenn die Ziele der Mitglieder und die Gruppenziele zu sehr voneinander abweichen, muß der Sozialarbeiter entweder helfen, diesen Konflikt durch Änderung beider Ziele zu lösen, oder er muß die entsprechenden Konsequenzen hinnehmen, daß nämlich der einzelne von dieser Gruppe keine Hilfe erhalten kann. Ziele müssen daher einen Bezug zu den Bedürfnissen der Gruppe und zu denen der einzelnen Mitglieder und außerdem zu denjenigen Problemen im Rahmen des Gruppenlebens haben, die beim Durchlaufen der einzelnen Stufen auftauchen. Wenn der Groupworker seine Diagnose ständig den sich ändernden Gegebenheiten anpaßt, kann man hoffen, daß er auch die Ziele entsprechend diesen Forderungen formulieren wird.

2. Die Ziele sollten in Verhaltensbeschreibungen ausgedrückt werden, die Denken, Fühlen und Handeln umfassen und auf ein wünschenswertes Ergebnis des Arbeitsprozesses hindeuten, ohne dem Sozialarbeiter eine Zwangsjacke anzulegen. Nehmen wir ein Beispiel: Man kann Gruppenziele auf verschiedenen Genauigkeitsebenen aufstellen, d. h. sie ganz allgemein, mit mittlerer Genauigkeit oder sehr detailliert formulieren. Ein allgemeines

---

[22] Sarri, R., M. Galinsky, P. Glasser, S. Seigel, R. Vinter, Diagnosis of Group Work. In: Readings in Group Work Practice, S. 52, Hrsg. Robert D. Vinter. Ann Arbor, Michigan 1967, Campus Publishers; deutsch: Beiträge zur Praxis der Sozialen Gruppenarbeit. Freiburg [2]1973, Lambertus-Verlag.

Ziel wäre etwa, der Gruppe zu helfen, Befriedigung zu erzielen. Ein mit
mittlerer Genauigkeit aufgestelltes Ziel könnte lauten: der Gruppe zu helfen, durch Entscheidungentreffen Befriedigung zu erlangen. Das entsprechende präzise gefaßte Ziel heißt: der Gruppe zu helfen, Befriedigung in der
Weise zu erlangen, daß die Mitglieder diese Tatsache in der Art manifestie-
ren können, in der sie Entscheidungen treffen. Die erste, allgemeine Stufe
ist sehr vage und auf nahezu jede Situation anwendbar, die zweite ist etwas
spezifischer, die dritte orientiert sich bereits an der angestrebten Verhaltensänderung. Auf der Grundlage solcher Ziele entwickelt der Sozialarbeiter
dann einen Plan, in dessen Rahmen er z. B. Alternativen in der Programmgestaltung anbietet und mit der Gruppe die verschiedenen Konsequenzen
klärt, die sich aus der Wahl einer dieser Alternativen ergeben.
Ein auf den individuellen Bereich abhebendes Gruppenziel der allgemeinen Art könnte lauten: John zu helfen, ein Identitätsgefühl zu entwik-
keln. Mit mittlerer Genauigkeit könnte es heißen: John zu helfen, seine
Empfindungen bezüglich seines Identitätsgefühls auszudrücken; ganz detailliert lautet es: John zu helfen, sich über seine Stellung in der Gruppe
und darüber zu äußern, wie diese sein schwach entwickeltes Selbstbild beeinflußt. Ausgehend von der Diagnose, hat der Sozialarbeiter besondere
Behandlungsziele formuliert, die er durch einen der folgenden Pläne erreichen kann: er kann John vor der Gruppenzusammenkunft treffen und
ihm helfen, seine Gefühle darüber zu äußern, warum er im Klub ist, wie er
seine Stellung im Klub sieht, in welcher Stellung er sich gerne sähe, welche
er halten könnte, wer seiner Meinung nach sein Freund sei usw. Oder der
Groupworker kann John eine Gelegenheit geben, die ihm die Anerkennung der Gruppenmitglieder einbringt, was sein geringes Selbstbild verbessern könnte. Er kann auch eine Situation herbeiführen, in der John eine
Aufgabe erfüllt und dafür im Beisein von Gruppenmitgliedern ein Lob
erhält, für das der Groupworker sorgt, wenn es nicht spontan ausgesprochen
wird. Dies allein wird Johns Selbstbild noch nicht ändern, aber wenn der
Sozialarbeiter sich das zum Ziel gesetzt hat, wird er bewußt nach Situationen
Ausschau halten, die ihm helfen, dieses Ziel für John zu erreichen. Natürlich
gibt es auch Ziele für die anderen Gruppenmitglieder, und der Sozialarbeiter wird die jeweiligen Umstände berücksichtigen und überlegen müssen,
wie er nun intervenieren muß, um auch diese Ziele zu erreichen.

3. Ziele sollten sich auf einen verbesserten Stand des sozialen Wohlbefindens und des sozialen Verhaltens der Gruppe und ihrer Mitglieder richten. Es ist tatsächlich schwierig, genaue Kriterien für das soziale Wohlbefinden einer Gruppe aufzustellen. Man hat sechs allgemeine Dimensionen des menschlichen Wohlbefindens festgehalten[23]: Einkommen, Vermögen, Sicherung der grundlegenden Lebensbedürfnisse, soziale Mobilität und Bildung, politische Position und Status, Zufriedenheit. Inwieweit sind diese Kriterien oder einige von ihnen auf Mitglieder in einer bestimmten sozialen Gruppe anwendbar? Es wäre wünschenswert, diese Kriterien im Blick auf eine bestimmte Gruppe so zu fassen, daß sie zu Indikatoren für das soziale Wohlbefinden werden.

In einer Gruppe von AFDC-Müttern* oder OAA-Empfängern** mag das wichtigste Ziel sein, sich auf eine Erhöhung ihres Einkommens zu konzentrieren, wenn man „soziales Wohlbefinden" erreichen will. In einer Elterngruppe kann das übergreifende Ziel darauf gerichtet sein, größeren Einfluß auf die Entscheidungen der örtlichen Schule zu gewinnen; das Erreichen von Status und Zufriedenheit nach der Verwirklichung dieses ersten Ziels kann als Ziel von untergeordneter Bedeutung sein (ist aber eher ein Nebenziel als ein Nebenprodukt), das durch den Sozialarbeiter genau bestimmt werden muß.

Sozialverhalten ist ein abstrakter Begriff für das Verhalten eines Menschen, das sich in seinem Vollzug sozialer Rollen exemplifiziert. Soziale Rollen sind Erwartungen, die die Gesellschaft allgemein in bezug auf eine soziale Gruppe und eine bestimmte Situation hegt. Eines der Hauptziele der praktischen Sozialarbeit — wenngleich nicht das einzige — besteht darin, den erwünschten Rollenvollzug zu erleichtern und dem Träger der Rolle damit Befriedigung zu verschaffen. Andere Ziele der Sozialarbeit sind auf die Einnahme einer kritischen Haltung gegenüber diesen Erwartungen und die Bereitschaft gerichtet, verantwortlich an der Veränderung dieser Erwartun-

---

23 Miller, S. u. a., Poverty, Inequality and Conflict. In: The Annuals, September 1967, Band II, S. 16.

* Mütter, die für ihre Kinder Fürsorgegelder und soziale Dienstleistungen erhalten (Aid to Families of Department Children).
** Alte Menschen, die Fürsorgegelder erhalten, weil sie in Not geraten sind (Old Age Assistance). Seit Januar 1974 mit einbezogen in „Social Security".

gen mitzuwirken, wenn dies durch den Wandel der sozialen Bedingungen nötig wird.

In der Praxis wird der Groupworker versuchen, den Mitgliedern zu helfen, ihre Rollen in der Gruppe besser zu vollziehen bzw. mit mehr Geschick eine steigende Anzahl von Rollen flexibel zu vollziehen. Man kann behaupten, daß die Fähigkeit, unterschiedliche Rollen in der Gruppe auszuüben, auf andere Situationen und soziale Strukturen übertragen werden kann. Der Sozialarbeiter wird einem körperbehinderten Mitglied (Diagnose) helfen, in der Gruppe solche Rollen zu übernehmen, die dieses Mitglied wirklich handhaben kann. Die daraus resultierende Sicherheit wird ihm zum Erfolg beim Rollenvollzug verhelfen, und dieser Erfolg, der mit der Unterstützung durch den Groupworker und die übrigen Mitglieder errungen wurde, verschafft ihm Befriedigung (allgemeine Ziele). Der Sozialarbeiter wird sich jederzeit bemühen zu erkennen, wie der Rollenvollzug der Mitglieder außerhalb der Gruppensituation (zu Hause, in der Schule, bei der Arbeit) geartet ist. Er tut dies durch direkte Beobachtung, vielseitige Kontakte und durch Informationen, die er durch andere Gruppenmitglieder erhält. Er wird diese Daten in sein diagnostisches Gebäude hineinnehmen und die auf das Sozialverhalten ausgerichteten Ziele entsprechend abwandeln.

4. Die Ziele sollten im Rahmen des Hilfsangebotes, also der praktischen Möglichkeiten, der verfügbaren Zeit und des Raumes, erreicht werden können. Ihre genaue Beschreibung vergrößert schon die Wahrscheinlichkeit, daß die Vorhaben verwirklicht werden. Allerdings neigen Groupworker sehr häufig dazu, globale und weit außerhalb der Möglichkeiten liegende Ziele anzustreben, die mit dem Zweck sozialer Arbeit nur noch entfernt zu tun haben. Nur zu oft werden Ansprüche geltend gemacht, die entweder nicht in einer gründlichen Diagnose wurzeln oder aber sich auf falsche Erwartungen gründen. Wenn wir die logischen Schlüsse aus den diagnostischen Feststellungen ziehen, können wir nicht anders als uns — unter Berücksichtigung der Dynamik der Gruppe, des Individuums und des Groupworkers — auf das Erreichbare zu konzentrieren.

Dies macht es dem Groupworker möglich, das Ergebnis abzuschätzen und zu entscheiden, ob erreichbare Ziele wirklich erreicht worden sind. Daraus folgt, daß Ziele im vorhinein festgelegt werden müssen. Mit anderen Wor-

ten: zu Beginn seiner Begegnung mit der Gruppe und ihren Mitgliedern
zeigt der Groupworker diagnostisches Verständnis und hat allgemeine Zielvorstellungen. Am Ende der Begegnung fragt er sich, ob und in welchem
Umfang diese Ziele zunächst einmal erreichbar waren, und — wenn er das
bejaht — ob sie erreicht worden sind. Sind die Ziele nicht erreicht worden,
fragt er sich, welche Faktoren das verhindert haben. Das soll nicht heißen,
daß der Sozialarbeiter sklavisch an diesen Zielen festhält, nicht von ihnen
abweicht und daher eben jenen Prozeß hemmt, den die soziale Arbeit mit
Gruppen ja ausdrücklich fördern soll. Vielmehr ist damit gemeint, daß der
Sozialarbeiter anerkennt, daß er aufgrund seines diagnostischen Urteils
gewisse Ziele erwägt, die dann im Verlauf der Entwicklung der Gruppe und
ihrer Begegnung mit dem Groupworker abgeändert werden; daß er jetzt
aber verpflichtet ist zu wissen, *warum* sie abgeändert werden müssen. Anstatt
ihn einzuengen, macht ihn dies im Gegenteil freier, weil er sich nun ganz
bewußt an einem strukturierten Prozeß orientiert. Man braucht nicht erst
darauf hinzuweisen, daß dadurch auch Bedürfnisse des Groupworkers selbst
erfüllt werden, der wissen möchte, was er tut, und ein Orientierungsver-
mögen entwickeln will. Dieser ganze Vorgang wird auch zur Schulung seiner
diagnostischen Fertigkeiten beitragen und dazu führen, daß er den Auftrag,
den ihm die Gesellschaft übertragen hat, verantwortlich erfüllt. Ein deut-
licherer Versuch der Zielformulierung macht es ihm leichter, sich selbst, den
sozialen Einrichtungen und den Organisationen in der Gemeinde gegenüber verantwortlich zu handeln.
Wenn wir das „Entwicklungsmodell" im Auge behalten, sollten wir auf die
zeitliche Dimension des Prozesses achten. „Förderung des Gruppenzusammenhalts" läßt sich in der Voranschlußphase nicht erreichen, da dies den
entwicklungsmäßigen Voraussetzungen zuwiderliefe. Auf der anderen Seite
geht es nicht an, die Bewältigung von regressivem Verhalten in der „Trennungsstufe" als wesentliches Ziel anzusehen, nur weil in dieser Phase regres-
sive Verhaltensmuster bei Gruppenmitgliedern sichtbar wurden.
Gewisse Grenzen werden auch durch die Art der angebotenen Dienste und
die Fertigkeiten des Sozialarbeiters gesetzt. Eine Einrichtung kann unter
Umständen nicht für die Kontinuität ihrer Leistungen sorgen, wenn Geld-
mittel gestrichen werden. Die Ziele müssen dann verändert oder sogar aufgegeben werden. Im „Kontrakt" ist genau festgelegt, daß der Sozialarbeiter

die Mitglieder an diesem Vorgang und am eventuell erforderlichen Prozeß der Neuformulierung der Ziele beteiligt.

Begrenzungen, die durch Umweltbedingungen gegeben sind (Mangel an Geldmitteln, diskriminierende Praktiken, die sich gegen den Sozialarbeiter richten, unzureichende medizinische Versorgung usw.), müssen bei der Festlegung der Ziele und der Mittel, mit denen diese erreicht werden sollen, genau ins Auge gefaßt werden. Wenn der Sozialarbeiter bereit ist, sich mit der Gruppe in einer sozialen Aktion gegen diese Zwänge zu engagieren, dann sollten seine Ziele diese Bereitschaft widerspiegeln und seine Vorgehensweise genau erklärt und beschrieben werden. Wenn ein solches Vorgehen dagegen aus einer Vielzahl von Gründen nicht im direkten Wirkungsbereich des Sozialarbeiters liegt, dann sollten die Ziele diese Tatsache ebenfalls anklingen lassen und die genauen Gründe dafür angegeben werden. „Sich auf die gleiche Ebene wie die Gruppe zu stellen" gehört zur Funktion des Sozialarbeiters. Situationsbedingte Beschränkungen und die Anerkennung der Tatsache, daß dem Groupworker Grenzen bei der Entfaltung seiner Fertigkeiten gesetzt sind, sind wichtige Größen der Zielsetzung.

5. Sozialarbeiter sollten ihre Ziele nach Prioritäten ordnen. Nicht alles ist erreichbar. Die Vielzahl von Variablen, die Tatsache, daß Interaktionen in Bruchteilen von Sekunden ablaufen, die begrenzten Möglichkeiten der Beobachtung und des Eingreifens — all dies macht es nahezu unmöglich, viele Ziele aufzustellen oder alle aufgrund der Diagnose eigentlich geforderten Ziele zu erreichen. Der Sozialarbeiter muß daher ein Schema für die Anordnung von Prioritäten entwickeln. Soll er sich nun in erster Linie darauf konzentrieren, ein Gefühl für den Gruppenzusammenhalt zu entwickeln, oder soll er besonderen Wert auf die Arbeit mit drei Gruppenmitgliedern legen, die sich übergangen und einsam fühlen? Es kann sehr wohl sein, daß diese beiden Ziele in einem Zusammenhang miteinander stehen und die isolierten Mitglieder durch die auf den Gruppenzusammenhalt gerichtete Intervention des Sozialarbeiters Teil der ganzen Gruppe werden. Vom Standpunkt bewußter Zielformulierung wird der Groupworker allerdings das eine oder das andere Ziel wählen müssen, wenn er irgendetwas erreichen will. Wir werden vielleicht nur sehr ungern Prioritäten setzen, weil

nach unserem Berufsethos uns „nichts Menschliches fremd ist". Ganz gewiß
gilt das Interesse der Sozialarbeit dem ganzen Menschen, und jeder Sozialarbeiter weiß, daß Menschen nicht isoliert behandelt werden können. Gleichzeitig muß die Sozialarbeit aber auch erkennen, daß durch Intervention in
einem Teil des Systems auch dessen andere Teile unweigerlich beeinflußt
werden, eine Tatsache, die uns durch die Systemtheorie sehr eindrücklich
bewußt gemacht worden ist. Aufgrund dieser theoretischen Einsicht brauchen wir uns bei der Aufstellung von Prioritäten und der Konzentration auf eine begrenzte Anzahl von Zielen bzw. dem Versuch, diese zu
erreichen, gar nicht so unbehaglich zu fühlen. Wenn wir entdecken, daß
andere Ziele eher unsere Aufmerksamkeit verlangt hätten, werden uns weitere Begegnungen mit der Gruppe dazu zwingen, den Schwerpunkt unserer
Arbeit zu verlagern.
Die Rangordnung der Ziele wird auch durch unsere Überlegungen hinsichtlich des zweckmäßigen Intervenierens in einer bestimmten Stufe des Gruppenlebens beeinflußt. Der Aufbau einer gut funktionierenden Beziehung zu
den Gruppenmitgliedern kann jetzt die wichtigste Aktivität sein, so daß der
Groupworker sich nun anderen Zielen zuwenden kann, wie z. B. der Unterstützung der Mitglieder beim Treffen von Entscheidungen oder Lösen von
Konfliktsituationen. Eine solche Unterstützung setzt ein Gefühl gegenseitigen Vertrauens voraus, das auf einer festen gegenseitigen Beziehung
gründet. Es kann oberstes Ziel des Groupworkers sein, die Mitglieder zu
einem zweiten Gegentreffen zu bewegen, wenn er nämlich feststellen muß,
daß das erste Treffen in einer Reihe von Zusammenstößen mündete, die
die Teilnehmer gegen das gesamte Vorhaben einnehmen. Alle anderen Ziele
des Sozialarbeiters können dadurch blockiert werden, wenn er dieses erste
Ziel nicht erreicht. Mit anderen Worten, der Sozialarbeiter wird nach dem
Überdenken der Situation ein Vorgehen wählen, das ihm gewissermaßen
den Hebel liefert, mit dem er die Barriere wieder beseitigt, die ihn vom Erreichen der anderen Ziele trennt.
Eine Krise ist ein jäh hereinbrechendes Ereignis, das eine Herausforderung
darstellt, gleichzeitig aber auch Gelegenheit zur Intervention bietet. Eine
Neuordnung der Dinge wird erzwungen, und eine Neuformulierung von
Zielen auf der Grundlage der Lösung der Krise wird ermöglicht.

6. Der Prozeß der Zielformulierung, in den sowohl die Ziele der Mitglieder als auch die des Sozialarbeiters einfließen, verlangt eine fortgesetzte Klärung der Arbeitsabsprache (des Kontraktes)[24]. Unweigerlich wird es Spannungen zwischen diesen beiden „zielsetzenden" Parteien geben. Daher sollte der Sozialarbeiter seine Ziele offen und ehrlich den Gruppenmitgliedern mitteilen und klarmachen, „was er vorhat". Er wird die Bedingungen des Kontraktes, die Erwartungen, die er hegt, und die Rollen, die er übernimmt, deutlich machen. Er wird versuchen, den Mitgliedern zu helfen, sich über ihre Erwartungen und Wünsche klarzuwerden, und er wird sie ermutigen, über ihre Gefühle zu sprechen. Er wird versuchen, die Kluft zwischen ihren und seinen Zielen durch Anpassung und Abstimmung zu überbrücken.

MITTEL UND ZWECKE

Ziele sind Zwecke, und Pläne sind Mittel, um diese Zwecke zu erreichen. Um in einer Gruppe ein Gefühl der Zusammengehörigkeit zu entwickeln, müssen wir mit der Gruppe einen Plan ersinnen, der mit großer Wahrscheinlichkeit auf dieses Ziel hinführt. Eine Reihe von Aktivitäten wie z. B. Parties, Sportveranstaltungen, Diskussionen über ein allgemein interessierendes Thema (z. B. unzureichende Beleuchtung eines Wohnblocks) können dazu dienen, daß die Gruppe sich der Verwirklichung des Zieles nähert. Mittel und Zwecke sind miteinander verbunden; sie sind untrennbar. Man muß also gewissermaßen beide Seiten der Medaille berücksichtigen. Es ist unmöglich, die eine zu betrachten, ohne zugleich auch die andere zu beeinflussen. Daher muß der Sozialarbeiter die Ziele mit der Gruppe klären und herausstellen, welche Alternativen es gibt, um sie zu erreichen. Jedes Alternativvorgehen hat seine eigenen Konsequenzen, die ihrerseits wiederum die später gesetzten Ziele beeinflussen.
Wenn es das Ziel einer Gruppe in einer Slum-Unterkunft ist, unter den Be-

---

[24] Frey, Louise und M. Meyer, Exploration and Working Agreement in the Social Work Methods. In: Explorations in Group Work, Hrsg. Saul Bernstein und Louis Lowy. Boston University 1965, S. 2—11; deutsch: Untersuchungen zur Sozialen Gruppenarbeit. Freiburg ³1973, Lambertus-Verlag.

wohnern das Gefühl zu stärken, daß sie vereint durchaus eine Macht darstellen, und dadurch eine Veränderung in ihren Lebensbedingungen zu bewirken, kann ihr Plan z. B. eine Demonstration gegen den Vermieter einschließen. Dieses einmal gewählte Vorgehen kann einen größeren Umsturz
und eine Krise nach sich ziehen und in der Folge zur Aufstellung eines
zusätzlichen Ziels führen, das wir als „Bewältigung einer Krisensituation"
bezeichnen können und das sich dem ursprünglichen Ziel des „Sich-Be-
wußtwerdens der eigenen Macht" an die Seite stellt. Das Ziel für eine Gruppe
von älteren Personen könnte etwa lauten: die Lebensfreude unter den Mitgliedern fördern. Zur Verwirklichung dieses Zieles könnten der Sozialarbeiter und die Mitglieder sich etwa vornehmen, eine Geburtstagsparty zu feiern.
Doch verschiedene Leute werden krank, und die Party muß verschoben
werden. Das kann vielen, die dieses Ereignis herbeigesehnt haben, Enttäuschung bereiten. Allerdings kann die Enttäuschung zu einem neuen
Ziel führen. Es ließe sich etwa so umschreiben: Erhöhtes teilnehmendes
Interesse an den Kameraden. Ein Plan, der auf dieses Ziel hinführt, sieht vor,
daß die kranken Mitglieder besucht werden. Im Blick auf das neue Ziel läßt
sich das Ganze erweitern bis zur Schaffung eines „Sonnenschein-Komitees",
das kranke Gruppenmitglieder, aber auch ans Haus gefesselte Bürger in der
Gemeinde besucht.

EINIGE BEISPIELE

Diese Beispiele sind der praktischen Arbeit entnommen und sollen einige
Punkte beleuchten, auf die in den vorstehenden Ausführungen bereits hingewiesen wurde:

Beispiel 1

Situation: Eine Gruppe von 15jährigen Mädchen trifft sich seit mehr als
vier Wochen in einem Gemeindezentrum. Die Gruppe befindet sich in ihrer
Entwicklung zwischen der „Voranschluß"- und der „Macht und Kontroll"-
Stufe. Rowena wird von drei Teilnehmerinnen zum Sündenbock gemacht.
Louise konkurriert mit Barbara um die Führung. Alle Aktivitäten sind im
Augenblick auf die Vorbereitung einer abendlichen Party ausgerichtet. Ein

Großteil der Diskussion betrifft Schulprobleme und das Verhalten der Lehrer.

Ziele des Sozialarbeiters für die Gruppe in den nächsten drei Wochen:
1. den Mitgliedern helfen, sich gegenseitig „vom Leibe zu bleiben";
2. Gelegenheiten anbieten, bei denen sie sich über ihre Lehrer aussprechen können;
3. die Gruppenenergie vom Sündenbockjagen (aggressivem Verhalten) ablenken und diese Energie in Richtung auf die Entwicklung einer gruppeneigenen Führung umleiten.

Ziele für Rowena:
1. Das Sündenbockjagen reduzieren, dessen Opfer sie ist.
2. Rowenas Haltung als Mitglied dieser Gruppe beurteilen. Rowenas Bedürfnisse und ihr Selbstbild abschätzen.

Ziele für Louise und Barbara:
1. Ihnen helfen zu akzeptieren, daß sie zunächst einmal Mitglieder der Gruppe sind, aber auch
2. ihre Führungsfähigkeiten fördern, und zwar im Einklang mit den Bedürfnissen der Gruppe in dieser Stufe.

Vorrangige Ziele für die beiden nächsten Gruppentreffen:
1. Besonderes Gewicht legen auf Gruppenziel Nr. 2, d. h. den Mädchen Gelegenheit zum Austausch ihrer Gefühle über die Lehrer anbieten;
2. weiterhin eine Atmosphäre des „Annäherns und Ausweichens" in der Gruppe aufrechterhalten (Gruppenziel Nr. 1), aber auch Macht- und Kontrollfragen aufkommen lassen;
3. in bezug auf einzelne Mitglieder: vor allem auf Rowenas Verhalten achten, um so diagnostisches Material zu gewinnen. Ein „diagnostisches Auge" auf Louise und Barbara haben.

Pläne für die beiden nächsten Treffen im Blick auf die Ziele für die Gruppe und für die drei genannten Mitglieder:
1. Gelegenheit zum informellen Gespräch und zum Austausch über die Schule und die Lehrer herbeiführen; diese Diskussionen in einen Vergleich zwischen der Schulsituation und der Gruppenerfahrung in dieser Einrich-

tung einmünden lassen. Diese Diskussionen weiterführen während der Vorbereitungen für die Party.

2. Rowena nach der Gruppenzusammenkunft (eventuell im Büro des Groupworkers) treffen und abseits von der Gruppe mit ihr plaudern.

3. Auf Gelegenheiten zu einem Interview mit Louise und Barbara achten. Ihre Rivalität vor den anderen Gruppenmitgliedern übersehen.

Beispiel 2

Situation: Sechs ältere Menschen haben sich in einem Haus des Nachbarschaftswerks eingefunden. Sie sind beim Einkaufen miteinander ins Gespräch gekommen und haben den Direktor des Nachbarschaftswerkes gefragt, ob es möglich sei, daß sie sich hier regelmäßig zum Kartenspiel zusammenfinden und andere Leute treffen können, die gleich ihnen „nichts anderes zu tun haben als essen, schlafen und warten".

Ziele des Sozialarbeiters für die nächsten zwei Wochen:
1. Allen sechs Teilnehmern die Aufnahme von Beziehungen ermöglichen, und zwar in dem ihnen gemäßen Tempo, sie einander meiden und sich einander nähern lassen;

2. den sechs Teilnehmern helfen, so viel bzw. so wenig übereinander zu erfahren, wie sie dies wünschen;

3. ihnen helfen, die gerade entstehende Beziehung zu dem Sozialarbeiter in der Dienststelle zu festigen; der Sozialarbeiter kann diese Beziehung dann dazu nutzen, zu einem späteren Zeitpunkt der Gruppe noch weitere Personen zuzuführen.

Vorrangige Ziele:
Da alle drei Ziele eng miteinander verbunden sind, braucht man — vorläufig — keine Prioritäten zu setzen.

Pläne für die nächsten zwei Wochen:
1. Für einen regelmäßig zu nutzenden Raum sorgen, der mit bequemem Mobiliar ausgestattet ist, das von den Mitgliedern leicht verschoben werden kann (Kartentische, Stühle usw.);

2. Karten, möglichst noch andere Spiele und Zeitungen bereithalten.

3. Erfrischungen vorbereiten lassen.

4. Der Sozialarbeiter sollte unaufdringlich zur Verfügung stehen.

5. Nach zwei Wochen sollte der Sozialarbeiter die Situation daraufhin einschätzen können, ob die sechs Teilnehmer bereit sind, noch einige Mitglieder aufzunehmen.

Beispiel 3

Situation: Eine Gruppe von Mädchen im Latenzalter in einer Dienststelle, die Kindern mit körperlichen Behinderungen und/oder psychischen Störungen Gruppenarbeit anbietet und Zeltlager für sie durchführt.

Diagnostische Eindrücke von der Gruppe:
Die Gruppe trifft sich schon seit drei Monaten und tritt nun in die „Macht- und Kontroll"-Stufe ihrer Entwicklung ein. Die Mädchen treffen sich noch fünfmal, bevor das von der Dienststelle geleitete Sommerlager beginnt. In einer Auseinandersetzung zwischen Pauline und Sylvia versuchen beide, je ein anderes Mitglied auf ihre Seite zu ziehen und die Gruppe zu einer Entscheidung in ihrem Sinn zu bewegen, anstatt die Entscheidung entsprechend der Meinung des Kerns der Gruppe zu fällen. Pauline versucht ständig, ihre zentrale Stellung in der Gruppe zurückzuerobern. Zuerst versuchte sie, die Gruppe durch Agieren zu kontrollieren. In der Vergangenheit hatte das die Aufmerksamkeit des Sozialarbeiters voll in Anspruch genommen und dazu geführt, daß jede Gruppentätigkeit zum Erliegen kam. In den letzten Treffen zeigte Pauline sich als Fachmann für Fliegende Untertassen, ein Thema, an dem die Gruppe interessiert ist. So ist sie wieder zum Mittelpunkt der Gruppe geworden. Da die Gruppe sich schon eine Zeitlang trifft, haben Jeane, Miriam und Lynda enge Freundschaft miteinander geschlossen. Sie sehen sich häufig außerhalb der Gruppentreffen.

Gruppenziele für die letzten fünf Treffen in der Einrichtung:
1. Der „gesunden" Kerngruppe Jeane, Miriam und Lynda helfen, darauf zu vertrauen, daß sie fähig sind, durch gemeinsame Führung Einfluß auf den Gruppenprozeß zu nehmen; ihnen helfen, diese Führung so einzusetzen, daß sie die an die Gruppe überwiesenen und noch nicht voll integrierten Mitglieder ganz hineinnehmen, anstatt sie zu Sündenböcken zu machen. (Letzteres wäre eine mögliche Reaktion auf ihre neue Machtstellung.)

2. Pauline und Sylvia helfen, die Wandlungen in der Gruppe zu verstehen; ihnen helfen, Möglichkeiten der Interaktionen mit den „gesunden" Mädchen zu erlernen.

3. Den Mitgliedern helfen, die Tatsache zu akzeptieren, daß diese Art der Gruppenerfahrung im Sommer aufhört; ihnen helfen, die Ängste zu verarbeiten, die mit der Aussicht auf ein Sommerlager verbunden sind, an dem die ganze Gruppe geschlossen teilnimmt.

Vorrangige Ziele:
In der nächsten Woche sollten im wesentlichen die Ziele 1 und 2 angestrebt werden; Ziel Nr. 3 soll sobald wie möglich anvisiert werden. Auf Ziel Nr. 3 sollte man sich in den verbleibenden Treffen konzentrieren.

Pläne für die nächsten fünf Treffen:
1. Die „gesunde" Kerngruppe im Prozeß des Entscheidungentreffens einsetzen. Der Sozialarbeiter soll hier kaum noch eine Rolle spielen.

2. Alle Mädchen befähigen, sich offen miteinander zu unterhalten. Den Mädchen helfen, ihre Gefühle bezüglich des Sommerlagers zu diskutieren (was wird besonderen Spaß machen, wie wird es sein, wenn man zusammenlebt, was bedeutet es, siebzehn Tage lang die Eltern nicht zu sehen, welche anderen Kinder werden ins Lager kommen, und welche anderen Helfer werden dort sein).

3. Vorbereitung auf die vorläufige Beendigung: Die Gruppe sich an die Vergangenheit erinnern lassen, die Erfahrungen ins Gedächtnis rufen, die man das Jahr über sammelte; sich der guten und schweren Zeiten erinnern; noch einmal die Gefühle zusammenfassen, die mit Carols Herausnahme aus der Gruppe verbunden sind; die Gruppe daran teilhaben lassen, daß Carol nun Hilfe erhält; die Mädchen wissen lassen, daß das Ende der Arbeit mit der Sozialarbeiterin nicht auch heißt, daß sie aufhört, für sie dazusein; ihnen von den Möglichkeiten des fortgesetzten Kontaktes mit Einrichtung und Sozialarbeiter erzählen; den Mädchen helfen, ihre Gefühle über die Trennung vom Sozialarbeiter auszudrücken: sind sie verwirrt, traurig oder froh darüber? Gespräche über die Fragen der Mädchen zum Lagerleben anregen und schließlich einen Ausflug arrangieren, der in ungefähr vier Wochen zum Ort des Lagers führen soll und bei dem im Freien abgekocht wird.

Ziele für Pauline für die nächsten beiden Treffen:
1. Ihr helfen, mit den belastenden Augenblicken während der Gruppentreffen fertigzuwerden;
2. ihr helfen, zusammen mit Sylvia zu lernen, wie sie mit dem „gesunden" Kern der Gruppe Verbindung aufnehmen kann.

Pläne für Pauline für die nächsten zwei Wochen:
1. Häufiges Treffen außerhalb der Gruppe, damit sie wirklich fühlt, daß die Sozialarbeiterin sie gern hat.
2. Ihr während der Gruppentreffen psychologische Unterstützung geben.
3. Zwanglose Treffen zwischen ihr und Sylvia, Miriam, Jeane, Lynda und dem Sozialarbeiter arrangieren, vielleicht bei einer Erfrischung außerhalb der Einrichtung (bei Howard Johnson; Pauline ist dort schon mit dem Sozialarbeiter gewesen — die Umgebung ist ihr vertraut).

AUFZEICHNUNGEN ALS HILFE BEI DER ZIELFORMULIERUNG

Es hilft dem Sozialarbeiter bei der Bestimmung seiner Ziele sehr, wenn er diese in seinen Arbeitsberichten festhält und sie mit einer kurzen Diagnose der Gruppe und bestimmter einzelner Mitglieder einleitet. Diese diagnostischen Feststellungen sollten dann in der Aufstellung spezifischer Ziele für die Gruppe und ihre Mitglieder im Hinblick auf ein bestimmtes Treffen gipfeln.

Der Sozialarbeiter wird den Gruppenprozeß genau durchleuchten. Seine Mitwirkung an diesem Prozeß und sein Beitrag zu einer ins einzelne gehenden Deutung des Prozesses werden erweisen, ob und in welchem Umfang die Ziele erreicht worden sind, und welche Ziele sich aus diesem Treffen für das nächste ergeben. Durch korrekte Berichtsabfassung wird die Nützlichkeit der Aufzeichnungen noch vergrößert, und dem Sozialarbeiter erscheint ihr Gebrauch vernünftig. Gleichzeitig gewinnt die Dienststelle damit einen Überblick über die Situation, und der Supervisor kann das Schwergewicht auf die Zielklärung legen und dafür sorgen, daß der diagnostische und der Zielformulierungsprozeß noch schärfer umrissen erfolgen. Dadurch lassen sich die angestrebten Ziele neu überdenken, und der in der Gruppenarbeit tätige Sozialarbeiter kann seinen Horizont erweitern und sein Interventionsrepertoire auf allen Ebenen verfeinern, sei es mit Hilfe des Gruppenprozesses, durch den Einsatz seiner eigenen Persönlichkeit oder mit Hilfe eines Programms bzw. von Möglichkeiten der Gemeinwesen. Damit verbunden sollte auch die Erkenntnis sein, daß der Sozialarbeiter bei seiner Intervention auch den außerhalb der Gruppe liegenden Variablen und/oder den Institutionen außerhalb des etablierten Systems der sozialen Hilfsdienste ein bestimmtes Gewicht beimessen muß.

So gesehen, wird die Zielformulierung in der Sozialen Gruppenarbeit ein ganz wesentliches Mittel einer über die Konzentration auf eine bestimmte „Methode" hinausgehenden Orientierung innerhalb der Sozialarbeit. Sie weist in Richtung auf den Gesamtzusammenhang der Person in ihrer sozialen Situation, des Menschen also, der ein bestimmtes Problem lösen oder eine bestimmte Aufgabe meistern muß und dafür eine Vielzahl von „Methoden" oder Ansätzen aus der Sozialarbeit (oder einer anderen helfenden Disziplin) angewiesen ist. Im Blick auf solche Ergebnisse ist die Zielformulierung ein wesentlicher Prozeß bei der Bestimmung und Nutzbarmachung von Möglichkeiten, den Mitmenschen zu helfen.

Wertvorstellungen und Gruppenarbeit[*]

Saul Bernstein

EINFÜHRUNG

Die Arbeit mit Gruppen spielt heute innerhalb der Sozialarbeit und in anderen Berufen eine bedeutende Rolle. In einer Vielzahl therapeutischer und erzieherischer Programme werden zahlreiche interessante Methoden der Gruppenarbeit erprobt[1]. Dabei gerät man allerdings leicht in Versuchung, sich so von der Methodologie gefangennehmen zu lassen, daß man die Wertvorstellungen übersieht, die immer dahinterstehen und den Kern der Gruppenarbeit ausmachen. Solange aber die Wertvorstellungen nicht identifiziert, beurteilt und in Wirkung gesetzt sind, befindet sich das Unternehmen im Blindflug. Die Wertvorstellungen geben ihm dagegen Sehvermögen, Weitblick und Urteilskraft.

Mit Wertvorstellungen ohne eine Methode zu ihrer Verwirklichung wären wir genauso glücklos. Lange Zeit befand sich die Gruppenarbeit mehr oder weniger in dieser Lage, d. h. die Werte wurden übermäßig stark hervorgehoben, aber die Methodologie war zu wenig entwickelt. In jüngster Zeit hat sich das Verhältnis sichtlich geändert. Das ist erfreulich, doch sollten wir uns nicht leichtfertig des starken Impulses begeben, der von der anfänglichen Betonung der Wertvorstellungen ausging. Die Entwicklung sowohl der Methodologie als auch der Wertvorstellungen ist wesentlich; sie haben sich gegenseitig etwas zu bieten.

---

[*] Im Mittelpunkt unserer Ausführungen steht zwar die Soziale Gruppenarbeit, doch lassen sie sich sehr weitgehend auch auf die beiden anderen Methoden der Sozialarbeit, die Soziale Einzelhilfe und die Gemeinwesenarbeit, anwenden.

[1] Siehe z. B. Louise A. Frey, Ralph Kolodny, Illusions and Realities in Current Social Work with Groups. In: Social Work, April 1964.

DIE GRUPPE: EINE VIELFALT VON WERTVORSTELLUNGEN

Wenn Menschen sich in kleinen, eng interagierenden und überschaubaren sozialen Einheiten zusammenfinden, wird ein ganzer Komplex von Fähigkeiten, Bedürfnissen, Wünschen, Eigenschaften und Interessen in Bewegung gesetzt[2]. Es entstehen bestimmte Gefühle in bezug auf Fragen der Autonomie, auf die Furcht, sich zu stark der Gruppe und dem Groupworker auszuliefern, und in bezug auf andere Dinge. Anarchie ist möglich — manchmal tritt sie tatsächlich ein. Die Gefühle des Individuums neigen zur Egozentrik; man ist ausschließlich mit sich selbst beschäftigt, mit der Frage, wie man selbst in der Gruppe zurechtkommt, wie andere auf einen reagieren und ob diese Gruppe geeignet ist, das zu gewähren, was man selbst möchte — auch wenn man sich darüber nicht einmal im klaren ist. Das tatsächliche Verhalten hängt von der Zusammensetzung der Gruppe ab.

Jugendliche, besonders Jugendliche mit Problemen, neigen dazu, eine kurze Zeitlang einen gewissen Schliff an den Tag zu legen und sich dann ganz unbändig aufzuführen. In den sogenannten T-Gruppen Erwachsener kommt es zu unangenehmen Schweigeperioden und nervösem Gelächter; in aufgabenorientierten Gruppen nimmt man schnell seine Zuflucht zu Formalitäten und Verfahrensfragen, etwa zur Wahl eines Vorstandes und zur Ernennung von Komitees.

Aus dieser lockeren Ansammlung von befangenen und ungleichen Individuen muß nun eine Einheit geschmiedet werden, für die bestimmte Sitten, Kontrollmaßnahmen, Rollen, Verfahrensweisen, Ziele und Wertvorstellungen zu entwickeln sind. Das ist notwendig, wenn eine wirklich funktionierende Gruppe entstehen soll[3]. Wertfragen sind nicht nur den Zielen und dem Programm inhärent, sondern sind auch da im Spiel, wo es um die Art und Weise geht, in der die Mitglieder interagieren, miteinander in Streit geraten oder Entscheidungen treffen.

Die ganz unterschiedlichen Erscheinungsformen von Gruppen haben ihre

2 Garland, James A., Hubert E. Jones und Ralph L. Kolodny, A Model for Stages of Development in Social Work Groups. In: Explorations in Group Work. Hrsg. S. Bernstein u. L. Lowy, Boston 1965, Boston University School of Social Work; deutsch: Untersuchungen zur Sozialen Gruppenarbeit. Freiburg [3]1973, Lambertus-Verlag.
3 Siehe in diesem Zusammenhang auch Kenneth D. Benne und P. Sheats, Functional Roles of Group Members. In: Journal of Social Issues, Band 4, Nr. 2, Frühjahr 1948.

Wirkung gehabt. Ein Modell wurde von Riesman[4] und Whyte[5] beschrieben und heftig angegriffen, weil es zu ausgeprägte Konformität verlangte und jede Kreativität zunichte machte. Dieses Modell läßt sich fast durch die Gleichung kennzeichnen: Individuelle Anliegen minus erforderliche Kompromisse = die Gruppe.

Hier liegt das Schwergewicht auf dem, was die Mitglieder durch den Eintritt in die Gruppe verlieren, und auf der Starrheit der von der Gruppe an die Teilnehmer gestellten Anforderungen. Natürlich gibt es solche Gruppen, übrigens viel zu viele, und die beiden Autoren haben einen bemerkenswerten Beitrag geleistet, indem sie unsere Aufmerksamkeit für deren Gefährlichkeit erhöhten.

Tritt aber ein Groupworker auf den Plan, dann sollte sich ein anderes Modell ergeben. Die Mitglieder könnten es selbst entwickeln, aber erst die Anwesenheit eines Fachmannes mit gewissen Wertvorstellungen, Kenntnissen und Fertigkeiten garantiert, daß ein freieres Modell zu einem dynamischen Einfluß wird, so daß die Mitglieder unzählige Möglichkeiten haben, die Gruppe zu erleben, auf sie zu reagieren und sie zu entwickeln. Dieses Modell kann vereinfacht ebenfalls durch eine Gleichung ausgedrückt werden: Individuelle Anliegen minus erforderliche Kompromisse plus Wachstum und jedem Mitglied erwachsende Befriedigung = die Gruppe.

Dies ist etwas ganz anderes als das restriktive Modell. Hier wird durchaus anerkannt, daß die Menschen einen Tauschhandel eingehen, wenn sie einer Gruppe beitreten, daß nämlich ein Preis zu zahlen ist, daß aber die Belohnung hoch sein kann. Um die soziale Einheit und Identität zu schaffen und zu erhalten, ist eine gewisse Konformität erforderlich. Es muß einen Zeitpunkt und einen Ort für die Zusammenkünfte geben, an den sich alle Mitglieder halten. Ein Kern von gemeinsamen Zielen, Verfahrensweisen und Aktivitäten muß vorausgesetzt werden, um chaotische Zustände und die Zerstörung der Gruppe zu verhindern. Wenn das Unterfangen beibehalten werden und glücken soll, können die Menschen sich nicht so wie in ihrer privaten Sphäre verhalten.

Das Unterbinden dieses negativen und restriktiven Aspektes von Gruppen

[4] Riesman, David, The Lonely Crowd. New Haven 1950, Yale University Press.
[5] Whyte, William H., Jr., The Organization Man. New York 1956, Simon & Shuster.

würde jedoch viele einmal gewonnene Erfahrungen verzerren und grundlegende Werte verraten. Denn gerade der Prozeß des Lernens, wie man Impulse zügelt und auf die Anliegen anderer Menschen Rücksicht nimmt,
birgt konstruktive Vorteile. Er bedeutet Abkehr von der egozentrischen
und atomistischen Ebene und Hinwendung zur Ebene der Sozialisation,
eine Entwicklung, die für produktive menschliche Beziehungen auf jedem
Gebiet wesentlich ist. Über die Sozialisation hinaus setzt Kreativität Selbstdisziplin voraus, sei es in der Wissenschaft, der Kunst oder in den menschlichen Beziehungen. Man muß mit den Eigenheiten des jeweiligen Mediums
umzugehen wissen und seine Erfordernisse akzeptieren, um darüber hin-
ausstreben zu können. Kreativität im Bereich der menschlichen Beziehungen unterscheidet sich insofern von der Kreativität in Kunst und Wissenschaft, als die Medien — die beteiligten Personen — selbst interagierend
und sehr weitgehend an ihr teilhaben.

Wir erkennen das Erfordernis einer gewissen Konformität durchaus an.
Dieses Erfordernis sollte aber nur dort gelten, wo Konformität wirklich notwendig ist, d. h. wir sollten uns hier am Prinzip der Sparsamkeit orientieren. Vom Standpunkt des unvoreingenommenen Gruppenanalytikers aus
gesehen mögen die Formen wirklich notwendiger Konformität ganz anders
aussehen als aus der Sicht der betroffenen Gruppenmitglieder. Beispielsweise tobte in einer Gruppe von Kindern ein Streit darüber, ob ein Fernsehprogramm besser sei als ein anderes, wobei die Gefahr bestand, daß die
Mitgliedschaft in diesem Club von übereinstimmenden Meinungen über
das beste Fernsehprogramm abhängig sein würde. Das ist ein klares Beispiel für die Nichtbeachtung des Sparsamkeitsprinzips in bezug auf Kon-
formitätserfordernisse. Glücklicherweise versuchte der Groupworker die
Starre aufzulockern, indem er erwähnte, daß Geschmack sehr unterschiedlich sein könne und daß solche Unterschiede die Gruppe nicht zu beein-
trächtigen brauchten. Auf seiten der Mitglieder, seien es nun Erwachsene
oder Kinder, reicht das Gefühl, daß unter ihnen Übereinstimmung über
die von ihnen für wichtig erachteten Dinge herrschen müsse, so tief hinunter, als sei es ein Teil ihrer Identität. Eine einmalige kleine Ansprache
durch den Groupworker bringt noch keine Flexibilität. Es sind im Gegenteil zahlreiche Erfahrungen zum Thema „Akzeptieren von Unterschieden"
vonnöten, bevor ein Mensch einen einigermaßen weltoffenen Standpunkt

erreicht. Zum Glück unterstützen die Realitäten der Gruppe die Bemühungen des Groupworkers. Im Falle des Streits um das Fernsehprogramm
mußten die Versuche der Beteiligten, sich gegenseitig zu überzeugen, fehl-
schlagen. In einem solchen Fall ist es einfacher und rationeller, die Differenzen als Teil der bestehenden Sitten der Gruppe zu akzeptieren, als sich
der Meinung der anderen Seite als der überlegenen zu beugen. Ein starkes
Mitglied ist vielleicht in der Lage, eine solche Unterwerfung zu erzwingen, aber das Opfer und wahrscheinlich auch andere werden darüber be-
troffen sein.

Diese Situation läßt sich auch nach dem Prinzip des Mangels[6,7] als einer zentralen Komponente im Konflikt betrachten. Wir benutzen dann die Rede-
wendung vom „Kuchen", von dem nicht genug verteilt werden kann, um
beide streitenden Parteien zufriedenzustellen. In manchen Fällen ist der
„Kuchen" objektiv, konkret und endlich. Nur ein Mitglied kann Vorsitzen-
der sein; Geld, Nahrungsmittel und andere Gegenstände sind nur begrenzt
verfügbar, so daß das, was der eine erhält, einem anderen versagt wird. Aber
auch hier ist die Wahrnehmung im Spiel. Die Mitglieder können auf Mangel schließen, wo es ihn in Wirklichkeit gar nicht gibt. Der Fernsehfall ist
ein ausgezeichnetes Beispiel dafür, insofern nämlich, als die Jugendlichen
annahmen, daß die Gruppe bezüglich des besten Programmes einer Meinung sein müsse. Der Mangel bestand nur in ihrer Wahrnehmung und
nicht in der Realität, die unterschiedliche Vorlieben in bezug auf solche
Fragen erlaubt. Für Aktivitäten, Rollen und viele andere Eigenschaften
von Gruppen hat der gleiche Gesichtspunkt Gültigkeit. Es ist also das Ziel
des Groupworkers — und hoffentlich mindestens einiger der Gruppenmitglieder —, den Kuchen zu strecken oder — genauer gesagt — die Wahrnehmung des Kuchens zu strecken, der gar nicht so knapp bemessen sein
muß, wie manche Mitglieder ihn sich vorstellen. Dies ist eine klassische
Methode, bestimmte Arten von Konflikten zu lösen. Wenn der Kuchen
richtig wahrgenommen wird und tatsächlich Mangel besteht, dann bleibt nur

6 Siehe dazu Saul Bernstein, Group Work and Conflict. In: Explorations in Group Work.
Boston University School of Social Work 1965; deutsch: Untersuchungen zur Sozialen Gruppenarbeit. Freiburg [3]1973, Lambertus-Verlag.
7 Bernstein, Saul, Conflict, Self-Determination and Social Work. In: Values in Social Work —
A Re-Examination. New York 1967, National Association of Social Workers.

ein Kompromiß als Ausweg, es sei denn, man kann die Situation neu definieren.

Wir kehren nun zu den beiden Gruppenmodellen zurück, die als restrik-
tiv bzw. entwicklungsfördernd bezeichnet werden könnten. Ihre Determinanten haben viele Dimensionen. Das Ergebnis hängt vom Stand der Sozialisation und von der intellektuellen Kultiviertheit der Mitglieder, der Entwicklungsstufe der Gruppe, der Kompetenz und dem Weitblick des Groupworkers und von anderen Faktoren ab. Irgend jemand wird wohl das Wachs-
tums- und Befriedigungspotential einer Gruppe aufspüren, die ihre Mitglieder nährt, stimuliert und befreit. Das kann durch Erfahrung oder fast
durch Zufall geschehen, aber ein ausgebildeter Groupworker vergrößert die
Wahrscheinlichkeit, daß dieses Potential wahrgenommen wird.

Im Mittelpunkt der von Gruppen behandelten Wertvorstellungen steht die
uralte Kontroverse zwischen Egoismus und Altruismus. Sie führt leicht zu
einer Gegenüberstellung von Eigennutz und Selbstlosigkeit, einem falschen
Konzept. Denn wenn man auch die denkbar großzügigste Handlung eines
Menschen genauer unter die Lupe nimmt, so fällt dabei Zufriedenheit für
den Akteur ab. Die trüben Gewässer der Motivation machen selbstlose
Handlungen für andere noch komplexer. Über das, was sich hinter philan-
thropischem Verhalten alles verbergen mag, nehmen die Interpretationen
überhand. Wenn Universitäten, Sozialverbände und andere Einrichtungen
die zweifelhaften Motive kritisch abwägen würden, die sicherlich hinter vielen der ihnen zufließenden Spenden verborgen sind, dann sähen wir uns
einer neuen Art von Armut gegenüber. Ähnliche Überlegungen gelten für
die Angehörigen der helfenden Berufe und viele andere. Reinen Altruismus
zu erwarten ist unrealistisch.

Wohlverstandenes Eigeninteresse und wechselseitige Abhängigkeit sind
produktiver. Das Bedürfnis des Ichs, sich selbst auszudrücken und dadurch
Befriedigung zu finden, ist ein Faktum in der menschlichen Natur, das tief
in den Instinkten, insbesondere dem Selbsterhaltungstrieb, verwurzelt ist.
Reife, Sozialisation und Gemeinsinn bedeuten alle, daß der Mensch eine
Perspektive entwickelt hat, mit deren Hilfe er die Bedürfnisse anderer Menschen im Bewußtsein seiner eigenen Triebe und Interessen versteht und
respektiert. Reziprozität und befriedigende Beziehungen kommen in der
Erfahrung mit der Gruppe voll zum Tragen.

Psychologisch gesehen besteht eine auffallend geringe ursprüngliche Ausrichtung auf das Wachstum zu solcher Reziprozität. Es wäre nutzlos, sich lange über die Qualität der Beziehungen auszulassen, die ein Kind aufbauen sollte, wenn wir nicht erst die Bedürfnisse des Kindes angemessen stillten. Wir alle beginnen das Leben, indem wir völlig mit uns selbst beschäftigt sind; später wird von der Familie und den allmählich sich erweiternden menschlichen Kontakten von uns verlangt, daß wir zur Reziprozität gelangen. Unsere Erwartungen sind — bei gesunden Familien — auf die jeweilige Entwicklungsstufe des Kindes abgestimmt und stellen hoffentlich keine allzu hohen Forderungen. Kurz gesagt, das Ich muß über eine gewisse Sicherheit in sich selbst verfügen, bevor es bereit ist, reziproke Verantwortung auf sich zu nehmen.

DEFINITION VON WERTVORSTELLUNGEN UND ZIELEN

Die Definition von Wertvorstellungen und Zielen, insbesondere der ersteren, ist eine Übung in Selbstdisziplin, wenn sie sich nicht zu einem gewaltigen Unterfangen auswachsen soll. Hilfsquellen gibt es viele. Zudem haben Definitionen etwas Trockenes an sich, so daß die Vitalität oft verloren geht. Doch werden diese Begriffe (Wertvorstellungen und Ziele) in diesem Aufsatz häufig verwendet; sie bedürfen aus Gründen der besseren Verständlichkeit wohl einer Definition.

Kluckhohn und Murray[8] schlagen vor: „Eine Wertvorstellung ist ein implizites oder explizites Konzept des Wünschenswerten, das für ein Individuum oder eine Gruppe charakteristisch ist und das die Wahl unter den vorhandenen Methoden, Mitteln oder Handlungszielen beeinflußt." „Es ist die Formulierung des Wünschenswerten." Menschen können ihre Wertvorstellungen für so selbstverständlich halten, daß sie eher „implizit" als „explizit" sind. Wertvorstellungen können von vielen Menschen geteilt werden, oder sie sind nur „für ein einziges Individuum kennzeichnend". Kluckhohn und Murray nehmen den Wertvorstellungen gegenüber eine dynamische Hal-

Def. 1

---

8 Kluckhohn, C. und H. A. Murray, Hrsg., Personality in Nature, Society and Culture. New York 1953, Alfred A. Knopf, S. 59.

tung ein, d. h. sie sprechen im Zusammenhang mit Handlungen von der
„Selektion" von Werten und nicht nur von ihrer beschaulichen Betrach-
tung.
Biestek[9] schlägt einen anderen Ansatz vor: „Wert ist diejenige Eigenschaft,
die, gemessen an einem bestimmten Kriterium, ein Objekt zum zu bevor-
zugenden Objekt macht." Er unterscheidet dann zwischen „zu bevorzugen"
(auf Grund wohlüberdachter Wertvorstellungen) und „bevorzugt" (auf
Grund vielfältiger Einflüsse, etwa der Unfähigkeit, seine Impulse unter
Kontrolle zu halten).
Wenn man diese nützlichen Definitionen weiterführt, sind Werte eine Art
Grundprinzip von Gefühlen, Meinungen, Überlegungen und Verhalten. Sie
werden gebraucht, um die Richtigkeit und Angemessenheit unserer Gedanken und Handlungen zu überprüfen. Es gibt sie in der Ästhetik, in der
Wissenschaft, in der Ethik und auf anderen Gebieten, und sie sind dort
überall einflußreich; unser Interesse an den Werten konzentriert sich hier
jedoch auf die menschlichen Beziehungen. Werte sind das, was den Menschen als das Wichtigste erscheint, sie machen ihren Einfluß geltend,
damit in ihrem Sinn gehandelt wird. Wenn Gegenkräfte im Individuum
und/oder in seiner Umgebung ein solches wertgesteuertes Handeln verhindern, erfährt der Handelnde eine Konfliktsituation. Zu den Gegenkräf-
ten gehören gegensätzliche Werte, starke Emotionen und unzureichende
Möglichkeiten.
In der Praxis der Sozialarbeit ist es selbstverständlich, daß wir die Wertvorstellungen derjenigen, mit denen wir arbeiten, mitfühlend und uneinge-
schränkt verstehen, denn wahrscheinlich handelt es sich dabei um das wichtigste Charakteristikum der Menschen überhaupt. Wir müssen aber noch
weitergehen, um uns unserer eigenen Werte als Sozialarbeiter völlig sicher
und bewußt zu sein. Viele dieser Werte teilen wir mit unseren Klienten und
der Gemeinde, die unsere Tätigkeit gutheißt und unterstützt, aber wir
haben die Möglichkeit, ja sogar die Verpflichtung, hin und wieder anderer
Meinung zu sein — eine Möglichkeit bzw. Verpflichtung, die eine der Stärken der Sozialarbeit ausmacht.

9 Biestek, Felix, Problems in Identifying Social Work Values. In: Values in Social Work:
A Re-examination. Monograph IX. New York 1967, National Association of Social Workers,
S. 26.

Ziele[10] verleihen den Werten Bedeutung, indem sie sie in Handlungen umsetzen. Ein Ziel ist eine erwünschte Veränderung an den Kennzeichen von Umständen, Ansichten und Gefühlen. Werte vermitteln uns eine allgemeine Orientierung; Ziele sind eher wie spezifische Bestimmungsorte: wir wissen, *wohin* wir gehen, und hoffen, daß wir den richtigen Weg eingeschlagen haben (wünschenswert, aber nicht immer durchführbar); „am Ziel" sein vermittelt ein Gefühl der Befriedigung.

Ein Beispiel für die relative Bedeutung von Werten und Zielen und für das Wechselspiel zwischen ihnen ist das Phänomen der Sündenbockjagd. Dazu gehört die Stereotypisierung und Verunglimpfung einer Person durch eine oder mehrere andere. Der Wert „Ehrfurcht vor dem Menschen" (in bezug auf den Verunglimpften) und das Konzept der gegenseitigen Würdigung der Menschen (in bezug auf die Verunglimpfenden) werden hier verletzt. Das langfristige Ziel strebt Werte an, es schließt nämlich eine grundlegende Veränderung in der Art und Weise ein, wie die Menschen sich zueinander stellen und sich gegenseitig behandeln. Als kurzfristigeres Ziel könnte hier die Förderung einer Aktivität gelten, die von den Sündenbockjägern hoch eingeschätzt wird und bei der der Sündenbock sich auszeichnen kann. Ein weiteres Ziel könnte darin bestehen, der dem Opfer aufgezwungenen Abseitsstellung etwas von ihrer Härte zu nehmen, noch ein anderes bestünde darin, ihm zu helfen, sich zur Wehr zu setzen. In jedem Fall ist eine Haltungsänderung erwünscht, aber der Beweis dafür, ob das Ziel erreicht worden ist oder nicht, ist das Verhalten, das gleichzeitig das Medium ist, mit dessen Hilfe wir auf unser Ziel hinarbeiten. In bezug auf den Sündenbock ließe sich das eindeutig illustrieren, indem man für ihn eine andere Gruppe zu finden versucht, in der er andere und „gesündere" Rollen spielen kann.

Wenn man das professionelle Spektrum erweitert, geben Werte eine allgemeine Richtung an; Ziele sind Stationen auf dem Weg; die Programme und sonstigen Interventionen durch den Groupworker setzen Ziele und Werte in Kraft; und die Diagnose erhellt das Gesamtbild. In der tagtäglichen Praxis interagieren und vermischen sich alle diese Aspekte professionellen Denkens und Handelns, aber es ist nützlich, sie in Diskussionen auseinanderzuhalten, um geordnetes und klares Denken zu fördern.

---

10 Eine umfassendere Erörterung der Ziele bietet an anderer Stelle in diesem Band Louis Lowy.

EBENEN UND ZEITWAHL FÜR DAS INKRAFTSETZEN VON WERTEN

Gruppen werden allgemein als entwicklungsfördernde und befreiende Einrichtungen angesehen. Dieses Image ist zugegebenermaßen auf einer sehr hohen Ebene angesiedelt, die nicht von allen Gruppen vollständig erreicht werden kann. Für die meisten Gruppen ist sie jedoch, zumindest teilweise, erreichbar, allerdings nur dann, wenn Geduld, Können und ein ausgeprägtes Gefühl für den richtigen Zeitpunkt mit im Spiel sind. Wie bei so vielen menschlichen Vorhaben schlängelt sich der Weg dorthin um Kurven und klettert Hügel hinauf und hinunter. Es ist sogar notwendig — und zeitweilig auch wünschenswert —, zurückzugehen, um voranzukommen, etwa wenn eines der Mitglieder oder mehrere zu gehemmt sind, um Aggressionen zum Ausdruck zu bringen, und wenn dieses Unterdrücken der Aggression das Wachstum des (der) einzelnen und/oder der Gruppe blockiert. Die Wahrnehmung dieses Wachstums ist wahrscheinlich verschwommen und von der Angst begleitet, daß aggressives Verhalten es zerstören und dadurch die von den Mitgliedern gesuchten Vorteile zunichte machen könnte. Hemmungen können auch in der Dynamik des Individuums verwurzelt sein, meistens mit einer langen Vorgeschichte und starker Besorgnis darüber, was wohl passieren würde, falls Aggressionen ausgesprochen würden.
Wir tasten hier im Ungewissen. Es besteht die ernste Gefahr, daß wir Abwehrmechanismen durchbrechen, bevor die Bereitschaft besteht, auf sie zu verzichten. Der Ausdruck von Aggressionen kann ansteckend und furchterregend sein, er kann aber auch eine therapeutische Wirkung haben. In Gruppen läßt er sich schwieriger unter Kontrolle bringen als bei der individuellen Behandlung, aber der Groupworker kann doch eine bedeutsame Rolle dabei spielen. Bei seiner Intervention muß er sich von einer einfühlsamen und überlegten Diagnose sowie von genauer Beobachtung der Art und Weise leiten lassen, in der die Mitglieder auf jede Variante des Verhaltens reagieren. Am wichtigsten ist die Verhütung ernsthafter physischer und psychischer Schädigungen.
Vom Standpunkt der psychischen Gesundheit aus ist es mitunter sinnvoll, ein generell als unerwünscht geltendes Verhalten zu gestatten bzw. sogar zu unterstützen. Damit wird bezweckt, die Mitglieder dafür freizumachen, daß sie sich schließlich auf eine Stufe hinbewegen, auf der gegenseitige

Rücksichtnahme der vorherrschende Modus im Umgang miteinander ist. Es sollte sich dann in jedem Teilnehmer ein Gefühl der Verantwortlichkeit dafür entwickeln, die Möglichkeiten der Gruppe für alle Mitglieder zu bereichern. Diese Wertorientierung erfordert großen Weitblick vom Groupworker und die Fähigkeit, zwischen instrumentellen, langfristigen und eher grundlegenden Zielen und Werten zu unterscheiden. In den frühen Stadien mancher Gruppen besteht das kurzfristige Minimalziel nur eben darin, die Gruppe ohne allzu große Schädigungen in Gang zu halten. Im Laufe der Zeit hofft man allerdings auf die Bereitschaft, zu ehrgeizigeren Zielen vorzustoßen.

Welches Gewicht man der Erreichbarkeit von Zielen und Werten beimessen sollte, ist eine komplexe Frage, die dem unerfahrenen Groupworker oft große Sorgen bereitet, denn er steckt seine Ziele noch unrealistisch hoch. Das Ergebnis sind Frustrationen und Spannungen, verbunden mit der Gefahr, daß die Selbstbestimmung der Gruppe außer acht gelassen wird. Allzu bescheidene Ziele zeitigen dagegen bessere Ergebnisse und werden häufig erreicht, aber sie enthalten der Gruppe die Möglichkeit vor, sich auf schwierigerem Gebiet zu versuchen.

Die Frage der Erreichbarkeit mag bei der Festsetzung der unmittelbaren Ziele, besonders in den frühen Stadien der Gruppenentwicklung, vorherrschend sein. Wenn der Groupworker den Mitgliedern noch fremd ist und die Mitglieder einander selbst auch noch nicht kennen, können die Spannungen, welche durch ehrgeizige Ziele und Werte verursacht werden, die Entwicklung hilfreicher Beziehungen blockieren und zu einem Zeitpunkt hohe Anforderungen stellen, zu dem die Mitglieder gewöhnlich nicht bereit sind, sich darauf einzulassen. Auch wenn die unerreichbaren Ziele von den Mitgliedern selbst stammen, erweisen sich die daraus resultierenden Frustrationen als destruktiv. Manch eine Gruppe begann mit dem Plan, eine große Tanzveranstaltung, eine Geldsammlung oder ähnliches durchzuführen, bevor sie dafür das Rüstzeug hatte. Aufgabe des Groupworkers ist es in einem solchen Fall, der Gruppe behutsam den Spiegel der Realität vorzuhalten, dabei jeden Anschein der Zurückweisung gegenüber den Personen zu vermeiden, die den Vorschlag machten, und statt dessen leichter erreichbare Ziele zu unterstützen und anzuregen.

Sobald sich eine gewisse Stärke innerhalb der Gruppe und in der Bezie-

hung des Groupworkers zu ihr gebildet hat, sind Risiken in bezug auf die
Erreichbarkeit von Zielen eher angebracht. Genau wie beim einzelnen Menschen ist die Sicherheit einer Gruppe wie ein Bankguthaben, das einem
über mögliche Verluste hinweghilft. Wenn sie vorhanden ist, sollten sich der
Groupworker und die Gruppe für Anspannungen bereit fühlen. Ein Beispiel: In einer Bande heranwachsender Jungen war es zur ständigen Gewohnheit geworden, dumme Bemerkungen und Witzeleien gegeneinander zu
richten, die normalerweise alles andere als schmeichelhaft waren. Nachdem
der Groupworker bei den Jungen anerkannt war, schlug er vor, daß sie eine
Stunde lang alle abfälligen Bemerkungen unterlassen sollten. Für kurze
Zeit waren alle befangen, aber dann paßten sie sich der Stimmung an.
(Geholfen hatte dabei eine Bandaufzeichnung des vorangegangenen Treffens. Als die Jungen sie hörten, reagierten sie kritisch auf die Vielzahl ihrer
Witzeleien.) Als die Stunde vorüber war, drückten sie ihre Zufriedenheit
über den neuen Umgangston aus. Es wäre nun zwar unrealistisch, wenn
man erwarten wollte, daß die Erfahrung einer Stunde eine Änderung der Sitten dieser Gruppe herbeiführen würde. Tatsache ist aber, daß der Groupworker diesen Jungen neue Werte im Rahmen menschlicher Beziehungen
vor Augen führte und sie in gewisser Weise davon beeindruckt waren.
Bei der Frage, was erreicht werden kann, ist die Erkenntnis wichtig, daß
letztlich die Mitglieder die Entscheidung über die Werte treffen. Falls der
Groupworker weit über das Erreichbare hinausschießt, werden sie dies auf
vielerlei Weise zum Ausdruck bringen, und zwar in ihrem Verhalten,
wenn nicht auch in Worten. Die Festsetzung der Ziele und Werte sollte
ein gemeinsames Unternehmen sein, in das alle Teilnehmer einbezogen
werden.

MOTIVATION ZUR TEILNAHME AN DER GRUPPE

Das Eintreten von Veränderungen in einer Gruppe ist davon abhängig,
ob die Gruppe für die Mitglieder so anziehend ist, daß sie eine Bindung
an sie nicht scheuen. Unbequemlichkeit, Opfer, Kämpfe und sogar Schmerz
gehören zu dem Preis, den die Mitglieder zahlen. Viele Menschen sind dazu

bereit, um in den Genuß der „Bonbons" („goodies")* zu gelangen, die die
Gruppe bietet: Kameradschaft, Vergnügen, neue und interessante Erlebnisse, Ausdruck der eigenen Persönlichkeit und das für das Ich befriedigende Gefühl, an etwas Wichtigem teilzuhaben. Für Menschen, die aufgrund physischer und/oder psychischer Behinderungen sozial verhältnis-
mäßig isoliert sind, haben diese Vorzüge eine ganz unmittelbare Bedeutung; doch sind solche Zugewinne auch für alle anderen Menschen wichtig. Für „normale" Menschen ist es nicht weiter schwierig, Situationen herbeizuführen, die ihnen solche Befriedigungen sichern. Für die weniger angepaßten jedoch müssen die Gelegenheiten für solche Erfahrungen häufig
erst von entsprechenden Einrichtungen geschaffen werden, eine Tatsache,
die für die Expansion der Gruppenarbeit als Form der Hilfe für psychisch
Erkrankte, physisch Behinderte, sozial Vereinsamte und viele vergleich-
bare Kategorien von Bedeutung ist.
Kehren wir zurück zu der Motivation, die Nachteile des Gruppenlebens in
Kauf zu nehmen, damit man in den Genuß seiner Vorzüge gelangt. Es
gibt eine beeindruckende Fülle von Erfahrungen, die mehr als nur andeutet,
daß viele Menschen unterschiedlichen Alters, unterschiedlicher Herkunft
und unterschiedlicher Persönlichkeitsstruktur bereit und manchmal sogar
begierig sind, sich an den Transaktionen, die eine Gruppe lebensfähig
machen, zu beteiligen und sie durchzustehen, indem sie etwas wie einen
sozialen Kontrakt abschließen. Im Gegensatz zu juristischen Verträgen
können zu Beginn nur Teile des Kontraktes deutlich gemacht werden[11];
seine eigentliche, tiefere Bedeutung zu erklären erfordert Zeit und einen
großen Erfahrungsschatz. Starke egozentrische Bedürfnisse führen zu einem
Verhalten, das die Gruppe zerstört und das seine Wurzeln im Gefühls-
haushalt der betreffenden Person oder in unzureichender Sozialisation hat.
Manchmal sind schon die geringsten Konformitätsanforderungen mehr,
als ein Mensch verkraften kann. Die Probleme der Gruppenbildung werden

---

* Den Ausdruck „goodies" gebrauchte James Garland bei einem Treffen unseres Komitees über
Theorie der Gruppenarbeit.

11 Ausführlicher äußern sich dazu Louise Frey und Marguerite Meyer, Exploration and
Working Agreement in Two Social Work Methods. In: Explorations in Group Work. Hrsg.
Bernstein, Lowy, Boston 1965; deutsch: Untersuchungen zur Sozialen Gruppenarbeit. Frei-
burg ³1973, Lambertus-Verlag.

in einem anderen Abschnitt dieses Bandes behandelt[12]. Fragen zu dem
Thema, welche Zusammenstellung von Persönlichkeiten zu einer Gruppe
möglich ist und welche Gruppentypen für diejenigen Menschen geeignet
sind, die sich an bereits bestehende Gruppen nicht anpassen können,
überfordern unser verfügbares Wissen und rufen zu schöpferischer Überlegung und Forschung auf. Ganz gewiß darf man bei einem abweichenden
Mitglied nicht aufgeben; die Trennung von der Gruppe sollte nur der letzte
Ausweg sein.

Aufgrund der Anreize, die eine Gruppe zu bieten hat, läßt sich in der
Regel ein großes Feld für den Wandel von Wertvorstellungen schaffen. Die
Menschen fühlen sich verpflichtet und einbezogen, wie in dem Fall von
Jack[13], der an anderer Stelle in diesem Band vorgestellt wurde. Jack ist beidseitig amputiert und mit emotionalen Problemen beladen; er steht ganz
gewiß vor Frustrationen in der Gruppe, aber er hat die Motivation, dabei-
zubleiben und zu versuchen, sich aus seinem verständlichen Mit-sich-selbst-
Beschäftigtsein zu lösen. Dies ist auch ein einleuchtendes Beispiel dafür, wie
wichtig Einfühlungsvermögen und Fähigkeiten des Groupworkers sind.
Ohne ihn und ohne die Behörde wäre die Gruppe zunächst einmal überhaupt nicht zustande gekommen, und Jacks fortgesetzte Teilnahme trotz
der Krisen war nur auf die Intervention des Groupworkers zurückzuführ-
ren. Ohne die „Bonbons" wäre es allerdings nicht gegangen.

WELCHE WERTE STREBEN WIR AN?

In der Sozialarbeit und in anderen helfenden Berufen wird viel über die
Rollen, Verantwortlichkeiten und Handlungen des Groupworkers (des
„Initiators der Verhaltensänderung"; im englischsprachigen Raum benüt-
zen alle Professionen den Begriff des „change agent") in bezug auf die
Werte diskutiert. Die eine Richtung verlangt, daß der Groupworker wert-
neutral sein, d. h. sich ausschließlich auf das konzentrieren sollte, was die

12 Daniels, Robert und Robert Paradise, Die Gruppenzusammensetzung als ein Instrument
der Behandlung von Kindern. In diesem Band.
13 Kolodny, Ralph, Das behinderte Kind und die Gruppe seiner Altersgenossen. In diesem
Band.

Mitglieder wollen, und ihnen bei der Verwirklichung aller denkbaren Ziele helfen soll, die aus ihren Werten folgen. Das ist sowohl unrealistisch wie unerwünscht; denn es ist dem Groupworker unmöglich, den starken Einfluß seiner eigenen Werte auszuschalten. Schon dadurch, daß er ein Gruppenmitglied vor Verletzung schützt, begeht er eine Handlung, die mit bestimmten menschlichen Werten gewissermaßen durchtränkt ist. Macht der Groupworker einen Vorschlag bezüglich einer bestimmten Gruppenaktivität oder unterstützt er einen solchen Vorschlag, der von einem Gruppenmitglied kommt, so deutet er damit an, daß er diese Aktivität im Vergleich zu anderen für besonders vorteilhaft hält. Untersucht man die Überlegungen hinter solchen Entscheidungen, dann liegen ihnen unvermeidlich Wertvorstellungen zugrunde. Der einzige Weg für den Groupworker, Wertneutralität anzustreben, besteht darin, daß er zu einem bloßen Beobachter der Gruppe wird — und auch dann könnten sich noch Einflüsse geltend machen. Die andere extreme Position lautet, daß der Groupworker weiß, was für die Gruppe gut ist, und sich daran macht, die Gruppenmitglieder entsprechend zu indoktrinieren. Das ist eine engstirnige und unethische Position. Die konstruktive Veränderung der eigenen Werte ist ein innerer Prozeß, in den ein Außenstehender nur dann eingreifen kann, wenn er dazu aufgefordert worden ist. Der Groupworker kann hin und wieder Verhaltensänderungen erzwingen, ob aber die damit verbundenen Werte übernommen werden, beruht auf dem freien Entschluß der Mitglieder*. So kann etwa die eindringliche Befürwortung neuer Gesichtspunkte äußerliche Anpassung hervorbringen, aber ein innerer Wandel tritt nur dann ein, wenn die betreffende Person ihn selbst für sinnvoll hält. Sobald Anpassung für die Person annehmbar wird, führt sie zur Befriedigung oder zumindest zum Ausbleiben der zunächst befürchteten Konsequenzen, und dann kann der innere Wandel folgen. Diese Gedanken sind auch Teil der — im Zusammenhang mit der durch Gesetz erzwungenen Rassentrennung stehenden — Vermutung, daß nämlich konkrete Erfahrungen mit der anderen Rasse

---

* Es gibt Beispiele dafür, daß Wertänderungen mit Gewalt und Propaganda erreicht wurden. Dabei hatten z. B. die Nazis großen Erfolg. Prozeß und Zwecke einer solchen Manipulierung der Masse stehen dem Geist und den Werten der Sozialarbeit diametral entgegen. Zudem beruhte dieser Erfolg darauf, daß die gesamte Kultur der Propaganda ausgesetzt war, ein Vorgehen, das ebenfalls im Gegensatz zu den Zielen und zum Geist der Sozialarbeit steht.

keineswegs die von voreingenommenen Leuten angenommenen Gefahren
eintreten lassen, sondern wohl zu einer Befriedigung über die neuen Beziehungen führen würden. In diesen Rahmen gehört auch die lebenswichtige Frage der Gerechtigkeit für die Opfer von Vorurteilen.
Wenn von den Gefahren die Rede ist, die mit dem „Aufzwingen" von
Werten der Mittelschicht verbunden sind, wird gelegentlich davon ausge-
gegangen, daß schichtspezifische Werte jeweils Einheiten für sich darstell-
ten, die miteinander in Konflikt stehen. Dabei wird übersehen, daß im
Bewußtsein des Menschen selbst Mischungen, Abstufungen und Nuancie-
rungen von Werten anzutreffen sind. Werte, die bestimmten sozialen
Klassen zugeordnet sind, sind nichts anderes als Tendenzen und Pressionen zugunsten einer bestimmten Handlungsweise; sie stellen keine Gene-
ralisierung in bezug auf die als einer bestimmten Klasse zugehörig ein-
gestufte Person dar. Einmal abgesehen von der Frage des „Aufzwingens"
irgendwelcher Werte ist daher die Behauptung, daß Werte der unteren
Schichten und solche der Mittelschicht einander gegenseitig ausschließen,
in gewissem Maße eine Verzerrung. Zweifellos gibt es in bezug auf die ihnen
angehörigen Menschen signifikante Unterschiede sowohl innerhalb jeder
dieser beiden Schichten als auch zwischen ihnen. Von festen Annahmen
über jede dieser Schichten und ihre Werte auszugehen wäre aber ebenso
falsch wie von der Voraussetzung auszugehen, die Angehörigen der unteren
Schichten müßten die Werte der Mittelschicht übernehmen. Als Konzept
ist die soziale Klasse sehr nützlich, aber wenn man es mit lebendigen Menschen zu tun hat, dann sollte sie als ein Wissensgebiet unter vielen angesehen werden, zu denen Alter, Geschlecht, Religion, Persönlichkeit usw.
gehören. Die soziale Klasse besitzt einen starken Einfluß, aber wie nun der
einzelne Mensch genau auf diesen und auf andere Einflüsse reagiert, sollte
man durch genaue Beobachtung erst herausfinden. Welche Werte er vertritt, hängt zum großen Teil von seiner Entscheidung ab, unabhängig davon,
ob diese Werte im Klassensystem verankert sind.
Den Werten der Mittelschicht ist in den Gesetzen und Institutionen unserer
Gesellschaft konkrete Form gegeben worden, aber sie haben auch eine
geschichtliche Vergangenheit, in der ganz andere soziale Klassen existierten.
Ob man nun die Zehn Gebote, die Goldene Regel, Vorstellungen über
sozialen Aufstieg oder Einstellungen gegenüber der Rassensegregation

nimmt, sie alle sind tief in der Vergangenheit verwurzelt, bevor es überhaupt so etwas wie die heutige Mittelschicht gab. Es sind viele Veränderungen eingetreten, manche liegen klar auf der Hand, manche haben sich un-
merklich vollzogen, aber ein Großteil dessen, was wir heute als Werte der
Mittelschicht bezeichnen, ist das, was aus ganz andersartigen Klassenkon-
stellationen von früher bewahrt worden ist. Das gilt für viele der von der
Sozialarbeit hochgehaltenen Werte.
Es sind aber nicht nur wichtige Werte der Vergangenheit bewahrt und ver-
feinert worden, sondern viele andere sind inzwischen auch abgelehnt oder
stark verändert worden. Andere besitzen noch Gültigkeit, sind aber ein
Stein des Anstoßes. Ein gutes Beispiel dafür ist die von den meisten Ge-
sellschaften in der Vergangenheit vertretene Ansicht, der Wert eines Menschen hänge davon ab, zu welcher Kategorie er gehört. Manche Menschen
wurden als minderwertig eingestuft; sie waren die Sklaven und Leibeigenen.
Jede Gesellschaft hatte ihre eigenen Kategorien, wobei die Spitze von den
mächtigsten und privilegiertesten Menschen eingenommen wurde. Diese
hierarchische Ordnung ist viele Male — durch Revolution und Evolution —
herausgefordert und angegriffen worden, und sie ist ein Kernproblem bei
unseren gegenwärtigen Bemühungen um Rassen- und Armutsfragen. Hier
in den Vereinigten Staaten haben wir die Wertvorstellung von der Gleichheit aller Menschen mit mehr Erfolg in unseren Gesetzen und Institutionen verankert als in unserem Verhalten und in unseren Beziehungen. Es ist
ein großer Schritt vorwärts, daß die Werte, zu denen wir uns bekennen, die
Gleichheit aller Menschen fordern; doch wir werden nur dann eine mora-
lisch intakte und gesunde Gesellschaft sein, wenn diese Werte auch voll
in Wirkung gesetzt worden sind.
Der praktische Vorteil dieser historischen Perspektive liegt darin, daß sie
uns von der Annahme befreit, die dominierenden Werte unserer Zeit seien
zu einem starren Bündel zusammengeschnürt. Anstatt die Werte der Mittelschicht oder der unteren Schichten als jeweils feste Einheiten zu betrachten, ist es viel ergiebiger, sich ihnen *allen* kritisch zu nähern, sie einzeln zu
beurteilen und sich dann für bestimmte Werte zu entscheiden. Das muß im
Kontext der gesamten Gesellschaft geschehen. Beispielsweise wird Bildung
bei uns und in anderen Ländern hoch bewertet. Ob das Abschlußzeugnis
einer High School und ein akademischer Grad für alle Menschen sinnvoll

wären, ist sehr fraglich, andererseits kommen wir bei unseren Überlegungen nicht an der Tatsache vorbei, daß eine umfassende Bildung in zunehmendem Maße auch für langweilige und schlecht bezahlte Tätigkeiten verlangt wird. Daß Leute mit Diplomen und Examina mehr Geld verdienen, hat zu der Erkenntnis geführt, daß es außerordentlich nützlich ist, wenn man solche „gutgehenden Artikel" anzubieten hat. Dieses Nützlichkeitsdenken steht in engem Zusammenhang mit einem anderen herausragenden Wert, dem der sozialen Mobilität. Mit den Meriten, die der Gebildete sich auf Grund seines Bildungsstandes erworben hat, hat es dagegen nichts zu tun. Eine weitere Dimension dieser positiven Bewertung der Bildung ist die Frage, ob man versuchen sollte, allen jungen Menschen zu helfen und sie davon zu überzeugen, daß sie sich den entsprechenden Anforderungen stellen müssen, oder ob man den Versuch einer Änderung der Anforderungen unternehmen sollte, oder ob man auf irgendeine Art beide Richtungen einschlagen sollte. Man muß nicht nur die Werte an sich, sondern auch das Vorgehen in bezug auf ihre Erreichbarkeit überprüfen, d. h. die Frage stellen, welcher Weg am ehesten Erfolg verspricht. Es wäre falsch zu meinen, daß immer dann, wenn zwischen Werten und ihrer Erreichbarkeit keine Deckungsgleichheit besteht, die ganze Last des Wandels dem einzelnen aufzubürden wäre, der sich den Werten und Forderungen der Gesellschaft anpassen müßte. Die letzteren müssen genauso überprüft und möglichst verändert werden, wenn dies angezeigt erscheint.

Es ist hier nicht unsere Absicht, das spezifische Problem zu lösen. Eher wollen wir den Anfang eines Weges aufzeigen, auf dem es sich näher beurteilen läßt. Das sollte dazu beitragen, daß wir uns nicht länger von der Verpflichtung bedrückt fühlen, die Werte der Mittel- oder der Unterschicht als Ganzheit anzunehmen oder abzulehnen. Selbstverständlich gibt es eine gewisse Netzverknüpfung in dem, was wir als ein „Wertsystem" bezeichnen; das Netz ist aber lose genug geknüpft, um verändert zu werden, ohne daß die gesamte Struktur zerstört wird.

Kehren wir zum Thema Gruppenarbeit zurück. Werte sind Teil der Dynamik der Interaktionen. Der Groupworker hat sich vermutlich Gedanken darüber gemacht, welche Werte er aufstellen will, und ist zu einer Entscheidung gelangt. Die Behörde, der Berufsstand selbst und die umgebende Gemeinde spielen dabei eine Rolle. Der Groupworker muß auf bestimmten Verhaltensstandards bestehen, und er sollte sich nicht scheuen, seine diesbezüglichen Gedanken und Meinungen der Gruppe mitzuteilen, wobei er versucht, niemanden vor den Kopf zu stoßen, der vielleicht anderer Meinung ist. Eine seiner wichtigsten Aufgaben besteht darin, den Teilnehmern beizubringen, über Werte selbst nachzudenken. Wenn sie sich damit beschäftigen, ist es gut möglich, daß sie mit Einsichten zu ihm kommen, die ein aufgeschlossener Groupworker nützlich findet. Er sollte bereit sein, von den Teilnehmern zu lernen.

Die Entscheidung darüber, welche Werte angenommen werden, muß von den Teilnehmern getroffen werden. Der Groupworker trägt seinen Teil dazu bei, indem er dafür sorgt, daß diese Entscheidungen so fundiert, rationell und human wie möglich ausfallen. Ein solches Vorgehen erhöht die Wahrscheinlichkeit, daß die Werte wirklich internalisiert werden und ihre Bedeutung über Raum und Zeit der Gruppe hinweg behalten.

WERTE IN DER SOZIALARBEIT

Sozialarbeiter sind, besonders in unserer unruhigen Zeit, unterschiedlicher Meinung in bezug auf Werte; doch gibt es einen festen Kern von Werten, dem wir vermutlich alle zustimmen. Weniger Übereinstimmung fndet sich wohl hinsichtlich spezifischer Ziele und der Programme und Methoden zu ihrer Verwirklichung. Dieser Kern aber ist gemeinsamer Besitz und gemeinsame Verpflichtung. Die Werte sind häufig formuliert worden. Eine gute Darstellung von kompetenter Seite findet sich in der „Working Definition of Social Work Practice", einer Veröffentlichung der Commission on Social Work Practice of the National Association of Social Workers, die von Harriet M. Bartlett vorgelegt wurde[14]:

1. Das wichtigste Anliegen dieser Gesellschaft ist das Individuum.
2. Unter den Individuen dieser Gesellschaft besteht gegenseitige Abhängigkeit.

---

[14] Bartlett, Harriett M., Toward Clarification and Improvement of Social Work Practice. In: Social Work, April 1958, S. 6.

3. Sie tragen soziale Verantwortung füreinander.

4. Es gibt menschliche Bedürfnisse, die allen Menschen gemeinsam sind, aber jeder Mensch ist seinem Wesen nach einmalig und unterscheidet sich von allen anderen.

5. Wesentliches Merkmal einer demokratischen Gesellschaft ist, daß sie die volle Entfaltung der Persönlichkeit ermöglicht und ihr durch aktives Teilhaben an der Gesellschaft soziale Verantwortung überträgt.

6. Die Gesellschaft trägt die Verantwortung dafür, daß Hindernisse, die dieser Selbstverwirklichung im Wege stehen (d. h. ein Ungleichgewicht zwischen dem Individuum und seiner Umgebung), überwunden oder vermieden werden.

„Diese Konzepte bilden das philosophische Fundament der praktischen Sozialarbeit."

Es gibt viele Möglichkeiten, die Werte der Sozialarbeit darzustellen. Die eben zitierte Aufzählung schließt die wesentlichsten Werte ein.

Wichtig ist auch die Festlegung der Werte der Sozialarbeit durch Felix Biestek[15], die seiner Meinung nach „in eine Philosophie der Sozialarbeit aufgenommen werden sollte":

„Der Mensch ist von der Natur mit Möglichkeiten und Kräften (Fähigkeiten, Talenten) physiologischer, intellektueller, emotionaler, sozialer, ästhetischer und spiritueller Art ausgestattet."

„Der Mensch hat Anspruch auf angemessene Mittel für die Verwirklichung seiner Möglichkeiten."

„Jeder Mensch bedarf für die harmonische Entwicklung seiner Kräfte bestimmter durch die Gesellschaft geschaffener und zugesicherter Möglichkeiten zur Befriedigung seiner grundlegenden physischen, psychischen, wirtschaftlichen, kulturellen, ästhetischen und spirituellen Bedürfnisse."

„Das Sozialverhalten des Menschen ist für sein Streben nach Selbsterfüllung bedeutsam."

„Die Gesellschaft hat ... ein Anrecht auf Bereicherung durch den Beitrag ihrer einzelnen Mitglieder."

---

15 Biestek, Felix, Basic Values in Social Work. In: Values in Social Work: A Re-examination, Monograph IX. New York 1967, National Association of Social Workers, S. 11—22. Hier sind nur die Werte aufgeführt. Eine eingehende Darstellung fehlt.

„Jeder Mensch hat als Mitglied der Gesellschaft die Verpflichtung, Wege zur Selbsterfüllung zu suchen, die dem allgemeinen Wohl dienen."
„Der Mensch hat die Fähigkeit zu wählen, und aufgrund seiner Verpflichtung zur Selbstverwirklichung hat er das Recht auf Selbstbestimmung."
Diese Gedanken sind grundlegende Aussagen über die Werte der Sozialarbeit in hoher Abstraktion. Wollte man sie alle auf eine mittlere oder untere Ebene versetzen, dann müßte man ein Buch mit hohem Anspruch schreiben. Es scheint uns daher angebracht, hier nur einige Beispiele dafür zu geben, wie diese Aufgabe gelöst werden könnte. Das Thema der beiden oben zitierten Darstellungen der menschlichen Fähigkeiten läßt sich dem überall anzutreffenden Mittelklassewert der sozialen Mobilität an die Seite stellen, der besagt, daß man in bezug auf Geld, Besitz, Beruf und soziale Stellung auf einer hierarchischen Leiter nach oben steigen sollte. Eng mit diesem Wert verbunden ist der „Amerikanische Traum": unabhängig davon, wie bescheiden die Herkunft eines Menschen ist, besteht doch die Chance für ihn, so hoch aufzusteigen, wie Intelligenz, Fähigkeiten und Fleiß ihn tragen. Dieser Traum ist für zahlreiche Amerikaner in Erfüllung gegangen, und wahrscheinlich sind an keinem anderen Ort der Welt und zu keinem anderen Zeitpunkt in der Geschichte so viele Menschen so weit nach oben gestiegen, was den Besitz erwünschter Gegenstände angeht. Aber was ist mit den Millionen von Armen? Haben auch sie wirklich eine Chance? Die simple Formel vom Amerikanischen Traum und vom sozialen Aufstieg führt leicht zu der unhaltbaren Annahme, daß es den Armen an Fähigkeiten und angeborenen Möglichkeiten fehle; dabei wird die Tatsache übersehen, daß es Formen von Armut gibt, die besonders in Verbindung mit (rassischen oder anderen) Vorurteilen die Entwicklung gerade der Eigenschaften zum Stillstand bringen, die für soziale Mobilität nötig sind. Damit ist also das Ausmaß ernsthaft eingeschränkt, in dem die sozioökonomischen und politischen Realitäten eigentlich für den „Amerikanischen Traum" sprechen. Aber was ist mit der Gültigkeit des eigentlichen Wertes „sozialer Aufstieg"? Führt der Besitz vieler Dinge zu Glück, fördert er die menschliche Würde? Laufen die Pressionen, immer mehr Geld zu verdienen, nicht auf einen Wettkampf bis aufs äußerste hinaus? Unsere Gesellschaft ist durch Umweltverschmutzung, Übervölkerung und andere Nebenerscheinungen des technischen Fortschritts bis ins Innerste erschüttert.

Ob diese Entwicklungen unter Kontrolle gebracht werden können, damit
das Leben auf dieser Erde nicht unwiderruflich zerstört wird, kann nur
die Geschichte erweisen.

Die Vorstellung von der beruflichen Hierarchie ist eine zersetzende Be-
gleiterscheinung des sozialen Aufstiegs. Unglücklicherweise sind sowohl
die unteren als auch die Mittelschichten von dieser Vorstellung durchdrun-
gen. Im Verlauf einer Untersuchung[16] über jugendliche Banden der untersten
sozioökonomischen Schicht unserer Gesellschaft fragte ich nach den beruflichen Plänen dieser jungen Menschen. Sie antworteten wiederholt mit
Medizin, Ingenieurwesen, Architektur und anderen Berufszielen, die außerhalb der Möglichkeiten dieser Jungen lagen, die alle große Schwierigkeiten
in der Schule hatten und unter denen sich potentielle „drop-outs" befanden.
Einmal erwiderte ich: „Du möchtest wohl keinen Job, bei dem deine
Hände schmutzig werden", woraufhin zustimmendes Gebrüll ausbrach. Die
Vorstellung, was aus solchen Jugendlichen wird, die sich in Gedanken in
gutbezahlten und prestige-reichen Berufen sehen, dabei aber vor enormen
Hindernissen auf der Rolltreppe des Schulsystems stehen, läßt einen er-
schauern.

In völligem Gegensatz dazu steht die Tatsache, daß so viele Angehörige
der Mittelschicht in ihrer Freizeit körperliche Anstrengungen auf sich nehmen. Gartenarbeit, Holzverarbeitung und ähnliche Beschäftigungen stehen
hoch in Kurs und sind als Hobbies allgemein anerkannt, als Berufe jedoch
weit von der Spitze der Hierarchie entfernt.

Auch die Sozialarbeit wird unweigerlich von diesen alles durchdringenden
Werten beeinflußt. Sie kann dieser Beeinflussung aber wirksam begegnen,
weil sie einen Schwerpunkt in den menschlichen Beziehungen setzt und betont für Toleranz gegenüber dem Andersartigen, Unterschiedlichen eintritt.
So schwer es auch ist, Menschen von starkem sozialem Druck zu befreien, so
kann es ihnen doch helfen, die von ihnen errichtete Arbeit zu achten und
Befriedigung daraus zu ziehen. Anstatt daß der Klient sich dauernd mit
dem Gedanken quält, er sei ein Versager, weil er *nicht* zu einem der Berufe
mit höherem Status gehört, sollte man ihm dabei helfen, die Nützlichkeit

16 Bernstein, Saul, Youth on the Streets. New York 1964, Association Press.

seiner Arbeit einzusehen und Gefallen an einer gut ausgeführten Tätigkeit und einer Reihe befriedigender Beziehungen zu finden.

Diese Forderung ist keineswegs so zu deuten, als müßten die Angehörigen der Unterschicht mit Gewalt in ihrer gegenwärtigen Position festgehalten werden. Sie soll vielmehr an der Annahme rütteln, daß der soziale Aufstieg, so wie er gegenwärtig definiert wird, unser aller Ziel sei. Auch Jugendliche der Mittelschicht können zu den Opfern dieser Annahme zählen. Sie werden nämlich nur zu leicht als Versager angesehen, wenn sie nicht das College besuchen, sondern sich einer manuellen Arbeit zuwenden. Solche Ansichten müssen angefochten werden; der Respekt vor dem Menschen sollte nichts mit der beruflichen Hierarchie und ihren Begleiterscheinungen zu tun haben. Sozialarbeiter können helfen, diese Forderung zu erfüllen, indem sie selbst weniger an ihrem eigenen Status interessiert sind und indem sie anderen helfen, das zu werden, was sie sein können — unabhängig von der jeweiligen Stufe auf der Leiter.

VERANSCHAULICHUNG EINES WERTES

Wir haben auf eine Reihe spezifischer Werte hingewiesen. Einer von ihnen, der Wert des Menschen, sollte aber wohl etwas näher betrachtet werden. Dieser Wert ist der Grundstein aller sozialen Arbeit, aller menschlichen Gesinnung überhaupt und der Schlüssel der Demokratie; in seiner Universalität entspricht er den höchsten ethischen Idealen. Ein kleiner Schulaufsatz[17] eines 9jährigen Mädchens verdeutlicht einen Teil seiner Botschaft:

Was ich wert bin

„Ich bin sehr viel wert und alle anderen ebenso. Wir sind wie Atome, von denen man eine Menge braucht, um etwas daraus zu machen. Ohne mich würde die Welt ‚zusammenbrechen‘, und genau so wäre es mit Jennifer und mit jedem anderen. Niemand ist Geld wert, sondern alle sind zehnmal so viel wert wie Geld. Der dümmste Mensch auf der Welt ist mehr wert als

17 Von der Enkelin des Autors, Amy Richan, die mit dem Abdruck einverstanden war.

alles Geld dieser Welt. Niemand ist am meisten wert, und niemand ist
am wenigsten wert; niemand hat aber auch genau den gleichen Wert wie ein
anderer. Die Menschen helfen mir, meinen Wert zu haben, und ich helfe
ihnen, ihren Wert zu haben."

Um der Vorstellung vom Wert des Menschen gerecht zu werden, muß man
alle Stufen der Abstraktion berücksichtigen, diesen Begriff einmal in der
allerallgemeinsten Weise, ein anderes Mal ganz speziell unter ganz bestimmten Bedingungen, dann wieder von einer zwischen diesen Extremen
liegenden Ebene aus betrachten[18]. Der höchste Abstraktionsgrad, die einfache Aussage, daß jeder Mensch seinen Wert besitzt, verhilft zur Darstellung dieses Konzeptes und gestattet eine gewisse Flexibilität der Auslegung.
Spezifische Aussagen sind dagegen wesentlich, wenn das Konzept opera-
tionalisiert werden soll.

Es gibt einige kritische Punkte, die die Vorstellung vom Wert des Menschen unter Umständen einschränken können, je nachdem welchen Standpunkt man einnimmt. Der Krieg ist dafür ein klassisches Beispiel. Echte
Pazifisten sind gegen Krieg jeder Art. Er zerstört nicht nur Leben, sondern
er ruft unumgänglich Lebensbedingungen hervor, die mit der Achtung vor
dem Menschen unvereinbar sind. Andere meinen zwar auch, daß ein Krieg
furchtbar ist, was das menschliche Leiden anbetrifft, sie glauben aber, daß
unter gewissen Umständen die Alternative zum Krieg noch schlechter sei.
Wenn wir zum Beispiel den Krieg gegen Hitlerdeutschland nicht mit Erfolg
geführt hätten, dann wäre die Zerstörung an Leben und Freiheit nicht aus-
zudenken gewesen. Gleichgültig welchen Standpunkt man vertritt, das Konzept vom Wert des Menschen ist verletzt. Man müßte wohl eine Art Zahlen-
spiel spielen: welches Vorgehen wird den wenigsten Menschen weh tun?
Die Schwierigkeit liegt nicht im Konzept des Wertes, sondern in den Bedingungen, die seine volle Anwendung unmöglich machen. Jeder Wert ist
Situationen ausgesetzt, die ihn belasten. Hoffnung liegt nur in der Veränderung solcher Situationen, nicht aber in einer Entwertung des Konzeptes.
Die Substanz dessen, was die Achtung vor dem Wert des Menschen ausmacht, hängt von Zeit und Raum ab, insbesondere wenn man sie zum

---

[18] Siehe dazu auch Muriel Pumphrey, The Teaching of Values and Ethics in Social Work
Education. New York 1959, Council on Social Work Education Curriculum Study, Band XIII.

Lebensstandard in Beziehung setzt. Was in der einen Gegend als unbekannt und luxuriös gilt, wird anderswo als notwendig angesehen. Vor noch nicht allzu langer Zeit wäre die heute ganz übliche Bewilligung von Fürsorgebeihilfen für den Anschluß von Telefonapparaten und für ähnliche Gegenstände wahrscheinlich unvorstellbar gewesen. Doch mit der weiten Verbreitung solcher Annehmlichkeiten in unserer hochentwickelten Gesellschaft hat sich unsere Vorstellung vom Lebensnotwendigen, von dem, was zu einem angemessenen Leben gehört, geändert. In zehn Jahren wird das, was den wirtschaftlich Abhängigen zugeteilt wird, wahrscheinlich noch ganz anders aussehen; hoffen wir es jedenfalls. Im gleichen Zeitabschnitt ist aber auch das sozioökonomische Gefälle von Bedeutung: es wäre töricht, Fernsehapparate in Teile der Welt zu schicken, in denen viele Menschen hungern. Die genaue Definition eines ausreichenden Lebensstandards ist in gewisser Weise durch biologische Notwendigkeiten festgelegt, also durch die für ein Leben in Gesundheit notwendige Nahrung, Unterkunft und Kleidung. Abgesehen von diesen Grunderfordernissen ist der Lebensstandard für jede Gesellschaft relativ[19]. In unserem Land symbolisiert der Nichtbesitz eines Telefons, eines Fernsehapparates und möglicherweise sogar eines Autos Entbehrungen und ordnet die Menschen, denen diese Dinge versagt sind, einer untergeordneten Kategorie zu.

In der Gruppenarbeit ist die Vorstellung vom Wert des Menschen immer vorhanden und deutlich erkennbar. In einer Diskussion unseres Komitees „Theorie der Gruppenarbeit" überlegten wir, ob es ganz allgemein Fälle gibt, in denen der Groupworker unter bestimmten Umständen immer gleich handelt. Alle stimmten der Forderung zu, daß der Groupworker niemals jemanden ganz aufgeben sollte*. Wenn ein Mitglied fehlt, versucht er, den Grund dafür herauszufinden und die Schwierigkeiten — soweit sie in seinem Einflußbereich liegen — zu beseitigen oder zu verringern. Wenn ein Jugendlicher von seinen Eltern zur Strafe von der Gruppe ferngehalten wird, dann erörtert der Groupworker die Strafart mit ihnen und hilft ihnen bei der Überlegung, ob sie angemessen gewesen ist. Wenn ein Mitglied ver-

---

19 Eine interessante Unterscheidung zwischen Mittellosigkeit im Sinne der ungenügenden Befriedigung physischer Bedürfnisse einerseits und „sozialer" Armut andererseits trifft Philip Klein, From Philanthropy to Social Welfare. San Francisco 1968, Jossey-Bass Inc.

* Dieser Vorschlag stammte von Ralph Kolodny.

stimmt ist und die Gruppe verläßt, folgt der Groupworker ihm, wenn nicht gerade ein dringender Grund vorliegt, im Raum zu bleiben. Wenn ein Mitglied von den anderen ausgeschlossen werden soll, versucht der Groupworker, diesen Ausschluß zu verhindern, wenn er nicht meint, daß es für das Mitglied und/oder die Gruppe nachteilig wäre, wenn die betreffende Person in der Gruppe verbleibt — eine Schlußfolgerung, der viele Versuche vorausgegangen sein sollten, diese Person und die Gruppenmitglieder füreinander annehmbar zu machen. Wenn der Groupworker nach reiflicher Überlegung ein Mitglied bittet, die Gruppe wegen stichhaltiger Gründe zu verlassen, versucht er eine befriedigende Alternative auszuarbeiten. Kurz gesagt, dieser Aspekt des Wertes des Menschen besagt, daß dem Groupworker an jedem Gruppenmitglied ehrlich gelegen ist. Er benutzt auch alle sonstigen Gelegenheiten, um sein Interesse an anderen Menschen kundzutun. Wenn die Gruppe etwa bei der Benutzung öffentlicher Verkehrsmittel andere Fahrgäste stört, dann versucht er sie ruhigzuhalten. Falls irgendjemand in der Familie eines Mitgliedes Hilfe braucht, erkundigt sich der Groupworker, was er tun könnte. In Notfällen zeigt der Groupworker Mitgefühl auch gegenüber völlig Fremden und handelt entsprechend. Der Ehrenkodex der National Association of Social Workers enthält die Verpflichtung[20]: „Ich bin jederzeit bereit, bei öffentlichen Notfällen die angemessene fachliche Hilfe zu leisten."

Eng damit verbunden ist die Forderung, daß die Gruppenmitglieder nicht nur vor Kränkungen geschützt, sondern auch davon abgehalten werden sollten, andere zu kränken. Ob man einen anderen verletzt oder ob man selbst verletzt wird, unterscheidet sich nur darin, wer das Opfer ist; die Kränkung ist in beiden Fällen vorhanden*. Manchmal ist es schwierig zu

---

[20] National Association of Social Workers. Code of Ethics.

* Hier beschäftigen wir uns in der Hauptsache mit den Werten und nur am Rande mit Diagnose und Techniken. Daher sollen die Aussagen darüber, was der Groupworker tut oder nicht tut, eher die Werte darlegen, die seine Handlungen leiten, als wörtlich anzeigen, was er tut. Seine Diagnose der Gruppe, mit der er gerade arbeitet, könnte ihn dazu veranlassen, eine bestimmte Intervention in der Hoffnung aufzuschieben, daß sich die konstruktiven Kräfte in der Gruppe selbst behaupten werden. Therapeutische Überlegungen könnten ihn sogar veranlassen, ein gewisses Ausmaß an verletzenden Aktionen zuzulassen. Wenn die Gruppe zeigt, daß sie zur Hilfsbereitschaft fähig ist, dann sollte der Groupworker ihr alle Gelegenheit geben, diese Bereitschaft auch auszudrücken.

entscheiden, ob man das Aussprechen feindseliger Gefühle ermutigen oder aber auf die guten Beziehungen bedacht sein sollte, die der Groupworker und wohl auch die meisten Gruppenmitglieder natürlich erreichen möchten. Bei entsprechender Diagnose könnte ein Schritt zurück dem Ziel des Voranschreitens dienen. Langfristig gesehen erfordert die Vorstellung vom Wert des Menschen ein Selbstverständnis des einzelnen, das nicht die Beleidigung, sondern die Achtung vor dem Mitmenschen einschließt. Die Dynamik der aggressiven Triebe im Menschen muß so verstanden und behandelt werden, daß andere dadurch so wenig wie möglich beeinträchtigt werden. Diese Triebe sind mächtig, und es wäre Vogel-Strauß-Politik, wenn wir uns von unseren Werten dazu verleiten ließen anzunehmen, daß die Menschen einander ja alle „freundlich gesinnt" seien. Was den Erfolg der Gruppenarbeit ausmacht, ist die Tatsache, daß sich hier die Einsicht in die unangenehmen Seiten der menschlichen Natur mit dem Bekenntnis zu bestimmten Wertvorstellungen und mit Methoden verbindet, von denen der Groupworker sich bei seiner Aufgabe leiten läßt, die Gruppe über die Stufe der Feindseligkeiten hinaus und auf eine höhere Ebene der Reziprozität zu führen.

Es ist wesentlich für die Förderung des Selbstwertgefühls, daß wir das Ich jedes einzelnen aufbauen. Unterstützung[21] ist eine Möglichkeit dafür. Manche Menschen können so viel Angst vor dem Versagen haben, daß es ihnen schwer fällt, sich auf neue Erfahrungen durch die Teilnahme an der Gruppe einzulassen, seien diese Erfahrungen nun persönliche Beziehungen oder Aktivitäten. Sorgfältige Überlegungen und großes Einfühlungsvermögen sind vonnöten, damit die neuen Erfahrungen zu einem Erfolg führen, insbesondere wenn es bereits eine lange Vorgeschichte von Fehlschlägen gibt. Erfolge bauen das Ich auf.

Ein weiteres Anliegen der Gruppenarbeit besteht darin, das Ich zu bereichern. Häufig sind die Möglichkeiten eines Menschen durch seine bisherigen Lebenserfahrungen noch gar nicht herausgefordert worden. Stereotype Vorstellungen über das eigene Ich engen seine Erwartungen in bezug auf menschliche Beziehungen und Aktivitäten ein. Es wird als selbstverständ-

---

21 Zum Stichwort „Unterstützung" (support) siehe Louise Frey, Support and the Group. In: Social Work, Oktober 1962.

lich angesehen, daß man eben nur gewisse Dinge bewältigen kann, und andere
bleiben entweder unbekannt, oder sie gelten als unrealistisch. Der Groupworker versucht, die Mitglieder neuen Erfahrungen, Beziehungen, Menschen, Orten und Gedanken auszusetzen mit dem Ziel, das Ego nicht nur zu
stärken, sondern auch zu bereichern.
Menschen haben viele Gemeinsamkeiten, aber sie unterscheiden sich auch
voneinander. In dem Maße, in dem sich sein Horizont erweitert, braucht
jeder Mensch die Ermunterung zum Anderssein, allerdings nicht auf Kosten
anderer. Um es positiver auszudrücken: das, was den einzelnen Menschen jeweils von den anderen unterscheidet, kann zum Wachstum und zur Zufriedenheit aller beitragen, und die Gruppe kann sich von der Stufe lösen, die
durch das schon beschriebene einengende Modell charakterisiert ist, und
sich in Richtung auf das Entwicklungsmodell bewegen.
Teilnehmendes Interesse am anderen gehört ebenfalls in die Vorstellung vom
Wert des Menschen. Es ist die oben erwähnte Reziprozität, in der sich
Selbstachtung mit der aufrichtigen Rücksichtnahme gegenüber anderen verbindet und zur bewußten Anerkennung der signifikanten Bindung an
andere Menschen führt. In erster Linie richtet sich dieses Interesse auf das
Zusammensein mit anderen Mitgliedern der Gruppe. Aber ganz unvermeidlich ergeben sich weitere Gelegenheiten, bei denen man Mitgefühl mit
anderen Menschen zeigen kann: es mag ein Kind auf dem Spielplatz weinen,
ein Blinder die Straße überqueren wollen, oder ein älterer Mensch findet
sich mit den öffentlichen Verkehrsmitteln nicht zurecht. Hier kann der
Groupworker Hilfsbereitschaft demonstrieren und die Gruppe zur Nach-
ahmung anregen. In einem weiteren Rahmen kann er auf den Informationen aufbauen, die durch Nachrichtensendungen bzw. die Tagesschau
vermittelt werden. Augenblicklich werden wir beispielsweise täglich über
die Hungersnot in Biafra informiert — dies ist nur ein einziges von vielen
Beispielen menschlichen Leids, das der Groupworker heranziehen kann.
Die dahinterliegende Absicht ist, wo immer möglich das Bewußtsein zu vermitteln, daß wir alle dem universellen Gedanken vom Wert des Menschen
verpflichtet sind.
Wir alle stehen vor Aufgaben, die sich aus unserer Lebenssituation ergeben.
Der junge Mensch muß erst lernen, in der Schule, mit seiner Familie und
mit seinen Altersgenossen zurechtzukommen. Der Begriff des Sozialver-

haltens „Social functioning" wurde von W. Boehm[22] zur Beschreibung der Fähigkeit benutzt, den Anforderungen aus den verschiedenen Rollen gerecht zu werden, die uns übertragen sind. Boehm betont, daß es die Aufgabe der Sozialarbeit ist, den Menschen zu dieser Fähigkeit zu verhelfen. In diesem Zusammenhang ist ein von uns hier schon besprochener Punkt noch nicht zu Ende diskutiert: die Gefahr nämlich, das Individuum mit sozialen Anforderungen zu überladen, und damit verbunden das Risiko, gesellschaftliche Veränderungen und die Notwendigkeit des Wandels in den Rollenanforderungen zu übersehen oder zu gering zu bewerten. Nichtsdestoweniger ist das Sozialverhalten eine nützliche Vorstellung, und es spielt eine große Rolle bei der Art, in der sich das Ich und das Empfinden für den eigenen Wert und den Wert der anderen entwickelt. In dem Maße, in dem ein Mensch die ihm aus seiner Lebenssituation erwachsenden Aufgaben erfolgreich löst, wird er wahrscheinlich innerlich und in seinen Beziehungen zu anderen Menschen sicherer werden. Der Groupworker versucht daher, den Mitgliedern bei ihren Lebensangelegenheiten zu helfen, ob es sich dabei nun um das Verhalten bei der Arbeit, in der Schule, in der Familie, in den Beziehungen zu den Altersgenossen, in Fragen der Gesundheit oder der Freizeitgestaltung oder ähnliches handelt. In manchen Fällen stehen solche Angelegenheiten ganz eindeutig im Mittelpunkt, wenn sich etwa Kinder plötzlich im Krankenhaus befinden, getrennt von ihren Familien, und angsterregende Erfahrungen über sich ergehen lassen müssen. Ein weiteres Beispiel sind die alten Menschen, die häufig meinen, sie seien nicht mehr nützlich und würden nicht mehr respektiert. Bei anderen Gruppentypen sind die Lebensangelegenheiten nicht immer so offensichtlich; sie lassen sich aber mit etwas Mühe und Nachdenken identifizieren und auf Ziele und Aktivitäten übertragen.

GRUPPENARBEIT IN EINER ZEIT WELTWEITEN UMBRUCHS

Wir leben in einer Zeit des Umbruchs und der Krise. Der nukleare Krieg ist eine ständige Bedrohung. Die Polarisierung der rassischen Gegensätze

---

22 Boehm, Werner, The Nature of Social Work. In: Social Work, Band 3, Nr. 2, April 1958.

droht unsere Gesellschaft zu zerreißen. Der Krieg in Vietnam hat eine ernsthafte Trennungslinie durch das amerikanische Volk getrieben. In fast allen Weltteilen, wohin wir uns auch wenden, gibt es bedrohliche Probleme. Hunger, Haß, Krieg, Umweltverschmutzung und andere Geißeln plagen große Teile der Welt.

Welchen Sinn und welche Bedeutung hat es in diesem ungeheuerlichen Kontext, daß wir Johnnie dabei helfen, etwas besser mit den Mitgliedern seiner Gruppe auszukommen? Angesichts der Spannungen, der Ängste und der Entpersönlichung in unserer Gesellschaft hat man die „Hilfe für Johnnie" als „Micky-Maus-Aktivität" bezeichnet und damit wohl andeuten wollen, sie sei nicht viel mehr wert als das Lesen von Comics und das Betrachten von Filmschnulzen, während man sich eigentlich doch den Problemen unserer Zeit stellen und etwas zu ihrer Lösung unternehmen müsse. Diese weitverbreitete und anklagende Haltung wird noch akzentuiert durch die Tatsache, daß Gruppenarbeit (und Einzelbehandlung) als solche natürlich keine massive Kampagne gegen so überwältigende Probleme wie Krieg, Hunger, Umweltverschmutzung, Armut und Haß sein kann. In anderen Rollen — als ausgebildete Sozialarbeiter oder als Staatsbürger etwa — können Groupworker sich aktiv an Initiativen beteiligen, die sich auf größere Ziele richten; viele haben es getan und tun es noch. Gelegentlich sind sie sogar versucht, solche auf große Ziele gerichtete Anstrengungen eher als das „Wahre" zu bezeichnen und die Arbeit mit kleinen Gruppen oder Individuen als Kinkerlitzchen anzusehen.

Das Schicksal der hungernden Inder und der gettoisierten und entwürdigten Amerikaner wird nicht erleichtert, wenn wir die Menschen, denen mit Gruppenarbeit zu helfen ist, vernachlässigen. Die Johnnies brauchen unsere Hilfe ebenso, und auch sie zählen. Auch wenn Johnnie in einer Elendsgegend wohnt, in der Veränderungen schmerzhaft langsam oder gar nicht erfolgen, haben wir ihm gegenüber eine Verpflichtung, und wir können ihm helfen. Wenn er und seine Familie plötzlich wie durch ein Wunder ein angemessenes Einkommen, eine anständige Wohnung und ähnliches besäßen, so würden sie dennoch weiter unter dem Eindruck der jahrelangen zermürbenden Armut leben. Ob nun das eigentliche Problem durch Armut oder durch etwas anderes entstanden ist, die Menschen haben Anspruch auf Leistungen, die ihnen helfen können. Wir kämpfen verzweifelt gegen die

massiven Entbehrungen und Spannungen an und tun unser Möglichstes;
wenn wir aber die Menschen in unserer unmittelbaren Umgebung vernachlässigen würden, die tatsächlich unserer Gruppe angehören oder ihr doch
angehören könnten, dann könnte man uns vorwerfen, daß wir zwar vielleicht „die Menschheit" lieben, nicht aber den einzelnen Mitmenschen. Wir
müssen unser Wirken auf beiden Ebenen in einen Zusammenhang bringen.
In der ausschließlichen Ausrichtung auf den sozialen Wandel von größe-
rem Umfang liegt die Gefahr, daß die Achtung vor dem Individuum entstellt
und verletzt wird. Es ist sehr die Frage, ob Massenproteste und andere Bemühungen zur Umgestaltung unserer Gesellschaft wirksam sein können,
wenn die Rechte des einzelnen respektiert werden. Es kann notwendig
werden, einzelne Menschen zu verletzen, um anderen Menschen zu helfen, solange Macht die primäre Triebkraft ist; wenn aber Ziele und Mittel
sehr gegensätzliche Werte widerspiegeln, dann zerstören wir zumindest
einen Teil dessen, was wir fördern wollten.
Es sollte eine Verbindung zwischen den beiden Wirkungsebenen (Hilfe für
das Individuum und Beteiligung an sozialen Aktionen) entwickelt werden. Manche Gruppen können dazu angeregt werden, sozio-ökonomisch-
politische Probleme zu erörtern und damit besser zu durchschauen, und
zwar indem man dort beginnt, wo solche Probleme die Gruppe direkt berühren, und dann den Bogen der Diskussion allmählich weiter spannt. Wo
immer es möglich ist, sollte zu sozialen Aktionen ermuntert werden. Es
bieten sich zahllose Möglichkeiten dafür, wenn man zu neuen Perspektiven
und Meinungen gelangt, wenn man lernt, wesentliche Tatsachen festzustel-
len und zu beurteilen, verschiedene Lösungen gegeneinander abzuwägen
und Vorgehensweisen zu untersuchen. Was für alle Menschen gilt, gilt auch
für unsere Gruppen: sie sind in mächtige gesellschaftliche Kräfte verstrickt,
und man sollte ihnen dazu verhelfen, mehr als nur hilflose Strohhalme im
Wind zu sein.
Die Art, wie man soziale Probleme angeht, muß natürlich dem Stand und
der Bereitschaft der Gruppe angepaßt sein. Bei Kindern und weniger intellektuellen Erwachsenen kann die Intervention sehr einfach sein. Wenn beispielsweise eine vorurteilsvolle Bemerkung über eine bestimmte Kategorie
von Menschen gefallen ist, dann kann der Groupworker Fragen stellen,
die es dem Mitglied ermöglichen, die Grundlagen dieser seiner Einstellung

zu überprüfen und sie aus anderer Sicht zu sehen. Oder man könnte die
Gruppe angenehmen Erfahrungen gerade mit den Menschen aussetzen,
gegen die Vorurteile bestehen.

Die steigende Betonung der Therapie in den letzten Jahren hat dazu geführt,
daß innerhalb der Gruppenarbeit der Entwicklung staatsbürgerlichen Denkens weniger Aufmerksamkeit geschenkt wurde. Mit einigem Geschick lassen sich unsere beiden Wirkungsebenen hier verschmelzen. Das gleiche Einfühlungsvermögen und die gleiche Art des Diagnostizierens, die die therapeutische Orientierung kennzeichnen, sollten auf die Entwicklung verant-
wortlichen staatsbürgerlichen Denkens verwendet werden. Die Teilnahme
an einem Sitzstreik etwa könnte für Leute, die sich aus irgendeinem Grunde
mit Recht zurückgesetzt fühlen, durchaus therapeutischen Nutzen haben.
Die Wahrnehmungen, die aus der Erfahrung mit einer überlegt geführten
Gruppe herrühren, können für soziale Aktionen von unschätzbarem Wert
sein. Bisher haben viele Versuche, Gesetze oder Institutionen zu verändern,
unter der Tatsache gelitten, daß die beteiligten Personen nicht über ausreichende Gruppenerfahrungen verfügten.

In unseren Tagen der rassischen Polarisierung und Stereotypisierung und
der daraus erwachsenden Verbitterung besteht ein dringender Bedarf an
Menschen, die sich nicht nur dem universellen Gedanken vom Wert des
Menschen zutiefst verpflichtet fühlen, sondern auch ehrlich bereit sind,
diesen Gedanken im Rahmen ihres Hinwirkens auf gesellschaftliche Veränderungen einzusetzen. Haßgefühle müssen verstanden, dürfen aber niemals geteilt werden. Es handelt sich in Wirklichkeit eher um Probleme,
die behandelt werden müssen. Zu gewissen Zeiten und an bestimmten
Orten mag es für einen weißen Groupworker tatsächlich unmöglich sein,
einer Gruppe von Negern zu helfen — und umgekehrt —, aber das sind,
so hoffen wir, wohl vorübergehende Folgen des tragischen Zustandes der
Rassenbeziehungen in unserem Lande und nicht Verhaltensmuster, die für
immer zu akzeptieren wären. Unser augenblickliches Vokabular strotzt von
abfälligen Begriffen wie „Whitey", „Onkel Tom" und vielen anderen. Sie
spiegeln den erhitzten Gefühls- und Konfliktzustand wider, einen Zustand,
der dem früheren, in dem der Neger starr in untergeordneter Position „ein-
gefroren" war, bei weitem vorzuziehen ist. So schmerzlich die gegenwärtige
Phase ist, sie birgt wenigstens die Möglichkeit des Wandels in sich.

Die Gefühle sind erhitzt, und Anklage und Gegenanklage erfüllen die Atmosphäre. Groupworker und andere im Bereich der Sozialarbeit tätige Personen können einen großen Dienst leisten, indem sie die standfeste Hinwendung zu allen Menschen beispielhaft vorführen. Solide und standhaft vertretene Werte geben mitten im Umbruch die Richtung an und haben so Bedeutung. Gewisse Veränderungen in Organisationen und Strategien sind notwendig, um den Fluten der veränderten Bedingungen entgegenzutreten.

Ein interessanter Aspekt der menschlichen Natur besteht darin, wie sie auf sich selbst erfüllende Voraussagen reagiert. Hierher gehören die einigermaßen überraschenden Kommentare, mit denen junge, unerfahrene, aber optimistische Sozialarbeiter den großen Erfolg in der Arbeit mit Problemfamilien beschreiben. Was der Groupworker erwartet oder voraussagt, wird in seinem Handeln und in dem Ton, den er dabei anschlägt, reflektiert. Wenn er zynisch über Menschen denkt, dann können die Resultate seiner Arbeit seinen Zynismus sehr wohl verstärken; wahrscheinlich wählt er sich auch Beweismaterial zur Stützung seiner Ansichten aus. Das gleiche gilt für eine optimistische Haltung des Groupworkers. Es gibt noch viele andere Determinanten für Verhalten und Einstellungen, aber die Stimmung des Groupworkers ist von besonderer Bedeutung. Wenn es dem Groupworker möglich ist, die Feindseligkeiten und Traumata als eine Herausforderung anzusehen, und wenn er wirklich glaubt, daß zumindest die weniger Verbitterten erreicht und verändert werden können, dann wächst dadurch die Effektivität seines Wirkens.

Damit nun das oben Gesagte nicht so interpretiert wird, als wäre behauptet worden, daß alle menschlichen Probleme durch Gruppenarbeit gelöst werden können, sei hier noch einmal wiederholt, daß die Beseitigung der Armut, der Gettos und vieler anderer sozialer Mißstände grundsätzliche und radikale Veränderungen im sozio-ökonomisch-politischen Bereich zur Voraussetzung hat[23]. Gruppenarbeit kann nicht aus sich selbst Arbeitsplätze schaffen, annehmbare Wohnungen erstellen oder eine gute Ausbildung für alle Menschen sichern. Wir hoffen jedoch, daß das oben Ge-

---

23 Bezüglich eines Programms zur Bewältigung der Armut siehe Saul Bernstein, Alternatives to Violence. New York 1967, Association Press.

sagte deutlich macht, daß die Gruppenarbeit einen bedeutenden Beitrag in bezug auf die Lösung grundsätzlicher menschlicher Probleme leisten kann.

DAS KRÄFTESPIEL BEI DER VERWIRKLICHUNG VON WERTEN

In der Praxis sind in jedem Gruppenprozeß bestimmte Werte implizit. Hier wollen wir uns allerdings auf diejenigen implizit vorhandenen Werte konzentrieren, die erkennbar im Laufe des Gruppenprozesses zum Zuge kommen werden. Man muß dabei berücksichtigen, daß unser Wissen darüber, wie Menschen ihre Werte ändern, ziemlich begrenzt ist. Dieser Prozeß ist ein Komplex aus vielen subtilen Einzelerscheinungen, und häufig steht der Groupworker vor Überraschungen. Wie bei einem Eisberg geht auch hier vieles unter der Oberfläche vor, und Veränderungen sind vielleicht erst sehr viel später erkennbar.

Der Kontext der von den Gruppenmitgliedern vertretenen Werte muß untersucht werden. Als Beispiel dafür gibt I. Spergel[24] eine Situationsbeschreibung von „Racketville". Hier wachsen die Jugendlichen in das umfassende System von Schwindelgeschäften hinein, und das Milieu verstärkt ständig bestimmte Formen des illegalen Verhaltens. In bezug auf die Erfolgsaussichten für Sozialarbeiter in den Straßen von „Racketville" ist Spergel sehr pessimistisch.

In einem Seminar beschrieb ein im Außendienst tätiger Sozialarbeiter seine Begegnung mit einem Zuhälter. Dieser verglich sein Einkommen, sein Auto etc. mit dem des Sozialarbeiters, was sehr zum Nachteil des letzteren ausfiel. Aus der Art und Weise, wie der Sozialarbeiter über diese Konfrontation berichtete, wurde deutlich, daß der Zuhälter einen wunden Punkt berührt hatte. Er sprach sogar wohlwollend von den Prostituierten und wies darauf hin, daß sie in einer kurzen Nacht erheblich mehr verdienten, als bei längerer Arbeitszeit in einer Fabrik oder einem Laden zu verdienen sei. Der Zuhälter berief sich hier auf Werte, die sowohl in den mittleren

---

24 Spergel, Irving, Racketville, Slumtown, Haulburg. Chicago 1964, University of Chicago Press.

als auch in den unteren Schichten dominieren, nämlich auf die Wichtigkeit des Geldes, auf seine Kaufkraft und auf das Bestreben, möglichst viel Geld durch minimale Arbeitsleistung zu verdienen. Diese Art des Gelderwerbs ist nicht ehrbar, aber der Zuhälter hätte hinzufügen können, daß viele der Männer, von denen die Mädchen ihr Geld erhielten, der Mittelschicht angehörten.

Das soeben Gesagte ist wohl eine sehr eindrucksvolle Illustration dafür, wie Werte in einer Subkultur verwoben und verankert sind. Löst man einen Wert aus seinem Zusammenhang, um daran zu arbeiten, dann kann die Basis geschwächt oder zerstört werden und die ganze Struktur einstürzen. Das ist ein Thema, das von Anthropologen in bezug auf primitive Kulturen hervorgehoben wird, das sich aber auch auf unsere eigene Kultur mit ihren verschiedenen Unterformen anwenden läßt*. Wenn der Groupworker die Dynamik der Gruppe, der einzelnen Mitglieder und der Umgebung, in der sie leben, diagnostiziert, dann sollten die Werte miteinbezogen werden. Sie sind mindestens ebenso wichtig für das Verständnis von Menschen und Gruppen wie andere Dimensionen. Eine Diagnose der Werte ist klar angezeigt — einschließlich der Frage, um welche Werte es sich handelt, in welcher Beziehung sie zur engeren und weiteren Umgebung stehen, wie zentral oder peripher und wie starr oder flexibel jeder einzelne Wert ist.

Es lassen sich gewisse Muster der Art und Weise identifizieren, in der Werte zur Wirkung gebracht werden. Bei jedem dieser Muster spielt der Groupworker eine wichtige Rolle. Er trägt diese Last aber nicht allein. Die einzelnen Mitglieder, die Gruppe als Ganzes und die Umgebung können ihren Beitrag leisten und tun dies auch oft. Solche Muster sind:

1. In den Interaktionen einer Gruppe liegen zahllose Möglichkeiten dafür, daß die Werte sich ändern. Die Folgen der Handlungen von einzelnen schlagen häufig auf den jeweiligen Akteur zurück. Diese Rückkoppelung geschieht nicht automatisch, noch ist sie immer konstruktiv. Falls beispielsweise eine abfällige Bemerkung über ein Mitglied gefallen ist, dann ist das

---

* Wie schon früher dargelegt, ist das „Wertsystem" an vielen Stellen sehr lose geknüpft, und selbst ganz spezifische Veränderungen erfordern häufig keine umfassende Neuordnung. So wird z. B. die Vorstellung vom Wert des Menschen ganz verschieden gesehen. Wenn allerdings das Schlüsselkonzept selbst zurückgewiesen wird, ist unser gesamtes Wertsystem bedroht.

Opfer vielleicht nicht in der Lage, erfolgreich zurückzuschlagen; die Gruppe könnte ihre Freude über seine Erniedrigung zeigen (Sündenbock-Phänomen). So wird ein negativer Wert verstärkt, was eine Herausforderung an den Groupworker darstellt. Oft jedoch reagiert das Opfer oder ein anderes Mitglied kritisch und aggressiv, und der Anstifter des Vorfalls muß für sein Verhalten büßen. Wenn eine solche Rückkoppelung (feedback) viele Male und im Hinblick auf viele Dinge eingetreten ist, dann kommt es wahrscheinlich mit Hilfe des Groupworkers zu einer pragmatischen Einsicht in bezug auf das, „was geht" bzw. „was nicht geht". Der Autor hat sehr häufig festgestellt, daß Menschen, die über eine lange Erfahrung mit Gruppen verfügten, ein sehr deutlich ausgeprägtes Gefühl für den eigenen und für den Wert anderer Menschen besitzen. Viele haben auf Grund ihrer reichen Gruppenerfahrungen gelernt, daß Rücksicht gegenüber anderen im Verein mit Selbstachtung sich in bezug auf die „Rosinen" auszahlt, die sie sich von ihren sozialen Beziehungen erhoffen.

Diese Lektion ist nicht einfach und auf kürzestem Weg zu erlernen. Sie erfordert Umwege und Wiederholungen. Sie bildet aber das Fundament und den Kern erfolgreicher und produktiver Beziehungen der Menschen untereinander und weist den Weg dafür, wie sich die egozentrischen Züge des einzelnen Menschen in konstruktive Harmonie mit den Interessen anderer Menschen bringen lassen.

2. Der Groupworker und die Mitglieder haben, wie bereits erwähnt, gewöhnlich Möglichkeiten, Werte aktiv vorzuleben. Das bizarre Verhalten eines psychisch kranken Menschen, ein Kind, das sich verlaufen hat, ein Unfall und viele andere Ereignisse rufen Reaktionen hervor, die das Interesse an Menschen, auch an Fremden, offenkundig werden lassen. Als Nebenerscheinung ist dabei die Tatsache bedeutsam, daß die Mitglieder, die im Anfangsstadium für den Groupworker nicht viel mehr als Fremde sind, solche Vorfälle mit dem Interesse des Groupworkers an ihnen in Beziehung setzen können.

Innerhalb der Gruppe gibt es klare Gelegenheiten dafür, Werte zu demonstrieren. In dem Film „Der Junge mit dem Messer" wird Jerry von einem anderen Gruppenmitglied verhöhnt, und sofort wird das Messer gezückt. Der Groupworker hält Jerry fest, bis sich sein Ärger legt, und sagt dabei sinngemäß, daß er nicht möchte, daß irgendjemand verletzt wird. Auf ver-

baler Ebene weist die Sozialarbeiterin in einem von R. Kolodny's Fällen[25]
das blinde Mädchen Rona darauf hin, daß sie sehr wohl versteht, wie
wütend Rona ist, daß es aber zu nichts führen werde, wenn sie V. aus Rach-
sucht weh täte, außer daß sie damit ihren Gefühlen Ausdruck verliehen
hätte.

Diese Beispiele sind besonders dramatisch, aber das darin enthaltene Argu-
ment gilt auch für weniger aufregende Vorfälle. Wenn, wie es so oft passiert,
die Gruppe gerade eine Entscheidung trifft und der Groupworker ver-
mutet, daß ein passives Mitglied anderer Meinung ist, kann er sagen: „Wir
kennen Johnnies Ansicht dazu noch nicht. Hören wir, was er meint."

Auch die Einstellung der Gruppenmitglieder gegenüber Außenstehenden
bietet günstige Gelegenheiten. Gehässige Bemerkungen über Lehrer, Poli-
zisten, Kaufleute und andere müssen auf ihren Ursprung hin untersucht
werden. Der Groupworker soll natürlich Verständnis diesen Gefühlen
gegenüber zeigen, aber es sollte auch eine Diskussion über die Tatsachen
geben mit dem Versuch, das Objekt des Hasses zu verstehen. Wahrscheinlich ist es wichtiger, daß man die Gruppenmitglieder dazu anregt, sachlicher
und großzügiger über Menschen nachzudenken und stereotype Vorstellungen abzubauen, als eine Meinungskorrektur in bezug auf den Außenstehenden herbeiführen zu wollen.

3. Identifikation mit dem Groupworker ist eine primäre Triebkraft für den
Wandel. In dem Maße, in dem die Gruppenmitglieder ihm allmählich vertrauen und ihn schätzen, übernehmen sie wahrscheinlich Aspekte seines
Verhaltens und seiner Werte und internalisieren sie. Das kann klar beim
Namen genannt werden oder nicht, und die neue Art, an Dinge heranzu-
gehen, kann dem Groupworker zugeschrieben werden oder auch nicht.
Eine Bande jugendlicher Mädchen stand beispielsweise vor einem Konflikt
zwischen zwei ihrer stärksten Mitglieder. Jedes der beiden Mädchen versuchte, für einen Kampf bis zum letzten Parteigängerinnen auf ihre Seite
zu ziehen. Der Groupworker benutzte verschiedene Methoden: eine davon
bestand in der Feststellung, daß ein Kampf den Club zerstören könnte.
Die Gefühle der beiden Kontrahentinnen gegeneinander waren zu stark,

25 Kolodny, Ralph, Das behinderte Kind und die Gruppe seiner Altersgenossen. In diesem
Band.

als daß sie von der Loyalität gegenüber der Gruppe hätten verdeckt werden
können, aber die meisten anderen Mädchen hielten die Gruppe für wichti-
ger. In entscheidenden Augenblicken wiederholten sie die Feststellung des
Groupworkers, daß der Club im ganzen bedroht sei, und drückten diese
Überzeugung auch dadurch aus, daß sie die zwei Mädchen jedesmal mit
Gewalt voneinander trennten, wenn ein Kampf gerade ausbrechen wollte.
Die Übernahme der Werte des Groupworkers kann auch feinere Formen
annehmen, wie etwa Veränderungen in der Kleidung, das Unterlassen des
ständigen Fluchens, eine höflichere Art bei der Begrüßung von Fremden, die
Entwicklung neuer Interessen und das Überdenken bestimmter Lebens-
gewohnheiten.
Diese Triebkraft ist eine unschätzbare Hilfsquelle, sie sollte aber mit Bedacht eingesetzt werden. Sie birgt nämlich die Gefahr der „Über-Personali-
sierung" in sich, d. h. die „tu-es-doch-für-mich"-Haltung. Der Groupworker
hat selbstverständlich das Recht, zufrieden zu sein, wenn er imitiert wird;
doch sollte das Hauptgewicht auf der Frage liegen, was für die Gruppenmitglieder und das Gemeinwesen am besten ist. Die Identifizierung mit dem
Groupworker hat den Vorteil, daß sie die Mitglieder dazu anregt, neue
Werte und Verhaltensweisen auszuprobieren, aber die Veränderungen sind
ja auf Grund ihres Inhalts wertvoll und nicht etwa auf Grund der Tatsache,
daß sie auf diese oder jene Weise entstanden sind.
Eine weitere Gefahr bei der Imitation besteht darin, daß die Gruppenmitglieder einen Teil ihrer eigenen Identität an die des Groupworkers verlieren können. Häufig hört man z. B. von Gruppenmitgliedern, daß sie
ihrem Groupworker im Beruf folgen wollen. Viele Gruppenmitglieder
haben bereits gesagt, daß sie Sozialarbeiter werden möchten, was sehr wünschenswert wäre, wenn aus dieser augenblicklichen Haltung ein anhalten-
des Interesse wird und der betreffende Mensch die nötigen Eigenschaften besitzt. Eine solche Bemerkung („Ich möchte Sozialarbeiter werden")
sollte akzeptiert und als Versuch der Identifizierung mit dem Groupworker verstanden werden, aber man sollte dem betreffenden Menschen
im Laufe der Zeit dabei helfen, seinen Wunsch realistisch und kritisch zu
überprüfen. Es kann sich herausstellen, daß es für ihn durchaus sinnvoll ist,
das Arbeitsgebiet des Groupworkers anzusteuern, aber es sollte dafür bessere
Gründe geben als allein die Tatsache, daß er den Groupworker gern hat.

4. Die Gruppe selbst ist auch ein Hilfsmittel für die Änderung von Werten. Die Mitglieder sind sich über sehr viele Dinge einig, aber es treten auch Fragen auf, bei denen sie verschiedener Meinung sind; sie können sich dann untereinander helfen, diese Fragen zu beurteilen. In einer Diskussionsgruppe machte einmal ein noch nicht 20jähriges Mädchen sehr abschätzige Bemerkungen über die Chinesen. Als der Groupworker sie fragte, wie sie zu ihrer Meinung gekommen sei, erzählte sie, daß sie häufig an einer chinesischen Wäscherei vorübergehe und daß die Art und Weise, wie der Eigentümer sie anblicke, ihr Angst mache und sie anekele*. Ein anderes Gruppenmitglied fragte, ob sie von der Wäscherei an der X-Straße spreche. Als sie die Frage bejahte, wurden begeisterte Bemerkungen über diesen Chinesen gemacht, wie freundlich, ehrlich usw. er sei. Unter dem Druck der anderen — und nur mit ganz geringer Beteiligung des Groupworkers — wurde dieses Mädchen angeregt, seine chinesenfeindliche Haltung noch einmal zu überdenken.

Ein Groupworker, der besonders kritisch und wachsam gegenüber jeder Art von Vorurteil ist, kann versucht sein, zu schnell und zu aktiv einzugreifen. Bei der ersten Zusammenkunft einer Gruppe weißer Jungen von etwa 15 Jahren machte einer von ihnen eine Bemerkung, die sich gegen die Neger richtete. Der Groupworker nahm ihn sich sofort vor und zwang damit die anderen Mitglieder, ihren Freund gegen diesen Fremden zu verteidigen, so daß der ganze Club sich geschlossen gegen den Groupworker ausrichtete. Die Jungen weigerten sich, noch einmal mit dem Groupworker zusammenzutreffen, so daß ihnen ein anderer Groupworker zugeteilt werden mußte. Abgesehen von der Tatsache, daß die Gruppe ihn noch gar nicht kannte, hatte es der Groupworker versäumt, den Jungen dabei zu helfen, ihre Gefühle und Gedanken zu äußern, und er hatte es damit denjenigen, die nicht mit dem Vorurteil einverstanden waren, unmöglich gemacht zu sagen, daß sie ja eigentlich seiner Meinung waren. Bei gewissen Dingen ist es in der Regel wünschenswert, daß der Groupworker seinen Standpunkt darlegt, aber er sollte sich darauf konzentrieren, die Mitglieder zum Aussprechen ihrer Meinung zu bringen. Die meisten Gruppen bergen ungenutzte konstruktive Kräfte in sich.

* Hier könnten Horrorfilme mit chinesischen Bösewichtern das ihre beigetragen haben.

5. Zustimmung aus der Gemeinschaft ist, wenn sie zu Recht erfolgt, auch ein Hebel, mit dessen Hilfe sich Wertänderungen erreichen lassen, insbesondere wenn die Gruppe gerade im Zusammenhang des Gemeinwesens vor bestimmten Problemen steht — was bei Jugendlichen und älteren Menschen ja häufig der Fall ist. Projekte, durch die die Gruppe zu kooperativen Unternehmungen mit anderen gebracht wird, helfen Gegnerschaften abzubauen, so daß die betroffenen Parteien ihre Werte jeweils im Blick auf den anderen überprüfen können. Gegen die Erwachsenen und gegen das Establishment zu sein, das sind hervorstechende Einstellungen bei Jugendlichen. Sie kritisieren sicherlich vieles mit Recht; um aber Änderungen und die Lösung von Konflikten zu erreichen, sind Zuhören, Verständnis und Wandel auf beiden Seiten notwendig. Gruppenarbeit kann dazu beitragen, die beiden Generationen zu einer durchdachten Überprüfung der zwischen ihnen bestehenden Differenzen zusammenzubringen, was auch bereits getan worden ist. Wenn es gelingt, jungen Leuten einen Weg in die Gemeinschaft zu öffnen, der für sie Bedeutung hat, und wenn die Erwachsenen sich entsprechend anpassen und positiv dazu stehen, können Wertveränderungen in Gang gesetzt werden.

Die älteren Menschen, die häufig von einem Gefühl der Nutzlosigkeit erfüllt sind, brauchen die Zustimmung aus der Gemeinschaft besonders. Sie fördert nicht nur ihr Selbstgefühl, sondern sie ermöglicht es ihnen auch, ihre Einstellung anderen Menschen gegenüber zu überdenken.

6. Belohnungen und Strafen tragen zeitlebens zur Bildung von Werten bei. Häufig liegen sie bereits in der Natur der Dinge: wenn z. B. Material wie Holz, Ton oder Gips schlecht gehandhabt wird, sind die Ergebnisse enttäuschend — es sei denn, die Zerstörung war beabsichtigt; bei sachgemäßem Umgang mit dem Material ist das Ergebnis meist befriedigend. In Kreisen der Sozialarbeit wird gelegentlich die Ansicht vertreten, daß mehr Gebrauch von Belohnungen und Bestrafungen gemacht werden müsse (im Sinne des operanten Konditionierens bzw. des verhaltenstheoretischen Ansatzes)[26]. Das ist eine Art von modernem Behaviorismus, der

26 Siehe dazu: The Socio-Behavioral Approach and Applications to Social Work. New York 1967, Council on Social Work Education.

auf Pawlows Versuche mit dem konditionierten Hund zurückgeht. Der
Wunsch nach Zustimmung, das Bedürfnis, Schmerzen zu vermeiden, und
der Überlebenstrieb selbst verleihen den Belohnungen und Strafen wirksame Bedeutung. In der Art, wie der Mensch vom ersten Tag seines Lebens
an lernt, orientiert er sich großenteils an Belohnung und Strafe, und Belohnung und Strafe sind während unseres ganzen Lebens am Werk, wenn auch
nicht mehr in so deutlich sichtbarer Weise. Damit wir jedoch nicht in die
Falle einer simplen stimulus-response-Formel tappen, müssen wir den Bezugsrahmen besser ausarbeiten.
Belohnungen und Strafen sind nicht etwa einfache und standardisierte Erfahrungen. Manche Menschen haben ein Bedürfnis nach Strafe und Versagen, wobei die Befriedigung durch Stimuli in umgekehrter Richtung er-
langt wird. Unterstützung und Lob für etwas gut Gelungenes führen bei
solchen Menschen leicht zur Zerstörung des Werkes. Schuldgefühle können
so stark sein, daß antisoziale Handlungen begangen werden, und zwar so,
daß der Täter sicher sein kann, gefaßt und bestraft zu werden. Die Erkenntnisse der Psychologie und der Sozialwissenschaften müssen auf unseren
Ansatz hinsichtlich der Belohnungen und Bestrafungen angewandt werden.
Selbst ganz achtbare Verhaltensstandards können unter Umständen ins
Gegenteil verkehrt werden. Es sind Fälle von jungen ledigen Müttern bekannt,
die auf ihre Lage stolz sind — sie „haben es geschafft". Die Hippies lehnen
vermutlich das Belohnungssystem unserer Gesellschaft ab. Was in dem
einen Zusammenhang Strafe ist, kann in einem anderen als Belohnung
gelten.
Das Ausmaß, in dem der einzelne Groupworker Belohnung und Strafe einsetzt, ist unterschiedlich. Im Kinderheim, im Altersheim, im Lager oder
einer anderen Wohngemeinschaft ist die Situation in bezug auf die Verteilung von Strafe und Belohnung anders als im übrigen Gemeinwesen.
(In manchen Fällen ist der Groupworker befangen in seinem eigenen Beloh-
nungs- und Bestrafungssystem.) Aber auch innerhalb der Gemeinschaft
hat der Groupworker gewöhnlich einen gewissen Einfluß. Er kann beispielsweise einen Kombiwagen, die Benutzung von Geräten, eine Zelt-
fahrt usw. anbieten oder vorenthalten. Falls er der Gruppe etwas bedeutet, dann hat seine Zustimmung oder Mißbilligung Gewicht. Außerdem ist
er eine Art Symbol für die Autorität der Dienststelle und der Gemein-

schaft. Gruppen können sehr einfallsreich sein, wenn sie einen Groupworker spüren lassen wollen, daß er überflüssig ist, und ihn lange Zeit auf
die Befriedigungen warten lassen, die er sich aus ihren Reaktionen erhofft.
In dem Maße, in dem sich seine Beziehung zur Gruppe entwickelt, bieten
sich ihm auch mehr Gelegenheiten des Belohnens und Bestrafens. Auch
hier kommt es entscheidend auf die Diagnose an. Was mit den Belohnungen und Strafen inhaltlich ausgesagt wird, hat für die Motivationen und
Werte Bedeutung, die damit stimuliert werden. Ein einleuchtendes Beispiel dafür ist das Zensurensystem an den Schulen. Es wird häufig kriti-
siert, daß die Noten selbst zu Zielen werden und daß der eigentliche Erzie-
hungsinhalt ihnen gegenüber zur Nebensache wird. Die Schüler lernen, wie
man sich gegenseitig übertrumpft und wie man dem Lehrer gefällig ist;
sie degradieren damit die Werte des Lernens und des unabhängigen Denkens. Was eigentlich innere Belohnung sein sollte, wird zur Äußerlich-
keit und entstellt so den grundlegenden Sinn der Erziehung.
Die Gruppenarbeit unterliegt nicht solchen Zwängen, wie sie auf dem Bil-
dungssektor vorhanden sind; sie wird auch kaum ein solches standardi-
siertes System von Belohnung und Strafe entwickeln, wie es das Noten-
system der Schule darstellt. Auf weniger augenfällige Weise kann aber doch
ein falscher Ton entstehen im Zusammenhang mit der Frage, was der Groupworker als eine „gute" Gruppe ansieht. So könnten z. B. normale Gruppen-
zusammenkünfte, bei denen man der gewohnten Beschäftigung nachgeht,
in einer Weise „hochgelobt" und als wichtig bezeichnet werden, die in keinem Verhältnis zu Sinn und Zweck des Treffens steht. Das führt zu einem
Mißverständnis zwischen den Bedürfnissen und Wünschen der Mitglieder
einerseits und den Forderungen des Groupworkers andererseits. Dieser ist
in der Lage, Belohnungen und Strafen, Billigung und Mißbilligung auszu-
teilen, ganz unabhängig von den angestrebten Zielen.
Strafen müssen erklärt werden und in einem vernünftigen Rahmen erfolgen. Wenn der Bestrafte nicht weiß, warum er bestraft wird, wird er die
Strafe als willkürlich und unfair ansehen. Gewisse Standards, die vom
Groupworker angewandt werden, sollten in den Kontrakt miteingebaut sein.
Wenn beispielsweise eine Gruppe von Kindern einen Ausflug macht und der
Groupworker den Verdacht hat, daß es zu Schwierigkeiten, etwa zu rüpel-
haftem Benehmen im Bus, kommen wird, dann sollte man sich vorher

über dieses Problem verständigen. Die Erwartungen hinsichtlich der Belohnungen und Bestrafungen sollten so klar wie möglich sein.

Wenn wir diesen und möglicherweise noch anderen Überlegungen zum Thema Belohnung und Bestrafung zustimmen, wird klar, daß Belohnung und Strafe grundlegend sind für die Entwicklung von Werten, insbesondere wenn sie sich leicht und unmittelbar aus dem Verhalten ergeben, das sie verursacht. Auch hier spielen die Gruppenmitglieder eine Hauptrolle; der Groupworker interveniert nur, wenn der Vorgang ins Stocken kommt. Bis zu einem gewissen Grad ist sein Lob suspekt, denn die Mitglieder spüren oft (so wie das Kind, das auf ein Lob antwortet: „Das sagst du, weil du meine Mutter bist"), daß zustimmende Bemerkungen zur beruflichen Rolle des Groupworkers gehören. Wenn dagegen die Mitglieder über irgendetwas, das einer aus ihren Reihen getan hat, in Begeisterung ausbrechen, dann ist die Wirkung groß. Das gleiche gilt natürlich auch für Mißbilligung durch die Gruppe. Um es zusammenzufassen: wenn Klarheit über die Werte herrscht, die Gruppe sich voll beteiligt und der Angemessenheit von Reaktionen auf bestimmte Verhaltensweisen sorgfältige Aufmerksamkeit gewidmet wird, sind Belohnungen und Strafen eines der wichtigsten Mittel für die Entwicklung von Werten.

7. Logische Einordnung und Erörterung leisten das ihre. Im Gegensatz zur Philosophie, die sich den Werten auf intellektueller Basis nähert, wird in der Gruppenarbeit die Verwurzelung der Werte in Erfahrungen und Gefühlen hervorgehoben. Auf eben dieser — Werte hervorbringenden — Grundlage der Erfahrungen und Gefühlen lassen sich dann durch gewissenhaftes Abwägen eines Wertes gegen den anderen und nach Berücksichtigung der verschiedenen Standpunkte die Werte einzeln herauskristallisieren. Aus unreflektierten Erfahrungen kann man kaum etwas lernen. Jede Erfahrung hat ihre besonderen Kennzeichen; auf andere Erfahrungen anwendbar wird sie nur dadurch, daß man sie verallgemeinert und artikuliert.

Die logische Einordnung der Werte sollte sich rückblickend und auch vorausschauend eher an der Realität orientieren als an abstrakten Vorstellungen. Wenn z. B. ein Mensch verlangt, daß die anderen sich ihm anpassen sollen, ohne seinerseits ebenfalls zur Anpassung bereit zu sein, dann werden alle Appelle an Fairneß, die Goldene Regel u. a. wirkungslos bleiben. Bringt man dagegen sein Verhalten mit der abweisenden Reaktion der anderen und mit seinem Wunsch, von der Gruppe gern gelitten und akzeptiert zu werden, in Verbindung, dann wird ihm das eher etwas sagen. Dieses Realitätsprinzip hat viele Anwendungsmöglichkeiten.

Bei allen Diskussionen über Werte besteht die Gefahr, daß Dinge gesagt werden, um dem Groupworker oder anderen Mitgliedern zu gefallen; die Aufgabe besteht aber gerade darin, eine Atmosphäre zu schaffen, in der die Menschen wirklich sagen können, was sie fühlen und denken. Nur so haben sie die Möglichkeit, ihre Ideen im Verhältnis zu denen der anderen zu testen, wohingegen die Unterdrückung von Ideen zu einer unglücklichen Dualität führen müßte. Im Anfangsstadium muß der Groupworker es möglicherweise hinnehmen, daß man ihm gegenüber nicht immer ganz aufrichtig ist; mit seinem größer werdenden Einfluß und dem wachsenden Vertrauen, das ihm entgegengebracht wird, kann er aber schließlich Ehrlichkeit erreichen.

SCHLUSSBEMERKUNGEN

In der Gruppenarbeit sind wir in der glücklichen Lage, weniger Beschränkungen ausgesetzt zu sein und daher weiter in den Lebenskreis unserer Klienten eindringen zu können als die Angehörigen anderer helfender Berufe. Gruppenarbeit läßt sich flexibel gestalten, was den Treffpunkt, die aufzunehmenden Mitglieder, das Tempo des Gruppenprozesses, die Aktivitäten, die Erwartungen hinsichtlich des zu Erreichenden oder ähnliches angeht. Der Groupworker hat es in der Hand, eine Vielzahl von Rollen zu übernehmen und zwischen Aktivität und Passivität zu wechseln. Unzählige Erfahrungen beweisen, daß der Groupworker durch ein solches Vorgehen die wichtigen Lebensangelegenheiten der Mitglieder wirklich zweckgerichtet angehen, sich für sie engagieren und helfend in sie eingreifen kann. Am Anfang all dieser Bemühungen steht vielleicht lediglich sein Image als das eines Menschen, der Ausrüstung und Aktivitäten anbieten und den Frieden wahren soll. Im Verlauf des Gruppenprozesses ergeben sich Gelegenheiten für den Groupworker, sein Interesse an den einzelnen Mitgliedern und der Gruppe als Ganzem sowie seine Möglichkeiten, helfend einzugreifen, unter Beweis zu stellen. Dieser Prozeß ist unzählige Male in dieser Weise abgelaufen.

Ziel aller Beschäftigung mit Werten innerhalb der Gruppenarbeit ist die Internalisierung der Werte. Angepaßtes Verhalten und Konformität mit dem geforderten Standard bieten zuweilen handgreifliche Vorteile. Ein Beispiel dafür waren die Jungen, die das gegenseitige Anpöbeln für eine Stunde aufgaben; ein Beispiel wäre auch das Zusammensein mit Menschen, gegen die man Vorurteile hegt. Aber die Aufgabe ist nicht gelöst, solange die solchen Erfahrungen zugrundeliegenden Werte nicht als die eigenen angesehen und internalisiert werden. Der Prozeß, der diesen Wandel herbeiführt, wird von allen Betroffenen gemeinsam erlebt, und sowohl der Groupworker als auch die Mitglieder gehen aus diesem Prozeß verändert hervor. In der Erfahrung mit der Gruppe läßt sich bereits testen, ob die neuen Werte internalisiert wurden. Noch wichtiger ist allerdings die Frage, wie weit sie auf andere Situationen und in der Zukunft angewandt werden.

Wie schon früher in diesem Artikel angedeutet, übernehmen die Mitglieder Rollen des Groupworkers, wenn sie sie nach entsprechend langer Erfahrung für sinnvoll halten. Ziel des Groupworkers ist es, sich der Gruppe immer entbehrlicher zu machen; die Übernahme seiner Rollen durch die Gruppenmitglieder ist ein Teil dieser Entwicklung. Die Rollen können in ganz spezifischer Weise zum Ausdruck kommen, wie im Beispiel der Mädchen, die die Verantwortung für die Beilegung des Streites zwischen den beiden Rivalinnen übernahmen, deren Feindschaft die Gruppe zu zerstören drohte. Ein anderes Mal kann die Übernahme einer Rolle sich darin äußern, daß ein bestimmtes Verhaltensmuster des Groupworkers nachgeahmt wird, indem man etwa sein Mitgefühl mit vernachlässigten oder verletzten Mitgliedern ausdrückt. Wie die Umstände im einzelnen sein mögen, der Groupworker sollte in jedem Fall nach Möglichkeiten dafür suchen, daß die Mitglieder seiner Gruppe seine Rollen übernehmen können, und er sollte sie bei diesem Tun unterstützen.

Zwischen den Methoden und den Werten der Gruppenarbeit besteht eine beruhigende Übereinstimmung. Der Wert der Selbstbestimmung etwa ist methodologisch insofern von Bedeutung, als Gruppen sich besser entwickeln, wenn man sich an das Prinzip der Selbstbestimmung hält. Gleich-

zeitig ist Selbstbestimmung aber auch ein Endwert, eine Eigenschaft des-
jenigen Menschen, den wir zu bilden suchen. Ehrlichkeit in den Beziehungen wird bei Aufnahmeprozessen hervorgehoben, später dann beim Ge-
dankenaustausch innerhalb der Gruppe über die Frage, wer und wie der
Groupworker ist, beim Geben und Einhalten von Versprechen und in ähnlichen Zusammenhängen. Gleichzeitig ist Ehrlichkeit in den Beziehungen
ein Ziel. Ein ähnlich integriertes Bild von Methode und Wert erkennen wir
auf vielen anderen Gebieten; diese Integration hat den großen Vorteil, daß
die hochgehaltenen Werte wiederholt durch die Handlungen des Groupworkers demonstriert werden. Ziele und Methoden gehen ineinander über.

Das „Sündenbock"-Phänomen
Kennzeichen und Bewältigung*

James A. Garland und Ralph L. Kolodny

Kein Vorgang verursacht dem außenstehenden Beobachter mehr Sorgen und Unbehagen als das „zum Sündenbock Machen". Unterschwellig oder tatsächlich verstößt der Sündenbock heftig gegen alle ethischen Grundsätze, zu denen sich unsere Gesellschaft offiziell bekennt. Als Mitglied dieser Gesellschaft wird der Groupworker, der sich inmitten der übrigen Interaktionen mit diesem Problem konfrontiert sieht, in einen Strudel von vordergründigen Empfindungen gezogen, die teils zur Strafe, teils zum Mitleid tendieren, und mit ungesunden Reflexionen über die Ungerechtigkeit des Schicksals bestürmt, das die einen schwach und die anderen stark sein läßt. Man kann mit einiger Sicherheit sagen, daß kaum ein anderer Vorgang im Gruppenleben ähnlich intensive Gefühle bei den Teilnehmern einschließlich des Groupworkers hervorruft und Gruppenkrisen herbeiführt. Versuche, mit dem Sündenbockmachen und -jagen als einer Einzelerscheinung oder als einem Verhaltensmuster umzugehen, lassen im Groupworker höchstwahrscheinlich Unzulänglichkeitsgefühle zurück, die uns Praktikern nur zu bekannt sind. Trotz aller Anstrengung wird es schwierig für ihn sein, über ein „Aber das ist nicht fair. Gebt dem Burschen eine Chance" hinauszukommen. Nichts stört so stark das schöne Gleichgewicht zwischen moralischer Entrüstung und klinischer Leidenschaftslosigkeit, das wir als Sozialarbeiter zu erreichen suchen, wenn wir Probleme angehen, wie der unverkennbare Akt der Sündenbockverfolgung. Unsere Schwierigkeiten verbinden sich noch mit der Tatsache, daß das Sündenbockproblem eine derjenigen Erscheinungen ist, denen wir überall begegnen. Selbst eine flüchtige

---

* Die hier gemachten Ausführungen wurden über eine Zeitspanne von zwei Jahren von Personal und Studenten des Department of Neighborhood Clubs, Boston Children's Service Association, entwickelt.

Durchsicht von Gruppenarbeitsberichten, besonders solcher, die sich mit
Kindern und Jugendlichen befassen, zeigt Beispiel auf Beispiel für die Beobachtung von ablehnenden Gefühlen, die auf seiten verschiedener Gruppenmitglieder gegenüber einem anderen Mitglied während einer beträchtlichen
Zeitspanne vorhanden und in ihrer Heftigkeit unbegründet sind, von der
Gruppe aber implizit sanktioniert werden[1]. Als die Studienkommission, zu
deren Mitgliedern die Autoren zählten, vor einigen Jahren nach repräsen-
tativen Schilderungen des Sündenbock-Phänomens suchte, wurden wir mit
Beispielen überschüttet. Aus einem Lager für sozial benachteiligte Jugendliche berichtete z. B. eine Groupworkerin, daß sie in den sechs Gruppen von
8—10Jährigen in ihrer Abteilung kaum eine Gruppe beobachtete, in der
dieses Phänomen nicht vorhanden war. Aus dem Tageslager einer jüdischen
Einrichtung wurden unzählige nachdrückliche Versuche gemeldet, denjenigen „auszutreiben", der von seinen Lagergenossen jeweils als „babyhaft",
„lahm", „doof" oder „dreckig" abgestempelt wurde, und ein Bericht über die
Interaktionen von Gruppen physisch retardierter Kinder in einem speziellen Krankenhaus zeigte, daß auch dort ein entsprechendes Verhalten keineswegs unbekannt war.
Da das Sündenbockjagen und seine Weiterungen in der Tat ein univer-
sales Problem darstellen, ist es häufig als unvermeidlich hingenommen worden. Laien denken oft so, wie es ein Vorstandsmitglied einer Einrichtung ausdrückte: „Jeder hat es erfahren; man lernt damit zu leben." Vom
beruflichen Standpunkt aus wird das Jagdmachen auf einen Sündenbock
häufig als Symptom für die individuelle Fehlanpassung und für Wandlungen in der Struktur zwischenmenschlicher Transaktionen innerhalb der Gruppe
angesehen, so daß man sich nicht unmittelbar mit diesem Problem befassen
kann. Seine Einschränkung hängt fast ausschließlich von anderen Vorgängen ab,
z. B. vom Wandel der Gruppenstruktur, von Veränderungen im Selbstbild der
Verfolger, von der Reduzierung der Spannungen und damit auch der Aggression, wenn sich eine neue Gruppensituation abzeichnet und vertraut wird. Das
Verhalten selbst sollte nach weitverbreiteter Ansicht entweder „zum Schutz"
(des Sündenbocks) abgelenkt bzw. unterbunden werden, oder aber es sollte

---

1 Overview of Proceedings of the Seminar in Group Movement. Boston 1962, Boston University School of Social Work, vervielf.

übergangen werden, damit man an dem dahinterliegenden Problem arbeiten kann.

Unglückseligerweise ist jedoch der Groupworker, der sich in der Gemeinde um die Eingliederung oder Wiedereingliederung von Verhaltensgestörten in die normale Gesellschaft bemüht, in einem ganz ernsthaften Dilemma, wenn ihm nur diese beiden Möglichkeiten zur Verfügung stehen. Sein „Schützen" kann als Bevorzugung angesehen werden, worüber sich die übrigen Mitglieder, ähnlich wie Geschwister, bereits heftig erregen und worauf sie eventuell mit dem Verlassen der Gruppe reagieren. Andererseits mag ein Übergehen der Attacke den ohnehin empfindlichen Sündenbock dazu veranlassen, der Gruppe auf Dauer zu entfliehen.

In der Tat sehen sich alle Groupworker demselben Dilemma gegenüber. Keiner von uns fühlt sich wirklich wohl bei den Rationalisierungen, die gelegentlich den Abgang eines zum Sündenbock gemachten Mitgliedes begleiten: „Er paßte wirklich nicht in diese Gruppe". „Er ist noch nicht reif für eine Gruppenerfahrung". Wie er das Problem des Sündenbockmachens und -jagens in einer Gruppe bewältigen kann, ist für jeden einzelnen Groupworker eine Frage von großem Belang.

Für den Groupworker, der sich speziell mit der sozialen Anpassung emotionell gestörter Menschen befaßt, nimmt dies alles jedoch besondere Dringlichkeit an. Er glaubt, wie viele Psychiater, daß „die Heilung oder Anpassung der psychisch Gestörten nur in der Gesellschaft erreicht werden kann ... und ein erfolgreiches Verbleiben in der Gesellschaft die einzige echte Erfolgsbestätigung für alles therapeutische Bemühen ist[2]". Er macht sich wie Peck Gedanken darüber, wie man die Dienste der Gruppenarbeit zugunsten von Menschen wie z. B. einem jungen ehemaligen Patienten mit „leicht schizophrener Persönlichkeit" einsetzen kann, „... wie man ihm hilft, wieder in eine Welt einzutreten, zu der er nie ganz gehört hat"[3]. Aber er weiß auch aus eigener Erfahrung, wie schwer das zu erreichen ist und welche Rolle das Sündenbock-Phänomen bei der Vereitelung seiner Vorhaben spielt.

---

2 Zitat nach A. Querido, in: John und Elaine Cumming, Ego and Milieu. New York 1956, Atherton Press, S. 203.
3 Peck, Harris, A Group Process Approach to Mental Health Issues. In: The Mental Health Role of Settlement and Community Centers. Swampscott, Mass. Conference 1963, S. 24.

Solch ein Groupworker durchsucht oft die Literatur nach Hilfe. Er wendet
sich sozialpsychologischen Ausführungen über die Sündenbockjagd zu und
stößt auf Allports Bemerkungen über ethnische Vorurteile als eine aus einer
Kette von Frustrationen entstandene Verdrängung, die zur Aggression
führt. Darin sieht er einen Hinweis auf die Entstehung des „Vorurteils"
jenen gegenüber, die in den von ihm betreuten Gruppen emotionell gesehen „anders" sind[4]. Seine Überlegungen erfahren eine Unterstützung in
der Ansicht Allports, daß der Sündenbock ein lebender Schandfleck sei, auf
den alle verdrängten Gefühle seiner Angreifer projiziert werden, und in dem
Kommentar, den Allport bezüglich der masochistischen Elemente in der
Persönlichkeit des Sündenbocks abgibt[5]. In Bells und Vogels Beobachtungen über die Sündenbockjagd in der Kleingruppe, d. h. der Familie, findet
sich der Groupworker häufig an das erinnert, was ihm in seinen eigenen
Gruppen begegnet[6]. Sein Verständnis wird vertieft durch die Vermutung der
Autoren, daß der in der Gruppe Abweichende eine „wertvolle" Funktion
ausüben kann, indem er die Gruppenspannungen kanalisiert und eine Basis
für die Solidarität der Gruppe schafft[7]. Bell und Vogel schildern, wie Eltern
gewöhnlich stillschweigend das Fortbestehen des abweichenden Verhaltens
des Sündenbocks unterstützen, selbst dann, wenn sie es kritisieren und
bestrafen. Diese Beschreibung führt den Groupworker dazu zu prüfen, ob
Gruppenmitglieder in ähnlicher Weise handeln. Außerdem wird er durch ihr
Material angeregt zu überlegen, ob der Gruppensündenbock möglicherweise schon in seiner eigenen Familie in diese Rolle eingeführt worden ist.
Der Groupworker würde allerdings zuviel erwarten, wenn er glaubte, theoretische Ausführungen über die sozialen und psychologischen Wurzeln des
Sündenbockphänomens könnten ihm Techniken zu seiner Bewältigung vermitteln. Er wird z. B. in Berkowitz' Buch über die Aggression eine umfassende und tiefen Einblick vermittelnde Zusammenstellung der experimen-
tellen Forschungen finden, die sich mit dem Verhalten im Zusammenhang

4 Allport, Gordon, The Nature of Prejudice. Cambridge, Mass. 1954, Addison-Wesley Publishing Co., S. 343—392.
5 A. a. O.
6 Vogel, Ezra F. und Norman W. Bell, The Emotionally Disturbed Child as the Family
Scapegoat. In: Bell u. Vogel, Hrsg., A Modern Introduction to the Family. New York 1960, Free
Press of Glencoe, S. 382—397.
7 A. a. O., S. 382.

mit der Sündenbockjagd befassen[8]. Wenn er eindeutige Behandlungsanwei-
sungen erwartet, wird er enttäuscht sein. Die meisten der angeführten Beispiele stammen aus dem ethnisch-rassischen Bereich, und die genannten
Behandlungsvorschläge beziehen sich hauptsächlich auf Intergruppen- und
weniger auf Intragruppenbeziehungen. Zwar könnte der Groupworker
auch Anregungen für die Bewältigung des Sündenbock-Phänomens in die
Intragruppensituation übertragen, die von der Prämisse ausgehen, daß eine
Minorität den von der Majorität verfolgten Sündenbock darstellt; dem steht
aber die Tatsache entgegen, daß die entsprechenden Anregungen von so vielen qualitativen Voraussetzungen ausgehen und derartig allgemein gehalten sind, daß sie für die Praxis kaum hilfreich sind. So lauten die beiden
letzten Abschnitte in Berkowitz' Ausführungen über „Verdrängungsreaktio-
nen" und „Konfliktbedingungen" folgendermaßen:
„Theoretisch gesehen, bieten die Verringerung von Frustrationen und das
Ausschalten von Gewinnchancen durch einen Angriff auf andere Gruppen
die besten Aussichten dafür, daß Intragruppenkonflikte seltener auftreten
werden. Von einem eher praktischen Gesichtspunkt aus betrachtet, ist es
allerdings wahrscheinlich klüger zu versuchen, die Verbreitung von durch
Frustration bedingten aggressiven Tendenzen auch in mehr oder weniger
unschuldigen Gruppen zu unterbinden. In Verfolgung eines solchen Zieles
kann man auf unterschiedliche Art und Weise vorgehen. Am einfachsten
ist es, Mitteilungen zu verbreiten, die für Frieden und Harmonie eintreten. Allerdings würden solche Mitteilungen auf ziemlichen Widerstand
stoßen, wenn sie Unstimmigkeiten hervorrufen, d. h. wenn sie gegen eine
Aktion gerichtet sind, der sich die Empfänger in hohem Maße verpflichtet
fühlen. Äußerungen, die zu überreden versuchen, indem sie Furcht erzeugen, sind gewöhnlich nicht wirkungsvoll, vielleicht weil sie gleichzeitig
auch Uneinigkeit hervorrufen.
Auch wenn man die bloße Wahrnehmung von Differenzen zwischen den
Gruppen auf ein Minimum herabsetzt, kann das zur Verringerung von
Intergruppenkonflikten beitragen; Forschungsergebnisse lassen allerdings
vermuten, daß solche Feindseligkeiten sich bedeutend reduzieren, wenn

---

8 Berkowitz, Leonard, Aggression: a Social Psychological Analysis. New York 1962, McGraw-
Hill.

man zeigt, daß die Gruppen, die mit einer gemeinsamen Bedrohung fertigwerden müssen, auch wechselseitig voneinander abhängig sind. Allerdings verstärkt die Unfähigkeit, diesen Drohungen zu begegnen, den Intergruppenkonflikt dann, wenn jede Gruppe die andere für das Versagen verantwortlich machen kann. Kontakte zwischen statusgleichen Mitgliedern von Gruppen senken auch die Intergruppenfeindseligkeit, besonders wenn informelle soziale Beziehungen dabei eine Rolle spielen. Wenn aber vor Aufnahme des Kontaktes starke negative Einstellungen gegenüber der anderen Gruppe vorhanden sind, können diese die Entwicklung von Freundschaften verhindern und sogar die Feindseligkeit steigern, weil sie die wahrgenommenen Frustrationen erhöhen"[9].

Sollte der Praktiker seine Suche nach Material konkreter auf die derzeitige Behandlung des Sündenbockphänomens durch seine Kollegen beschränken, findet er sich in einer fast noch unangenehmeren Lage. Die Jagd nach dem Sündenbock als solche wird nur kurz in der gruppenpsychotherapeutischen Literatur diskutiert, und der Groupworker wird darauf aufmerksam gemacht, daß sein Versuch, etwas dagegen zu unternehmen, überwiegend ein Produkt seiner eigenen Gegenübertragung sein könnte[10]. In der Literatur zur Sozialen Gruppenarbeit begegnet man kaum je der Beschreibung eines Groupworkers, der nüchtern das Verhaltensmuster des Sündenbockjagens mit einer Gruppe bespricht. Eine Ausnahme findet sich vielleicht in Winemans Veröffentlichung „The Life-Space-Interview"[11]. Dagegen findet der Groupworker hier und da einen isolierten Kommentar, z. B. „Die Irrationalität und gewöhnlich unbewußte Motivation des Sündenbockjagens macht die Beschäftigung damit besonders schwer[12]". Das hilft dem Groupworker natürlich nicht viel weiter. Schließlich entwickelt er seine eigenen Interventionstechniken und verläßt sich weitgehend auf seine eigene Kenntnis der Verhaltensdynamik und auf die gesammelten Erfahrungen von Kollegen.

9 A. a. O., S. 194 f.
10 Rosenthal, Leslie, Countertransference in Activity Group Therapy. In: International Journal of Group Psychotherapy, III, 1953, S. 436.
11 Wineman, David, The Life-Space Interview. In: Social Work, Nr. 1, 1959, IV, S. 10.
12 Konopka, Gisela, Social Group Work as a Helping Process. Englewood Cliffs, N. J. 1963, Prentice-Hall, S. 58; deutsch: Soziale Gruppenarbeit: ein helfender Prozeß. Weinheim 1968, J. Beltz.

In der Abteilung Gruppenarbeit der Boston Children's-Service Association (besser bekannt als Department of Neighborhood Clubs) steht ein solcher Groupworker mitten in einer Gruppe von Praktikern, denen dieses Problem täglich in ihren Gruppen begegnet. Das Ziel der Abteilung ist die Integration des „entfremdeten" Kindes in die Gruppe seiner „normalen" Altersgenossen. Zu diesem Zweck bildet sie „normale" Nachbarschaftsgruppen rund um die Kinder, die zur Behandlung überwiesen werden. Ziel und Vorgehen dieser Abteilung lassen fast mit Sicherheit erwarten, daß die Sündenbockjagd zum zentralen Problem der praktischen Arbeit werden wird. Die Groupworker sind daher unweigerlich gezwungen, sich in einem ständigen Austausch mit dem Thema des Sündenbockjagens auseinanderzusetzen.

Zu verschiedenen Zeiten in der Geschichte der Abteilung hat man diesen Erfahrungsaustausch organisiert, und es wurden Beratungssitzungen anberaumt, die sich mit Fragen der Sündenbockjagd befaßten. Eine Einteilung der Verhaltensnuancen, ihrer Bedeutung und der Techniken zu ihrer Bewältigung läßt sich nicht einfach erarbeiten. Es ist nicht verwunderlich, daß wir nirgendwo ein Schema für die Klassifizierung der Formen der Sündenbockjagd oder der Arten der Zielscheiben finden konnten, ganz zu schweigen von Angaben über die Bewältigung des Problems. Wir hoffen, daß unsere Bemühungen, solch ein Schema zu skizzieren, zu weiteren Versuchen der Einteilung anregen werden. Ohne Einordnungsmöglichkeit fehlt uns eine wesentliche Voraussetzung für die planvolle Behandlung.

DIE FUNKTION DES SÜNDENBOCKS

Das Phänomen des Sündenbockjagens tritt sowohl zwischen zwei Individuen auf als auch im vielgestaltigen Beziehungsgeflecht der Gruppe. Obwohl die Groupworker primär in Gruppensituationen damit zu tun haben, müssen wir unseren Ausgangspunkt von der intrapsychischen Ebene aus nehmen und prüfen, wie individuelle Bedürfnisse und Dynamik den Prozeß des Sündenbockjagens hervorrufen und fördern. Dann wird es eher möglich zu verstehen, wie die unterschiedlichen individuellen Verhaltensmuster kombiniert werden, um den Interaktionsprozeß

und die Gruppenstruktur zunächst zu schaffen und sodann von ihnen beeinflußt zu werden.

Der Sündenbock

Das am häufigsten beobachtete Kennzeichen des Sündenbocks ist seine
Unfähigkeit, mit Aggressionen fertigzuwerden. Ein starker passiver und
masochistischer Zug tritt gewöhnlich deutlich hervor. Sei es, daß er sich
unbehaglich oder unfähig oder zu schuldbeladen fühlt, um seinen eigenen
ärgerlichen Gefühlen Ausdruck zu verleihen, der potentielle Sündenbock
muß den Spott oder die Ablehnung der anderen suchen: Er kann wie ein
Schwamm passiv Bestrafung aufsaugen, um damit sein psychisches Gleichgewicht durch negative Stützung von außen aufrechtzuerhalten. Auf der
anderen Seite finden wir auch eine bestimmte Art der Annäherung an
andere, durch die der Sündenbock zuerst den Angriff provozieren muß, um
so die Verantwortung für die Aggression nach außen zu verlagern und sich
von der Schuld für seine nachfolgende Feindseligkeit freizusprechen.
Gleichgültig, ob das Bedürfnis des Sündenbocks grundsätzlich mehr auf
Buße oder auf die Bestätigung, die Umwelt sei „böse", abzielt, er benötigt die
Zusammenarbeit mit seinen Verfolgern und gebraucht eine Vielzahl von
Techniken, um sie sich zu sichern.

Drei grundlegende Fakten machen es glaubhaft, daß der Verfolgte seine
Rolle häufig absichtlich übernimmt. Erstens neigt ein solcher Mensch dazu,
sich mit Situationen, Personen und zwischenmenschlichen Arrangements
in Kontakt zu bringen, die sich nach entsprechender Untersuchung oder
im Rückblick als ihn verletzend herausstellen, und zwar so, daß die
Verletzung immer wieder erfolgt und er keine Gelegenheit hat, anpas-
sungsfähiger zu werden. Tatsächlich verstärkt er seine Provokationen oft
oder bleibt immer länger in der gefährlichen Situation, die zu einem Anwachsen der Beschimpfungen führt. Ein Beispiel dafür ist ein Bub in einer
Gruppe von sechs heranwachsenden Jungen, der Woche um Woche immer
wieder mit schmutzigen Schuhen auf der sauberen Turnmatte der Gruppe
scheinbar achtlos herumlief. Das steigerte die Schmähungen von seiten der
anderen Mitglieder und führte schließlich zum körperlichen Angriff. Die
einzige beobachtbare Veränderung im Verhalten des Jungen war ein noch

störrischerer Gesichtsausdruck, als er sich mit einem gewissen Fatalismus
schwerfällig zum Schauplatz des Kampfes begab. Zweitens beobachtet man
häufig, daß der Sündenbock das Vorhandensein von Verfolgungsmustern
leugnet und nicht zugibt, daß er sie sucht. Tut er das nicht, dann wird
er doch leugnen, daß irgendwelche negativen Veränderungen, vor allem in
ihm selber, vorgehen. „Ich habe nur Blödsinn gemacht." „Die anderen haben
sich nichts dabei gedacht". „Es macht mir wirklich nichts aus, wenn sie
mich nicht leiden können."
Den dritten Beweis für die Zweckgerichtetheit seines Verhaltens bekommen wir dann, wenn der Sündenbock zugibt, daß die Situation schlimm
aussieht: er wird nämlich dann immer hartnäckig dabei bleiben, daß sie
außerhalb seiner Kontrolle und ganz einfach hoffnungslos ist. Er kann nun
projizieren („Die fangen immer an") oder resignieren („Sie werden nie wie
ich sein") oder sich hilflos zeigen („Ich habe versucht, mich zu verteidigen, aber ich kann einfach nicht zurückschlagen"). All das kann als Widerstand gegen eine Änderung des Angriffsmusters gewertet werden, besonders, wenn mit diesen Äußerungen kein Versuch verbunden ist, die Situation konstruktiv zu meistern, oder wenn sie zwar in solchen Versuchen
münden, diese aber erst dann stereotyp wiederholt werden, wenn sie offensichtlich schon längst keine Wirkung mehr haben.
Es gibt mindestens vier weitere unterschiedliche Arten von Verletzlichkeit, die zur Sündenbockjagd führen können, ohne daß der Sündenbock
sie absichtlich provoziert hätte.
1. Bei der ersten handelt es sich um die *unklare sexuelle Identität*. Wir stellen
sie heraus, weil sie sich so häufig und stark in Gruppen der amerikanischen
Gesellschaft zeigt, besonders unter Männern. Außerdem scheint sie mit dem
Aggressionsfaktor verbunden und — insofern als sie Angriffe provoziert
oder nicht — durch ihn bedingt zu sein. Das heißt, wir haben in männlichen und auch in weiblichen Gruppen beobachtet, daß ein in seiner sexuellen Identität verwirrtes Individuum in der Regel dem Angriff entgeht,
wenn es fähig ist, sich aktiv aggressiv mit anderen Gruppenmitgliedern auseinanderzusetzen, oder wenn es ein guter Manipulierer ist, der die Grup-
pen- und individuellen Interaktionen kontrolliert (besonders, indem er
Ablenkungsmanöver benutzt). In dieser Hinsicht ist die Identitätsvariable
in männlichen Gruppen problematischer; eine unverteidigte weibliche

Orientierung ist in der Regel passiv und gegenüber Angriffen empfindlich und erzeugt zusätzlich noch die Furcht vor homosexuellen Verwick-
lungen. Wir können außerdem festhalten, daß in den meisten Fällen in
männlichen Gruppen, in denen die Angriffe auf Probleme der sexuellen
Identität beruhen, masochistische Elemente in der Person des Sündenbocks
eine gezielte Provokation unterstützen. In diesem Sinn steht das Syndrom in
direkter Beziehung zu der auf Aggression beruhenden Sündenbockjagd,
auf die wir schon eingegangen sind.

2. Zum zweiten gibt es einen Versuch der Anpassung, der eine unerwartete
negative Reaktion hervorruft, eine Last, die toleriert wird als Preis für die
Befriedigung eines ursprünglichen Bedürfnisses. Wir wollen hier vom se-
kundären Schmerz sprechen. Die fettleibige Frau, die sich sehnlichst wünscht,
von den anderen Gruppenmitgliedern angenommen zu werden, kann sich
heiter geben und humorvolle Späße über ihren Umfang machen als Gegen-
leistung für die Aufmerksamkeit, die ihr anschließend zuteil wird. Sie kann
sich so verhalten, obwohl sie keine masochistische Befriedigung aus ihren
Späßen zieht, sondern sich dabei eigentlich ziemlich unbehaglich fühlt.

3. Die dritte nicht absichtlich herbeigeführte Verfolgungssituation hängt
damit zusammen, daß das Individuum aufgrund eines kaum organisierten
oder unzureichenden aggressiven Triebs verwundbar ist. Menschen, die wahl-
lose, unangemessene oder unwirksame Angriffe unternehmen, rufen — obgleich sie das nicht beabsichtigen — Gegenangriffe hervor; sie sind ein leich-
tes und dankbares Opfer für die Spottlust, Herrschsucht und den Egoismus anderer. Wir wollen das als „Piranha-Syndrom" bezeichnen. Diese
allgemein schlechtangepaßten Verhaltensweisen zeigen auch solche Individuen, deren Energien sich kaum oder nur sporadisch auf andere richten,
da sie an Depression leiden oder sich schizoid zurückziehen. Ihre Schweige-
sucht ruft Ängste bei anderen hervor, und ihre Untauglichkeit oder Passivität lassen sie meist zur leichten Beute werden.

4. Schließlich werden Verfolgungssituationen noch durch verschiedene Formen der Unorthodoxität hervorgerufen. Wir möchten hier den Begriff der
„Visibilität" verwenden, d. h. eine Person wird — ob sie dies beabsichtigt
oder nicht — in Art oder Erscheinung als anders wahrgenommen. Dieses
Anderssein mag auf der kulturellen Ebene liegen, z. B. bei dem Jugendlichen, der in seiner Gruppe ein exotisches Kleidungsstück trägt. Die kör-

perliche Erscheinung kann zur Zielscheibe werden (Hautfarbe, Fettleibig-
keit, körperliche Verunstaltungen usw.). In Sozialarbeits- und psychotherapeutischen Gruppen ist seltsames Verhalten das häufigste Angriffsziel.

Der Sündenbockjäger

Auch hier begegnet uns häufig ein Element der Zielgerichtetheit, eine
Suche nach einem passenden Objekt – in diesem Fall nach einem, das man
angreifen kann. Tatsächlich liegt der Ursprung des Ausdrucks „Sündenbock" in der alten hebräischen Praxis, nach der man einmal im Jahr einen
Ziegenbock auswählte, auf dessen Haupt die Sünden und Sorgen der Menschen symbolisch geladen wurden[13]. Der Bock wurde in die Wüste gejagt
und erlöste die Menschen wenigstens eine Zeitlang von aufgestauten
Schuld- und Versagensgefühlen. Auf individueller Ebene verspüren, wie wir
alle wissen, die Menschen oft ein Bedürfnis, Impulse oder Selbstwahrneh-
mungen loszuwerden, die Schuldgefühle erzeugen oder der Selbstachtung
abträglich sind. Wo einfaches Verleugnen nicht ausreicht und andere Ver-
teidigungsmanöver nicht erfolgreich das psychische Wohlbefinden aufrechterhalten können, kann sich das Projizieren von Ich-fremden Trieben
und Merkmalen auf andere Personen als recht bequemes und befriedigen-
des Unternehmen erweisen. Böse, schmutzige, gierige, dumme, ärgerliche,
schwache und verzerrte Züge des eigenen Ich können einem sichtbaren und
häufig fügsamen Angriffsobjekt angelastet werden. Zur gleichen Zeit bieten
Bestrafung und Verhöhnung des Sündenbocks für die ihm unterstellte
Schlechtigkeit gewissermaßen auch Erlösung von der Schuld, die der Angreifer durch das Projizieren seiner eigenen Schlechtigkeit auf einen anderen
auf sich geladen hat. Übrigens kann der Angreifer im Verlauf des Prozesses
auch eine beträchtliche sekundäre Befriedigung seiner feindseligen Triebe
im Sinne eines Sich-Schuldlos-Fühlens erlangen. Dieses letztere Phänomen
findet man besonders bei Menschen, die ausgeprägte moralische Vorstellungen über das „Gutsein" hegen, aber ständig „Bösem" zu begegnen scheinen, das ihre gerechte Empörung und ihren Zorn hervorruft.
Die Kehrseite der Medaille zeigt, daß der Sündenbockjäger neben dem Be-

---

13 Leviticus, Kap. 16.

dürfnis, diese schlechten Seiten abzulehnen und zu verachten, sie gewöhnlich gleichzeitig erhalten, ja sogar pflegen will. Das wird einfacher, wenn der
unerwünschte Charakterzug — und die Last — bildlich gesprochen auf
den Rücken eines anderen Menschen geladen werden. So kann der Sündenbock entweder abwechselnd oder gleichzeitig verachtet und geliebt werden.
Für das erste ist die Figur Christi kennzeichnend, die verleumdet und getötet
— und die Verantwortung dafür wird oft auf „andere" abgewälzt — anschließend durch ein Wunder aufersteht und dann verherrlicht wurde. In diesem Zusammenhang stellen wir fest, daß das religiöse Opfer aufgrund
seiner Makellosigkeit fast überall als idealer Vertreter seiner Art angesehen
wird. Ähnlich zeigt die Verwendung des Gruppenclowns oder -Maskott-
chens durch den Sündenbockjäger dessen Bedürfnis, wenig erfolgreiche,
komische oder seltsame Menschen zu erniedrigen und zu beherrschen, und
gleichzeitig seinen Wunsch, „den Clown" zu schützen, zu erhalten und sich
an ihm zu erfreuen. Den geliebten Sündenbock findet man am ehesten in
Familien, in denen ein Mitglied für „krank" erklärt, versorgt und verhät-
schelt wird. Feindselige Gefühle gegenüber dem kranken Verwandten können heftig geleugnet werden, auch wenn sich dessen Zustand zunehmend
verschlechtert[14]. Umgekehrt haben wir alle, die wir mit Gruppen arbeiten,
schon erlebt, wie enttäuscht ein beherrschendes Gruppenmitglied reagiert,
wenn sein „Punchingball"* an einem Treffen nicht teilnimmt.
Gefühlsverlagerung ist eine zweite Hauptspielart, durch die der Sündenbockjäger Befriedigung seiner Wünsche zu erlangen versucht. Da Verlagerung die
Beteiligung einer dritten Partei einschließt — wir sind von der innerpsychi-
schen Ebene über die Dyade nun zur Gruppe als dem Brennpunkt unseres
Interesses fortgeschritten —, können wir sagen, daß äußere Variablen hier
eine größere Rolle spielen als bei der Projektion. Verlagerung tritt grundsätzlich in zwei Formen auf, der *einfachen Verlagerung* und der *Ablenkung*.
Für unsere Zwecke sehen wir die Verlagerung als psychisches Manöver
des Sündenbockjägers an, der seine negativen Gefühle gegenüber einem
anderen Menschen (d. h. einem anderen Gruppenmitglied oder dem Groupworker) nicht offen und bewußt äußern kann, weil er diesen entweder gern

14 Vogel u. Bell, a. a. O.

* Übungsgerät für Boxer, ein mit Sand gefüllter Sack.

hat oder fürchtet. Durch die Verlagerung spaltet er seine Ambivalenz auf und wählt eine dritte Person (oder Personen), nämlich den Sündenbock, aus, um sie mit Verachtung zu überhäufen. Die Auswahl kann wie oben erwähnt durch den Faktor von Visibilität und Verletzlichkeit bestimmt sein. Sie kann aber auch mit Assoziationen und Ähnlichkeiten zwischen dem gemiedenen und dem angegriffenen Objekt zusammenhängen. Ähnlichkeiten betreffen nicht nur das äußere Erscheinungsbild, den kulturellen Hintergrund, das Verhalten und ähnliches, sondern auch Gruppenrollen und besondere Nähe. Wir erinnern uns, wie oft ein direkt neben dem Groupworker sitzendes Mitglied durch andere Mitglieder angegriffen wird. Ganz sicher geschieht das manchmal aus Eifersucht. Das betreffende Mitglied wird aber auch oft zur Zielscheibe, weil es der Machtfigur so nahe ist, daß ein Angriff Befriedigung verschafft, ohne daß der Angreifer sich in eine gefährliche Situation bringt.

Die Ab- oder Umlenkung wird im allgemeinen mit dem bekannten Phänomen der Hackordnung in Verbindung gebracht. Um Angriffen von seinesgleichen zu entgehen oder um seine Position in der Gruppenhierarchie zu halten, versucht das Individuum, andere dazu anzuregen, eine Person anzugreifen oder verächtlich zu machen, indem es die Person entweder selbst attackiert oder etwas zu ihr Gehörendes als unerwünscht bezeichnet. Dieses Mit-dem-Finger-Zeigen geschieht mit unterschiedlicher Raffinesse und Kompliziertheit. Zeitweise kann es ganz deutlich geschehen: „Was haltet ihr davon, wenn ich dreimal anschlage? Dieser Trottel Harry hat bei der dritten Umrundung vergessen, den Sack zu berühren." Bekanntlich sucht ein Mensch mit niedrigem Status oft nach einem Gruppenmitglied, das noch tiefer in der Pyramide steht als er selber, um die Attacken auf dieses abzulenken. Die Szene ist uns vertraut, in der die Gruppe sich am Kampf zwischen den zwei am Fuße der Pyramide stehenden Mitgliedern weidet. Weniger bekannt, aber ziemlich verbreitet sind die geschickten Manipulationen, durch die hochstehende Personen mit Planstellen oder Personal jonglieren, um ihren eigenen Status zu erhalten oder zu verbessern. Man denke in diesem Zusammenhang an die Neigung von Autoritätspersonen in bestimmten sozialen Systemen, sich mit Mitarbeitern zu umgeben, die in Krisenzeiten oder bei Meinungsverschiedenheiten getadelt oder entlassen werden können. Es ist z. B. interessant, daß dem stellvertretenden

Direktor einer Höheren Schule oft die Rolle des Ordnungshüters zugewiesen wird und er so für Schüler und Eltern zur Hauptzielscheibe ihres Ärgers wird.

Zusammenhang zwischen Eigenschaften des Zielobjekts und Bedürfnissen des Angreifers

Zwischenmenschliche Konstellationen und andere Variablen wie Alter, Geschlecht und das Vorhandensein von gewissen kulturellen, psychischen und körperlichen Belastungen können in einer bestimmten Kombination ebenfalls das Sündenbock-Phänomen hervorbringen. Jungen in der Latenzphase greifen einen verweichlichten Kameraden an; Jugendliche verhöhnen Gleichaltrige, die sich „anders" kleiden oder körperliche Besonderheiten aufweisen; Gruppen zerebralgelähmter Erwachsener bezeichnen Opfer der Kinderlähmung als „angriffslustig"; psychiatrische Patienten greifen seltsames oder „krankes" Verhalten eines Mitpatienten an; Neger belegen ihre Kameraden mit dunklerer Hautfarbe oder krauserem Haar mit spöttischen Bemerkungen. Diese Verhaltensweisen können sich mit der Zeit, dem Wachstum oder durch eine Änderung der Bedingungen außerhalb der Gruppe verstärken, auflösen oder ihren Fokus ändern.

DIE GRUPPENDYNAMIK

Wie schon gesagt, können durch das Verfolgen eines Sündenbocks sowohl individuelle als auch gemeinschaftliche Bedürfnisse erfüllt werden. Der Vorgang kann dadurch zur Bildung und Aufrechterhaltung der Gruppenstabilität beitragen.

Gruppengleichgewicht

Auf die Gefahr hin, der Vereinfachung beschuldigt zu werden, sehen wir eine Analogie zwischen den Bedürfnissen der Psyche, ihre Integrität durch Wahrung des Gleichgewichts zwischen einander widerstreitenden inneren Trieben zu erhalten, und den Bedürfnissen der Gruppe, sich — allerdings auf einer weitaus komplexeren Ebene — ähnlich zu verhalten. Das Netz-

werk zwischenmenschlicher Beziehungen, das der Erfüllung von Gruppen-
bedürfnissen dient, setzt u. a. ein ausgewogenes Verhältnis zwischen den
einigenden positiven und den trennenden negativen Gefühlen voraus.
Wenn das Gleichgewicht bedroht ist, wird wahrscheinlich auch die Fähigkeit des Systems, die persönlichen Bedürfnisse zu befriedigen, bedroht sein.
Um das System im Gleichgewicht zu halten, kann man z. B. außerhalb oder
innerhalb der Gruppe ein Objekt suchen, auf das sich die zum Ungleichgewicht führenden Spannungen verlagern lassen.

Fokus und Ort des Angriffs

Welche Arten von Problemen, Spannungen, Vorstellungen sind für die
Gruppe schädlich, und wo und an wen werden sie angeheftet? Probleme und
Spannungen, die *Brennpunkte* für das Sündenbockjagen darstellen, sind
z. B. Furcht vor dem Eintritt in eine Gruppe, Ärger über die oder Furcht
vor der Macht des Groupworkers, Furcht vor der Zurschaustellung von
Schwächen, Angst vor Gefühlen der Zuneigung gegenüber anderen oder
die Machtverteilung unter den Gruppenmitgliedern. Was den *Ort* der Jagd
angeht, so gibt es unzählige Möglichkeiten, die mit der Vergrößerung der
Gruppe und der Vermehrung der Einflüsse von außen geometrisch anwachsen. In diesem Artikel befassen wir uns besonders intensiv mit dem
wohl vertrautesten Ort, nämlich der Gruppe als Ganzem, die auf einem
Gruppenmitglied herumhackt. Wenn man davon ausgeht, daß Projektion
und Verlagerung als Grundmechanismen bei der Verfolgung des Sündenbocks wirken, läßt sich leicht ein Schema des Ortes mit den Werten Mitglied, Untergruppe, Hauptgruppe, Groupworker und Außenseiter denken,
aus dem sich alle möglichen Kombinationen der Sündenbockverfolgung
vorhersagen lassen. Wir wissen z. B., wie oft in stark kohäsiven Gruppen
potentiell trennende und unsoziale Gefühle verlagert und auf eine kon-
kurrierende Gruppe, eine Nationalität oder auf „die anderen" projiziert
werden. Groupworker sind auch damit vertraut, daß eine Untergruppe die
andere zum Sündenbock abstempelt.

Auch hier hängt es weitgehend von der Übereinstimmung zwischen Brennpunkt und Ort ab, ob das Sündenbockmanöver gruppenerhaltend wirkt oder
nicht. Das heißt, wenn der Brennpunkt der Gruppenunruhe auf Furcht vor

körperlicher Unbeholfenheit beruht und ein besonders linkischer Junge
in der Gruppe ist, wird er wahrscheinlich zum Gegenstand starker und ge-
zielter Sündenbockjagd. Unter Umständen strengt man sich sehr an, um
ihn in dieser Rolle zu halten, und läßt ihm sogar subtile Belohnungen zu-
kommen, um sicher zu sein, daß er nicht unter dem Druck zerbricht und
die Gruppe verläßt. Die umgekehrte Situation interessiert Groupworker,
die sich um die Eingliederung von in ihrem Verhalten abweichenden oder
isolierten Kindern in die normale Gruppe oder Gemeinschaft bemühen.
Hier bestimmt die Art des Krankheitsbildes, auf welchen Brennpunkt sich
die Sündenbockverfolgung richtet, und beeinflußt tatsächlich den Ton des
gesamten Gruppenlebens.

DER EINZELNE SÜNDENBOCK UND DIE GRUPPE

Wenn man die Vielzahl der Beziehungsmuster, die sich zwischen dem
einzelnen Sündenbock und der Gruppe entwickeln, ihre Auswirkungen auf
alle Beteiligten und ihre Bedeutung für die therapeutische Intervention
betrachtet, lassen sich einige typische Konstellationen skizzieren.

1. *Verstoßung*

Hier treibt man das Symbol für etwas aus, was die Gruppe ablehnt und
was ihr Gleichgewicht und ihr Leitbild bedroht. Dieser Schritt ist möglicherweise nur vorübergehend wirkungsvoll. Wenn die Erinnerung an das
ausgeschlossene Mitglied nicht ständig wachgehalten und eingesetzt werden kann, wird man schon bald einen neuen Sündenbock finden müssen.
Wir stellen fest, daß es zunehmend schwerer wird, sich die Fehler des früheren Mitgliedes durch ausführliche Schilderung ins Gedächtnis zu rufen.
Ohne ein begleitendes Ritual (z. B. ein humorvolles Lied, in dem die
Fehler besungen werden) oder ein materielles Symbol (z. B. ein Bild oder
ein persönlicher Besitzgegenstand) gelingt das immer weniger und führt
wahrscheinlich zu einem Verlust der Fähigkeit, projektive Bedürfnisse zu
befriedigen oder ihnen Erleichterung zu verschaffen. Es gibt nur zwei Aus-
nahmen von diesem Umstand:
a. die Ungleichheit zwischen Gruppe und Sündenbock kann so groß sein,

daß eine negative Assoziation immer wieder möglich wird (Anmerkung des Übersetzers: wie z. B. im Fall des Gruppenverräters);
b. die Gruppe kann später ein anderes Ventil für ihre Spannungen finden oder ein anderes Mittel, um ihre inneren Probleme zu lösen.

2. Institutionalisierung

Der Sündenbock erhält einen festen Platz im dynamischen Gleichgewicht der Gruppe. Das dem Opfer zugefügte Leid wird sorgfältig aufgewogen durch soziale, emotionale oder materielle Belohnungen. Leicht erkennbare Beispiele für dieses Arrangement sind der ewige Gruppenclown, der übereifrige Botenjunge, das Team-Maskottchen usw. Tritt noch ein sado-masochistischer Charakter hinzu, so kann das eine wesentliche Stützung dieses Modus vivendi bedeuten. Es gibt für diese Situationen wenig Möglichkeiten der Intervention. Das Gruppengleichgewicht wird eher statisch sein und geringe Rollenflexibilität und kaum erkennbare Entwicklung auf individueller oder Gruppenebene aufweisen.

3. Einkapselung

Durch diesen Prozeß ist der Abweichende innerhalb der Gruppe isoliert. In bezug auf die Gefühlsstruktur der Gruppe ist er ein Satellit, der durch die Anziehungskraft des Groupworkers am Rande des interaktionellen Netzwerks gehalten wird. Dieses Arrangement erweist sich als erträglich und oft stabil, besonders wenn der potentielle Sündenbock nicht herausfordernd handelt, bzw. wenn er sich gefühlsmäßig abseits hält. Schuld- und Verantwortungsgefühle der Gruppe sind befriedigt. Die Bedürfnisse des Abweichenden sind gerade noch erfüllt. Die Interaktionen und wechselseitigen Drohungen bleiben sehr gering, solange die soziale Distanz aufrechterhalten wird und keine neuen Belastungen in das System hineinkommen.

4. Introspektive Einbeziehung

Hier ist der Angriff mit einer gründlichen Untersuchung der Hintergründe für das Verhalten des Devianten verbunden und gewöhnlich von einer Selbstprüfung begleitet. Dies bedeutet eine Abkehr von den drei oben genannten statischen Positionen. Man stellt fest, daß der Sündenbockjäger sich um Reaktionen des Sündenbocks bemüht. Der Wunsch, das Verhalten des Opfers zu verstehen, zeigt gewöhnlich die Bereitschaft, sich mit ihm zu identifizieren und die eigenen Probleme zu untersuchen.

DER SICH WANDELNDE CHARAKTER DER SÜNDENBOCKJAGD

Brennpunkt und Ort der Sündenbockjagd können sich durch Auseinandersetzung mit verschiedenen Aufgaben im Verlauf der Gruppenentwicklung
und durch Krisen ändern[15]. Beispielsweise wird in der Voranschlußstufe das
Mitglied abgelehnt, das nach großer Nähe verlangt. Man hackt in der Macht-
kampf- oder Kontrollstufe auf dem Mitglied herum, das körperlich schwach
oder ungeschickt erscheint, und verspottet in der Vertrautheitsstufe das
Mitglied, das besonders abhängig oder eifersüchtig ist. In der vierten Stufe
der Differenzierung oder des Zusammenhalts sollte die Jagd nach dem
Sündenbock innerhalb der Gruppe kaum mehr vorkommen, obwohl es
nicht ungewöhnlich ist, daß Gruppenmitglieder in dieser Zeit die Minderwertigkeit anderer Gruppen hervorheben. In der Trennungsstufe taucht
häufig das alte Thema der Sündenbockjagd und ihrer Zielscheiben nochmals auf — manchmal in schneller und eher zufälliger Folge. Auch sind
aus naheliegenden Gründen solche Mitglieder Angriffen ausgesetzt, die
ihre Freude über die Beendigung der Gruppe ausdrücken.

Eine Verstärkung der Sündenbockjagd oder ihre Änderung in bezug auf
Qualität oder Richtung kündigt oft entwicklungsmäßige Veränderungen
oder Krisen an. Wenn bestimmte Entwicklungsebenen erreicht sind und
die Gruppe reifer wird, nimmt die Verfolgung von Sündenböcken im allgemeinen ab, und Ärger und Zuneigung verteilen sich gleichmäßiger unter
den Mitgliedern.

ÄNDERUNG DER VERHALTENSMUSTER, DIE ZUR SÜNDENBOCKJAGD FÜHREN

Allgemeine Umstände arbeiten für und gegen eine gesunde Lösung des Problems. Ebenso wie bei den meisten „Umkehrungen" pathologischer Anpas-

---

15 Das Konzept der Gruppenentwicklung, auf dem diese Ausführungen aufbauen, stammt
von James A. Garland u. a., Ein Modell für Entwicklungsstufen in Sozialarbeit-Gruppen. In:
Bernstein, Lowy, Hrsg., Untersuchungen zur Sozialen Gruppenarbeit, Freiburg [3]1973. Es werden fünf aufeinanderfolgende Stufen unterschieden: Voranschluß oder Orientierung, Machtkampf und Kontrolle, Vertrautheit oder Intimität, Differenzierung, Trennung oder Ablösung.

sungsmuster gilt es erstens zu berücksichtigen, daß die Krankheit Befriedigung bereitet. Wir haben oben darauf hingewiesen, daß Angreifer und Sündenbock aus ihrem sadomasochistischen Kontrakt Belohnungen erhalten, die sich gegenseitig verstärken. Zweitens trägt das Bemühen um Selbstschutz in Verbindung mit hierarchischen „Hackordnungen" zur psychischen Zementierung des Abkommens bei. Drittens scheint die Abwehr durch Verdrängung besonders schwer zu durchbrechen zu sein. Wir haben an die häufigen Behauptungen des Sündenbocks erinnert, daß es „nicht weh tue". Angreifer bestehen ihrerseits häufig übereinstimmend darauf, daß es dem Sündenbock „nichts ausmache" oder „daß wir nur Spaß machen". Die Furcht, sich bewußt mit dem Sündenbock zu identifizieren oder mit ihm verglichen zu werden, zwingt zur Verleugnung der Tatsache, daß er Gefühle hat oder daß er „wie andere Menschen" ist. Schließlich kann Druck von außen (d. h. familiäre Spannungen, öffentliche Bedrohungen oder Lernversagen), dessen Änderung oder Verminderung nicht in den Aufgabenbereich des Groupworkers oder der Gruppe fällt, fortgesetzte Impulse für die Erhaltung des *status quo* liefern. Man kann von einigen sehr einfachen, aber grundlegenden Annahmen ausgehen:

1. In Widerlegung unseres vorherigen Punktes wird die Erhaltung des Mythos von der Empfindungslosigkeit und Unmenschlichkeit des Sündenbocks schwierig, wenn man ihn einer rationalen Prüfung unterzieht. Mit der Verstärkung des Angriffs wird es für den Sündenbock immer schwieriger, den Schmerz irgendwann nicht doch einmal zuzugeben, und für die Angreifer wird es angesichts dieser Situation immer schwieriger, ihre Position unbegrenzt aufrechtzuerhalten.

2. Die moralischen Wertvorstellungen der meisten Menschen widersetzen sich einem „Auf-Menschen-Herumhacken".

3. Die Vielfalt der Gruppenbeziehungen ermöglicht die Verteilung und Abschwächung sowohl der positiven als auch der negativen Besetzungen. Hier bietet sich für die emotionelle Flucht sozusagen ein Schlupfloch. Man achte z. B. darauf, wie oft sich in Gruppen Heranwachsender das gegen einen Jugendlichen gerichtete „Wüten" und „Heruntermachen" in eine allgemeine humorvolle Sitzung umwandelt, in der jeder sein Fett abbekommt. Durch geschicktes Taktieren des Groupworkers können Ver-

lagerung und Umlenkung eingesetzt werden, um krankhafte Verhaltensmuster aufzubrechen oder beizubehalten.

4. Die meisten Individuen und Gruppen haben einen inneren Drang, sich zu ändern und zu wachsen.

5. Man kann auch feststellen, daß sich Wechsel zunehmend selber bedingen und fördern können. Wenn der Abweichende angemessener zu handeln beginnt, werden die anderen ihn wohl weniger fürchten und mehr akzeptieren. Er kann seinerseits auf ihre Zustimmung eingehen und versuchen, sich wieder anzunähern. Zu den strategischen Faktoren in diesem Umwandlungsprozeß zählen:

a. eine Auswahl von Punkten mit einer gewissen Hebelwirkung,

b. eine Auswahl von angemessenen Techniken und

c. die richtige Bestimmung von zeitlichem Einsatz und Tempo des Vorgehens.

Was unternehmen wir, wenn wir das Problem der Sündenbockjagd lösen wollen? Es gibt eine Reihe möglicher Interventionen:

1. Unterdrückung

Die Verfolgung des Sündenbocks kann durch moralische Sanktionen und Drohungen und dadurch unterbunden werden, daß man keine anderen Ansichten darüber gelten läßt. Das ist wahrscheinlich aus ethischen Gründen unerwünscht und praktisch wenig erfolgreich. Es schließt häufig eine Art von Gegensündenbockjagd durch den Groupworker ein. Wenn er, der „Stärkere", den Mitgliedern als den „Schwächeren" seinen Willen aufdrängt, schiebt er damit das Problem in den Untergrund und fordert gewissermaßen zum Kampf auf.

2. Entsprechende Zusammensetzung der Gruppe

Obwohl es auf den ersten Blick besser scheint, den potentiellen Sündenbock mit „gesunden" Artgenossen zusammenzubringen, lehrt die Erfahrung, daß wir da, wo nur eine schmale Basis für gegenseitige Identifikation vorhanden ist, nur auf eine Einkapselung oder ein Satellitenarrangement hoffen können. Es ruft zwar zunächst mehr Streit hervor, erweist sich auf die Dauer aber als erfolgreicher, weitere Mitglieder mit einzubeziehen. Diese sollen „gesünder" als der Deviant, ihm aber in bezug auf emotionelle Reife und Leistungsniveau nicht ganz unähnlich sein, damit sie sich in

ihn einfühlen und zur gleichen Zeit wünschenswerte Vorbilder abgeben
können.

3. Informationsvermittlung
Es kann hilfreich sein, der Gruppe vor dem Beginn Informationen über das
Verhalten des Devianten zu geben. In der Abteilung für Nachbarschaftsclubs informiert man in zunehmendem Maße sowohl die Eltern als auch
die Kinder über bestimmte Bereiche der Vorgeschichte des für den Club
vorgesehenen Kindes und auch über das Verhalten, das von ihm zu erwarten ist. Die Vorhersage, normale Mitglieder reagierten positiver auf das
überwiesene Kind, wenn es als „einer aus der Bande" maskiert sei, erweist
sich gewöhnlich als Wunschdenken des Groupworkers und kann ebensogut
als Mittel der Verleugnung dienen. Eine vorhergehende Information führt
zunächst meist zu einem Schock und ruft Besorgnis bei Eltern und Kindern hervor. Danach zeigt sich bei ihnen eine gewisse Neugier, und schließlich kommt es zur Enthüllung einiger ihrer eigenen Probleme. So kann man
in zu Therapiezwecken zusammengestellten Gruppen von Anfang an dafür
sorgen, daß die Entwicklung eines Mitgliedes zum Sündenbock ausgeschlossen ist, indem man die Verwirrung und die umlaufenden Gerüchte
über das deviante Verhalten des Mitgliedes zerstreut und bei den übrigen
Teilnehmern die Furcht abbaut, ihre eigenen Probleme seien beschämend
oder unverständlich oder müßten versteckt werden. Wir wissen, daß diese
anfänglichen Informationen häufig in der ersten Zeit der Gruppenzusam-
menkünfte um der eigenen Verteidigung willen vergessen werden und zuweilen sogar eine Sündenbockjagd zeitweilig verschlimmern können. Im
allgemeinen verringern sich Verleugnung und Ausagieren jedoch wesentlich, und eine offene Untersuchung von Gefühlen und Verhalten sowohl
der normalen Mitglieder als auch des abweichenden Teilnehmers wird möglich.

4. Schutz
Der Groupworker sollte intervenieren, um körperliche und seelische Qual
oder einen Kontrollverlust vom „Sündenbock" abzuwenden, besonders zu
der Zeit, in der Auseinandersetzungen um Macht und Kontrolle vorherrschen. Andererseits kann fortgesetzte Verteidigung des Sündenbocks bis
zum Ausschluß jeglicher Interaktion schlimmstenfalls zur „Gegensündenbockjagd" (und zur Gegenübertragung) und bestenfalls zur Satellitenbil-

dung führen. Aus diesem Grund sollte der Groupworker möglichst wenig und, soweit möglich, wohlwollend werten. Er sollte sich um die Bedürfnisse und Ängste der angreifenden Mitglieder kümmern, auch wenn sie leugnen, daß das Problem irgend etwas mit ihnen zu tun hat.

5. Ablenkung

Es lenkt ab, wenn man sich durch körperliche Aktivität (Bowling, Grillenfangen) abreagiert oder sich dadurch Luft macht, daß man eine andere Person als Angriffsobjekt benutzt. Die letztere Person kann der Groupworker selber sein (der häufig im Grunde die „eigentliche" Zielscheibe ist), zuweilen auch „Außenstehende". Gewöhnlich erweist sich das Herumhacken auf abwesenden Lehrern, politisch Unerwünschten oder „fremden Teufeln" nur vorübergehend als hilfreich, denn der Ärger rückt ziemlich schnell näher und näher an die Gruppe heran.

6. Verminderung der Interaktionen

Hier geht es darum, durch Änderung von Struktur und Aktivität die Vergiftung zu mindern; dazu gehört, daß man die Gruppentreffen einstellt, um eine Periode der Abkühlung zu erreichen, oder daß man ihre Dauer abkürzt, um Ausbrüche zu vermeiden.

7. Ich-Stärkung

Durch die Schulung von Fertigkeiten, durch Bestätigung u. a. kann man das Ich unterstützen. Die wohl bedeutendste Strategie „auf lange Sicht" scheint darin zu bestehen, den Angreifer sicherer zu machen und zu stärken, damit er ein Herumhacken auf einem Opfer weniger nötig hat. Wie wir gezeigt haben, treten Projektion und Verlagerung ja dort am häufigsten auf, wo sich das Ich nicht mächtig genug fühlt, um sich dem Kampf um Autonomie und Kompetenz zu stellen. Der Groupworker ist versucht, sich mit ganzer Kraft um die offenkundigen Phänomene des Angriffs zu kümmern und den Unterlegenen zu schützen. Er sollte sich hier aber ganz bewußt nicht mit der im Hintergrund liegenden Frage der Unterstützung des Selbstvertrauens befassen, sondern da eingreifen, wo er Fertigkeiten entwickeln helfen oder die Betroffenen durch Entscheidungen über Gruppenangelegenheiten dabei unterstützen kann, Autonomie zu erwerben.

Eine Alternative bestände darin, den Sündenbock widerstandsfähiger und kompetenter in seinen eigenen und den Augen der Gruppe zu machen. Das kann z. B. durch eine außerhalb der Gruppe liegende praktische Erfahrung in der Ausführung einer mit hohem Status versehenen Aktivität geschehen (Gitarrespielen in einer Gruppe Jugendlicher) oder durch Teilnahme an einer aggressiven Aktivität, die einen Hinweis auf seine Fähigkeit gibt, sich gegenüber Angriffen zu verteidigen oder den normalen Verschleiß durch das Gruppenleben auszuhalten.

8. Klärung

Die Technik der Klärung hat mit direkter Identifizierung des Verhaltens und seiner Bedeutung auf der bewußten und vorbewußten Ebene zu tun. Je nach Fähigkeit der Gruppe kann die Klärung mit zunehmender Genauigkeit, Direktheit und Tiefe erfolgen. Als Antwort auf eine Provokation durch den Sündenbock und eine Attacke durch die Gruppe können z. B. folgende Kommentare gegeben werden: „Manchmal regen sich die Jungen auf". „Wir scheinen alle erregt zu sein". „Was hältst du von Joe?" „Was glaubst du, warum er so handelt?" „Was an ihm regt dich so auf?" „Sind wir nicht alle besorgt wegen dieses Problems?" Wenn möglich sollte der Groupworker die wirkliche Quelle und eigentliche Zielscheibe des Ärgers aufzeigen. Er sollte der Gruppe helfen, ihren unterdrückten und auf ein Gruppenmitglied verlagerten Ärger über die Verspätung des Groupworkers zu erkennen und zu äußern. Seine Hilfe erstreckt sich auch auf den Aufbau eines Repertoires von Bezeichnungen für affektgeladene Situationen und wichtige Beziehungen. Es gibt Sätze, die eine besondere Bedeutung für das Gemeinschaftsleben haben wie: „Al juckt's mal wieder", „Wir haben mal wieder keinen anderen gefunden", „Benütze keinen Vorwand."

9. Die Sündenbockjagd ungehindert zulassen

Wenn der Groupworker die Verfolgung des Sündenbocks auf die Spitze zutreiben läßt, um eine Klärung der dahinterliegenden Gefühle zu erreichen, muß er sich seiner Sache sehr sicher sein und auch die Grenzen der Gruppenmitglieder in bezug auf ihre Kontrollmöglichkeiten gut kennen. Er muß sich auch der eigenen Gegenübertragungen bewußt werden, damit er nicht den Sündenbock „den Wölfen vorwirft". Andererseits soll durch seine Haltung die Interaktion weder verzerrt noch verwässert werden.

10. Der Gruppe helfen, das Verhalten des Sündenbocks selbst zu kontrollieren

Wenn die Gruppe dafür reif erscheint, sollte der Groupworker ihr die objek-

tive Kontrolle des unangemessenen Verhaltens des Abweichenden übertragen. Dies setzt allgemein positive Beziehungen und gegenseitige Identifikation zwischen dem Sündenbock und der Gruppe voraus. Die Gewiß-
heit, daß die Gruppe weitgehende Kontrolle über das ärgerliche oder ängsti-
gende Verhalten des Sündenbocks ausüben kann, läßt ihre positive Einstellung ihm gegenüber anwachsen und befreit den Groupworker von seiner
Rolle des übermäßig um Schutz besorgten Elternteils. Auch die Realitätsprüfung des Devianten verläuft wahrscheinlich erfolgreicher, wenn die
Gegenüberstellung von stützenden Artgenossen ausgeht, als wenn sie mit
dem Groupworker verbunden ist.

11. Spielerisches Darstellen des Prozesses

Wie alle zwischenmenschlichen Beziehungen kann auch die Sündenbockverfolgung symbolisch dargestellt werden durch Spiele, Jagden, das Hüten
von Geheimnissen, aggressiven Wettstreit und bewußte Rollenspiele. Wenn
man Gelegenheit bietet, zum Schein und ohne Furcht vor Vergeltung mit
einer Vielzahl von Haltungen und Einstellungen zu experimentieren,
fördert das die Befreiung und Verteilung von Gefühlen, die Realitätsprüfung, die Entwicklung sozialer Fähigkeiten und die Sublimierung und führt
zu Einfühlungsvermögen und Identifikation.

12. Herausnahme des Sündenbocks

Wenn man die Grenzen der Toleranz und der Möglichkeiten für Identifi-
kation und Wachstum klar erkennt, muß eine zeitweilige oder dauernde
Herausnahme des Sündenbocks aus der Gruppe erwogen werden. In diesem
Fall sollte besondere Sorgfalt darauf verwandt werden, die Schuldgefühle
und Phantasien zu untersuchen, die die Gruppe über das hegt, was sie dem
Sündenbock angetan hat. Er wird seinerseits Hilfe brauchen, um seine Ge-
fühle, er sei schlecht, habe versagt oder sei allmächtig, zu verarbeiten.
Dies ist eine drastische Maßnahme, und man sollte die Möglichkeit im
Auge behalten, eine ganze Gruppe für die nichtbetroffenen Mitglieder und
für den abweichenden Jugendlichen neu zu bilden.
Genaue Beobachtung und Versuche mit diesen und anderen Methoden
sind nötig, wenn wir das überall anzutreffende und störende Phänomen des
Sündenbockjagens besser verstehen und unter Kontrolle bringen wollen.

Die Gruppenzusammensetzung als ein Instrument der Behandlung von Kindern

Robert Paradise und Robert Daniels

Früher hat die Soziale Gruppenarbeit Fragen über die Bildung von Gruppen in breiten, wertbeladenen Erörterungen diskutiert, die in erster Linie auf Freundschaftsgruppen in den traditionellen Einrichtungen der Gruppenarbeit zurückgingen. Das „Recht" der Menschen auf Gruppenzugehörigkeit wurde sorgsam geschützt: die Sozialarbeiter bemühten sich, zu krasse Unterschiede in Alter, intellektuellen Fähigkeiten und kultureller Orientierung zu vermeiden[1]. Die Literatur über Soziale Gruppenarbeit hat den Problemen der Gruppenbildung wenig Aufmerksamkeit geschenkt, obgleich die Praxis ihren Schwerpunkt deutlich von sozialen Gruppen auf Gruppen mit speziellen Behandlungszielen verlagert hat. Wir setzen in diesem Beitrag voraus, daß die Gruppenbildung von großer Bedeutung ist und daß allein die Zusammensetzung einer Gruppe die Erreichung der Ziele, für die sie gebildet wurde, beschleunigen oder behindern kann. Einige der Faktoren, die sich auf die Zusammensetzung beziehen, werden wir hier untersuchen. Dabei wollen wir Gruppen für die Behandlung emotional gestörter Kinder besonders berücksichtigen.

In diesem Stadium ist eine systematische Analyse schwierig. Das verfügbare Material aus der Literatur und aus praktischen Versuchen ist offensichtlich komplex und schwer überschaubar. Sloan[2] stellt fest, daß wir, „weil die spezifischen Elemente in jeder Gruppensituation so stark variieren... keine detaillierten Kriterien für die Gruppenzusammensetzung ansetzen können". Andererseits diskutiert und vergleicht die Literatur über Gruppen-

1 Wilson, Gertrude und Gladys Ryland, Social Group Work Practice. Cambridge, Mass. 1949, Hougthon Mifflin Co., S. 138—152.
2 Sloan, Marion B., Factors in Forming Treatment Groups. In: Use of Groups in Psychiatric Settings. NASW 1960, S. 76.

psychotherapie Erfahrungen und Vorstellungen[3]. Unglücklicherweise werden viele Prinzipien, die von einem Autor formuliert werden, vom nächsten oft schon widerlegt. Die Annahme Fursts[4], daß heterogene Gruppen für Beschäftigungstherapie notwendig sind, ist für Groupworker besonders interessant. Suchen wir jedoch eine Definition über heterogene Gruppen, so fnden wir wenig Übereinstimmung unter den Autoren. Es kann keine Gruppe gebildet werden, in der alle Mitglieder „gleich" sind. Wir möchten Art und Grad der Unterschiede untersuchen und dabei die Art und Weise, in der diese den Fortschritt einer Gruppe beeinflussen, besonders berücksichtigen. Außerdem werden wir das Konzept des Gruppengleichgewichts als Rahmen, in dem die Zusammensetzung zu betrachten ist, diskutieren.

Groupworker nehmen lebhaften Anteil daran, wie sich Menschen in ihrem Werden und Wachsen gegenseitig beeinflussen. Es ist offensichtlich, daß Menschen einander in gewissen Zeiten nicht helfen und in besonderen Situationen einander entschieden schädlich sein können. Deshalb untersuchen wir einige der Voraussetzungen und Schwierigkeiten der Gruppenzusammensetzung, indem wir sie mit Reifung, Wandel, Behandlung und Beziehungen in Zusammenhang bringen. Wir tendieren zur Heterogenität. Unser diesbezügliches Wissen reicht jedoch nicht aus, um feste Wegweiser für die Zusammensetzung zu geben. Eher können wir Mittel und Wege empfehlen, durch die alte Richtlinien gelockert werden, so daß eine fruchtbare systematische Untersuchung auf diesem Gebiet stattfinden kann.

Die Gruppenzusammensetzung ist nur einer von vielen Faktoren, die wesentlich zur Entwicklung einer Gruppe auf ihre Ziele hin beitragen. Die Fertigkeiten und Erfahrungen des Sozialarbeiters oder der Einfluß der Ein-

---

3 Wolfe, Alexander und Emmanuel Schwartz, Psychoanalysis in Groups. New York 1960, Grune and Stratton; S. R. Slavson, Criteria for Selection and Rejection of Patients for Various Types of Group Psychotherapy. In: International Journal of Group Psychotherapy 5 : 3, 1955; M. Freedman und B. Sweet, Some Specific Features of Group Psychotherapy and Their Implications for Selection of Patients. In: International Journal of Group Psychotherapy, 1954, 4 : 35, 359.
4 Furst, William, Homogeneous Versus Heterogeneous Groups. In: Group Psychotherapy and Group Function. New York 1963, Basic Books, Inc.

richtung auf die Gruppe werden, obwohl sie mit Dynamik und Zusammensetzung der Gruppe eng verknüpft sind, hier nicht diskutiert.

Ein klar definiertes Ziel ist Vorbedingung für jede Überlegung zur Zusammensetzung einer Gruppe. Im allgemeinen stellen die Ziele, auf die eine Gruppe hinarbeitet, eine Verschmelzung der breiten Skala von Zielen dar, die zu Beginn von Einrichtung, Groupworker und Gruppenmitgliedern explizit gesetzt wurden. Während des Gruppenverlaufs findet ein Prozeß der Auswahl, der Ablehnung, des Kompromisses und der Übereinstimmung statt. Bis man sich über die Ziele geeinigt hat, ist die Entwicklung im günstigsten Falle schwierig. In behandlungsorientierten Gruppen herrscht das Ziel des Sozialarbeiters (der Einrichtung) vor. Es gleicht einem (ärztlichen) Rezept, und die erste Aufgabe der Gruppenmitglieder ist es, den Kontrakt zu definieren, zu verstehen und anzunehmen, der den Zweck der Gruppe und die Gründe für die Gruppenzusammengehörigkeit beschreibt, während sie gleichzeitig ihre eigenen, jeweils einmaligen Zielvorstellungen einbringen.

Zu verschiedenen Zeiten können neue Ziele auftauchen, und die Gruppe wird diese ebenso wie die früheren durch ihre mannigfaltigen Prozesse und den Kurs, den sie zur Erreichung derselben einschlagen wird, beeinflussen. Zu Beginn jedoch muß der Sozialarbeiter eine klare Definition von langfristigen Zielen haben, sonst kann er die Mitglieder nicht entsprechend auswählen. Das sollte eigentlich klar sein. Dennoch finden wir in der Praxis, daß die Ziele oft zu vage, unklar, oberflächlich, zu hoch gesteckt oder offensichtlich unerreichbar sind. Es ist deshalb günstig, Ziele in bezug auf die Gruppenzusammensetzung innerhalb sehr konkreter Grenzen zu betrachten. Während wir eine Gruppe gründen, versuchen wir uns vorzustellen, welche Verhaltensmuster auf allen Ebenen (physisch, sozial, psychisch) sich künftig zeigen werden. Wenn wir die Aufnahme von Gruppenmitgliedern erwägen, müssen wir dauernd solche Fragen stellen wie: Gibt es irgendeine Wahrscheinlichkeit, daß diese Kinder, die wir zusammenführen, wirklich das *tun* werden, was wir hoffen (spielen, sich berühren, Probleme lösen, arbeiten, diskutieren, sich auf besondere Weise helfen etc.), und dies drei, sechs, zwölf oder achtundvierzig Monate von der Zeit der Gruppenbildung an. Eine kritische Untersuchung von Gruppenberichten zeigt oft, daß mögliche Ergebnisse bereits zu der Zeit, als die Gruppe zusammengesetzt wurde, aus dem Bereich der Wahrscheinlichkeit ausschieden.

Ein typisches Beispiel dafür fanden wir in einer Gruppe elfjähriger Jungen. Vier Jungen haben Verhaltensprobleme im Klassenzimmer (sie haben ständig das Bedürfnis auszuagieren), und der fünfte, Alan, hat auch ein Schulproblem. Er jedoch verwirrt Lehrer und Klasse mit seinem passiv-aggressiven Verhalten. Alan sucht begierig nach Erwachsenen, während die anderen Jungen mißtrauisch und feindselig sind und lieber mit sich allein sein möchten, um zu tun, was ihnen gefällt. In ihrem zweiten Jahr verwenden sie die Zeit ihrer Treffen, um endlos zu erörtern, was die Gruppe nächstens tun sollte, und zu versuchen, den Sozialarbeiter „dranzukriegen". Es werden keine Entscheidungen getroffen, und die Hauptsorgen des Sozialarbeiters sind Grenzensetzen, Kontrollieren und Überleben. Er erprobt eine Vielzahl von Vorgehensweisen und läßt sich schließlich auf eine ein: er läßt die Jungen zunächst einige Wochen lang einzeln, dann zu zweien und nach einigen Monaten als Gruppe kommen. Als diese Gruppe sich jedoch endlich trifft, fehlen zwei der ausagierenden Jungen. Dafür bezieht sie einen Freund ein, den Alan dem Sozialarbeiter vorgestellt hat. Ein weiterer Junge war von der Schule überwiesen worden. Einer der beiden ausgeschiedenen Jungen wurde von seiner Familie zurückgezogen, die entschieden hatte, daß er keine Behandlung benötigte, den anderen hatte der Sozialarbeiter für die Einzelbehandlung empfohlen. Von diesem Zeitpunkt an entwickelt sich die Gruppe mit zunehmender Leichtigkeit, und Schwung und Bewegung werden auf vielerlei Weise sichtbar.

Indem wir dieses Beispiel anführen, erkennen wir gleichzeitig an, daß die ersten zwei Jahre der Gruppe nicht etwa vollkommen unnütz waren und daß der dramatische Wandel in der Gruppe nur teilweise ihrer neuen Zusammensetzung zugeschrieben werden kann. Gelegentliche Studien über Gruppenkrisen haben uns oft zu der Schlußfolgerung geführt, daß der Faktor der Gruppenzusammensetzung eine entscheidende Rolle für das Verstehen dessen, was geschehen ist, spielt. Nicht selten ist es die Gruppe selbst, die dies beachtet, wie wir aus der Art und Weise ersehen, mit der Mitglieder häufig hinauskomplimentiert und Ersatz hereingebracht wird. Das soll nicht besagen, daß eine zufällig oder schlecht zusammengesetzte Gruppe zum Mißerfolg verurteilt ist. Es gibt genügend Beweise für die Erreichung von Zielen. Dabei ist es unwichtig, welche Kriterien angewandt werden. So läßt Redl bei der Auswahl von Jungen für das „Pioneer House"[5] nur zu, was er als eine geringe Variationsbreite in bezug auf Diagnose, Alter und Entwicklungsstufe betrachtet. Andere Therapeuten, z. B. Bach und Slavson, folgen ähnlichen Kriterien, indem sie den Gruppentyp und die Zusammensetzung sorgfältig aufeinander beziehen. Im Gegensatz dazu schlägt Ginott vor, daß eine Gruppe „aus Kindern mit verschiedenartigen Syndromen bestehen sollte, damit jedes Kind Gelegenheit hat, mit Persönlichkeiten, die verschieden von ihm und komplementär zu seiner eigenen sind, Umgang zu haben"[6].

Einige Sozialarbeiter haben gefolgert, daß eine „Nimm-was-zur-Verfügungsteht"-(oder „was am hilfebedürftigsten ist") Methode bei der Gruppenzusammensetzung — die oft nötig ist, um Dienste anzubieten — Gruppen hervorbringt, deren Ergebnis im Durchschnitt ebenso gut ist wie das der mit mehr Bedacht zusammengesetzten und ausgewählten. Unsere eigene Erfahrung widerspricht dieser Meinung nicht, und sie verdient weiteres Studium. Die Frage erhebt sich zwar, ob der Druck, der das Bedürfnis nach Diensten offenbarte, nicht in einem sehr realen Sinne zunächst als Aussiebungsprozeß und auch als ziemlich erfinderisches Zusammensetzungsverfahren wirkte. Der letztere Gedanke wird wahrscheinlicher, wenn wir mit der Möglichkeit rechnen, daß einige unserer üblichen Verfahrensweisen bei der Gruppenbildung etwas weniger gut waren als sie hätten sein können. Gleichzeitig sollte nochmals bemerkt und betont werden, daß die Zusammensetzung nur ein Faktor ist, der das Leben einer Gruppe beeinflußt. Wenn wir unsere Instrumente der Beobachtung und des Studiums schärfen, können wir vielleicht die Typen von Gruppen erkennen, bei denen die Zusammensetzung überaus bedeutsam ist. Uns scheint, daß die Zusammensetzung in jenen Gruppen wichtiger wird, in denen die Einrichtung und die Aktivitäten in der Gruppe nicht leicht durch den Sozialarbeiter beeinflußt werden können, um die Intensität der Interaktionen zu steuern. Jedoch nehmen wir an, daß eine durchdachte, auf die Ziele bezogene Zusammen-

5 Redl, Fritz und David Wineman, Children Who Hate. New York 1962, Collier Books, S. 54 f.; deutsch: Kinder, die hassen. Freiburg 1969, Lambertus-Verlag.
6 Ginott, Haim, Group Psychotherapy With Children. New York 1961, McGraw-Hill, S. 30—33.

setzung die Behandlung erleichtern kann, indem sie der Gruppe ermöglicht, sich schneller und sicherer auf diese Ziele hin zu bewegen.
Wenn Gruppenzusammensetzung diskutiert wird, erhebt sich immer die Frage, wieviel Wahlmöglichkeiten der Sozialarbeiter tatsächlich hat, Mitglieder für seine Gruppe auszusuchen. Dies ist besonders relevant in Anstalten, wo die Insassenzahl beschränkt ist, oder in psychiatrischen Behandlungs-Kliniken, wo, wie oben erwähnt, der Druck der Warteliste groß ist. Unsere Erfahrung zeigt: je sorgfältiger wir suchen, desto wahrscheinlicher können wir bedeutsame Unterscheidungsmerkmale finden, die unsere Auswahlmöglichkeiten beeinflussen. In der Tat zeigen Bevölkerungsgruppen, die auf den ersten Blick homogen erscheinen, bei näherem Hinsehen bedeutende Unterschiede, nach denen wir unsere Auswahl treffen können. Diese Unterschiede haben auf den Fortschritt der Gruppe einen nicht zu unterschätzenden Einfluß.
Die in diesem Artikel diskutierten Faktoren werfen einige Schlaglichter auf die Unterschiede in homogen erscheinenden Bevölkerungsgruppen. Interessanterweise scheinen in geschlossenen Einrichtungen, wo die Insassenzahl auf den ersten Blick durchaus begrenzt ist, einige der ungewöhnlichsten Experimente mit der Gruppenzusammensetzung versucht worden zu sein. Die Station im Kinderkrankenhaus, wo gemischte und gleichgeschlechtliche Gruppen gebildet wurden, und das Gefängnis, wo Gruppen mit sehr unterschiedlichen intellektuellen Fähigkeiten und kulturellem Hintergrund zusammengesetzt wurden, sind Beispiele dafür.
Während nicht jede Gruppe für jedermann geeignet ist, kann eine Gruppe gebildet werden, um einem bestimmten einzelnen zu helfen. Das ist wichtig für die Erwägung der Behandlung jener Kinder, die als „nicht gruppenfähig" abgestempelt werden. Wird in diesen Fällen eine Gruppenerfahrung als wichtige Behandlungsmethode erachtet, kann eine Art Übergangsgruppe gebildet werden, um das Kind für eine stabilere, langfristige Gruppenerfahrung zu befähigen. Ein Beispiel dafür kann in dem Fall eines acht Jahre alten schizophrenen Mädchens gefunden werden, dessen Verhalten als zu herausfordernd und bizarr angesehen wurde, als daß man es in eine Mädchengruppe seines Alters hätte aufnehmen können. So wurde eine Gruppe von jüngeren, mäßig retardierten Kindern, die nicht bedrohlich und beinahe unzugänglich für die Ausbrüche des Mädchens waren, um dieses

herum gebildet. Nach einem Jahr wurde das Kind, ohne Übergangsschwierigkeiten zu haben, in eine Gruppe von Mädchen seines Alters verlegt, wo es rasch weitere Fortschritte machte. Wenn behauptet wird, daß wir Gruppenmitglieder, die wir suchen, nicht in einer vorgegebenen Bevölkerungsgruppe finden, so liegt es nicht immer nur daran, daß wir uns nicht gründlich genug umgesehen haben. Häufig suchen wir, sind aber durch kulturelle und professionelle Scheuklappen ernstlich in der Sicht behindert. Wir folgen zu leicht den Richtlinien, die bezüglich Alter, Geschlecht und Status von der Gesellschaft gesetzt wurden. Auch bezüglich Entwicklungsstufe, Krankheitsbild, Abhängigkeit und Ich-Kontrollen fühlen wir uns zu sehr durch theoretische Tabus gebunden. In unserer Diskussion über die Faktoren, die bei der Gruppenbildung zu berücksichtigen sind, wird angenommen, daß die Durchbrechung einiger Tabus tatsächlich direkt zum gesetzten Ziel führen kann. Dieses Konzept weitet die traditionellen Grenzen bezüglich Alter, Krankheitsbild und intellektueller Homogenität aus.

AUFNAHME

Wenn wir die geplante, wohlüberlegte Zusammensetzung einer Gruppe nachdrücklich betonen, sind wir gezwungen, auch die Zahl der möglichen Mitglieder zu überdenken. Früher tendierten wir dazu, alles verfügbare Material über diagnostische Gruppen, die in Mode kamen, zu sammeln und auszuwerten. Diese Gruppen kommen gewöhnlich für eine vorher festgesetzte Anzahl von Treffen zusammen — vier, sechs oder acht, meist aber acht. Sie ermöglichen es dem Sozialarbeiter, das Verhalten eines Kindes in einer Gruppe zu beobachten und diagnostische Informationen zu sammeln, die als Grundlage für die Zusammensetzung der Behandlungsgruppe dienen können.

Wie in unserer Diskussion über Ziele erwähnt wurde, muß der Groupworker von erreichbaren Verhaltensänderungen Kenntnis haben. Aus diesem Grunde ist eine Verhaltensdiagnose von größter Wichtigkeit, wenn ein Kind beobachtet wird, und diagnostische Gruppen bieten Möglichkeiten für solche Studien. Es genügt nicht, auszuwählen oder zurückzuweisen, weil ein Junge ein aggressives, impulsives, ausagierendes Kind ist, auch dann nicht,

wenn wir die Entscheidung aufgrund von Tests, Gesprächen und Entwicklungsgeschichte getroffen haben. Der Sozialarbeiter muß auch danach fragen, wie sich der Junge gegenüber seinen Altersgenossen verhält, wie er mit älteren oder jüngeren Kindern umgeht, wie er ausagiert und wann, wie und mit wem er spielt. Der Groupworker erfährt die Schwierigkeit, Antworten, die er haben muß, auf Fragen zu finden, die das Verhalten betreffen. Wenngleich ein Junge durch einen Therapeuten in eine Gruppe überwiesen worden sein mag, der ihn einige Jahre lang durch wöchentliche Besuche in seiner Praxis kennt, weiß der Therapeut möglicherweise nicht, was im Lebensraum des Jungen geschieht. Wir müssen nicht nur erkunden, was das Kind in früheren Gruppenerfahrungen getan hat, sondern auch, was versucht wurde, was Erfolg hatte und was mißlang. Während es gewöhnlich schwierig und zeitraubend ist, dieses Material herauszusuchen, kann es sehr wohl der Anstrengung wert sein, wenn es stimmt, daß Fehlplanung und Fehlentscheidung in der Gruppenzusammensetzung sich auf diejenigen auswirken, denen geholfen werden soll (z. B. wenn gesagt wird: „Er ist zu schwierig für diese Gruppe"); die Entscheidung darüber, wer in einer Gruppe bleibt, ebenso wie die fragwürdigen Ergebnisse, die wir oft sehen, wenn wir sie nach einem langwierigen und kostspieligen Einsatz beendet haben, sollten ebenfalls ausgewertet werden. Ökonomisch gesehen ist die Frage, ob unser Wissen über Gruppenzusammensetzung es möglich machen würde, mit größeren Gruppen zu arbeiten, noch unbeantwortet.
Es gibt Einrichtungen, in denen der Sozialarbeiter keine diagnostischen Gruppen bilden und keine intensiven Einzelgespräche mit den Kindern oder denen, die die Kinder kennen, führen kann. In einer Einrichtung suchte ein Sozialarbeiter Mitglieder, um eine Gruppe für einen jungen, sozial isolierten Bluterkranken zu bilden. Aus medizinischen und Sicherheitsgründen waren bei der Auswahl der vorgesehenen Mitglieder Fähigkeiten wichtig wie: Tolerieren eines „Hemmschuhs in der Gruppe" (Beschränkungen der körperlichen Aktivitäten waren notwendig), Interesse an sitzenden Beschäftigungen und die Fähigkeit, die Krankheit zu verstehen und darüber zu lernen und andere als körperliche Formen für den Ausdruck aggressiver und zorniger Gefühle zu finden. Um den Kontakt der Jungen zwischen den Gruppentreffen zu unterstützen und die Chancen für bleibende Freundschaften nach Beendigung der Gruppe zu vergrößern,

wurde beschlossen, Gruppenmitglieder aus der unmittelbaren Nachbarschaft auszusuchen. Das örtliche Nachbarschaftsheim schlug einige Jungen aus der großen Anzahl derer vor, die ein Klubprogramm besuchten, aber die derben und unruhigen Burschen boten wenig gute Aussichten. Diejenigen, die „hoffnungsvoll" schienen, waren schnell gewonnen. Ein Junge, Dan, wirkte ideal. Berichte von der Schule und dem Sozialarbeiter im Nachbarschaftsheim beschrieben ihn als aufgeweckt, reif, gerne Puzzles und andere ruhige Spiele spielend und fähig, sich verbal auszudrücken. Der erste Eindruck des Sozialarbeiters stimmte mit diesen Berichten überein. Beim dritten Treffen jedoch spürte der Sozialarbeiter, daß etwas nicht in Ordnung war. Dan wurde häufig zum Sündenbock, was er zum Teil selbst provozierte. Als er mit der Gruppe vertrauter wurde, wurde er dem Sozialarbeiter gegenüber anhänglicher und fordernder, und das Zum-Sündenbock-Machen steigerte sich. Er wurde gesprächiger, und es stellte sich heraus, daß seine Realitätskontrolle schwach ausgebildet und seine Affekte oft völlig unangemessen waren. Der Sozialarbeiter überlegte, ob er Dan aus der Gruppe herausnehmen sollte. Ihn zu schützen, lenkte den Sozialarbeiter von seiner Verantwortung dem Jungen gegenüber ab, um den herum die Gruppe gebildet worden war. Es bestand die Gefahr – die im Laufe der Zeit Tatsache wurde –, daß die Attacken gegen Dan auf den bluterkranken Jungen überspringen würden, weil etwas von dem Zum-Sündenbock-Machen durch die Gruppe einer Verschiebung von Gefühlen von dem einen Jungen auf den anderen zugeschrieben werden konnte. Schließlich wurde entschieden, Dan in der Gruppe zu behalten, weil der Sozialarbeiter sich verpflichtet fühlte, ihm zu helfen. Dieser Sinn für Verantwortung war nur teilweise bewußt, aber das Gefühl verlangte, mit Dan zu arbeiten, bis andere Hilfe gefunden werden würde. So begann ein dreijähriges Ringen: in der Gruppe, mit Dans Familie, durch verschiedene Einrichtungen hindurch, bis eine Heimunterbringung für nötig erachtet und gefunden wurde.
Diese Handlungsweise des Sozialarbeiters beleuchtet einige wichtige Punkte: Fertigkeiten, Verantwortungsgefühl, Zuwendung, Sorge und ein allzu häufiges Problem, das sich auf die Gruppe ernstlich auswirkt; es kann auch ein strategischer Irrtum sein, der in der Gruppenarbeit öfter vorkommt als in der Einzelhilfe: allzu oft übernehmen Groupworker die Verpflichtung, Klienten zu helfen, die sie nicht kennen und die ihrerseits die Group-

worker nicht kennen. Nur selten ist es möglich, daß beide Seiten in einer
Versuchsperiode testen können, ob Zuneigung oder Abneigung, Vertrauen
oder Mißtrauen besteht, ob der Sozialarbeiter das Gefühl hat, daß er diesem
Kind helfen kann, oder ob das Kind das Gefühl hat, daß der Sozialarbeiter
ihm nie helfen wird. Es gilt häufig als eine der festen Grundregeln, während
der ersten Besuche in der Praxis eines Therapeuten eine Versuchsperiode zu
vereinbaren, bevor eine endgültige Entscheidung über die Zusammenarbeit
getroffen wird. Dies könnte bedeuten, daß die ersten Gruppentreffen in der
Tat der Diagnose dienen, um die Gruppengröße auszuprobieren. Dies kann
sich zwar gegen Struktur und Einstellung einiger freiwilliger, freizeitorien-
tierter, jedermann willkommen heißender Einrichtungen für Soziale Gruppenarbeit richten; wir müssen aber erkennen, daß eine Umstellung in der
Wertehierarchie (ebenso wie bei der Zielgestaltung) stattfindet, sobald Behandlung zum Hauptzweck der Gruppe wird.

GLEICHGEWICHT

Der Begriff „Gleichgewicht" wird oft gebraucht, wenn Mitglieder für eine
Gruppe ausgewählt werden. Es ist ein wertbehafteter Begriff, der schwer zu
definieren ist. Unsere eigene Definition ist, daß eine ausgewogene Gruppe
eine solche ist, in der Spannungen und Unterschiede in einem Maße bestehen, das Bewegung und Aktion zuläßt. Eine unausgewogene Gruppe ist
eine solche, in der alle Mitglieder überwiegend gleich sind. „Gleichheit"
hat, wie bereits erwähnt, bei der Gruppenzusammensetzung nur eine allgemeine Bedeutung. In unserem Zusammenhang bezieht sie sich auf jene
unklare Beschaffenheit, die Sozialarbeiter häufig so umschreiben: eine
Dimension, die nicht absolute Homogenität aufweist, sondern eher einen
Überhang an grundsätzlichen Ähnlichkeiten in einer Richtung. Eine solche
Gruppe hat nirgends Erfolg oder schleppt sich hin oder platzt. Es fehlt ihr
an den Kräften, die sie stoßen und ziehen, die aber für die Erfahrung lebendigen Wachsens unerläßlich sind. Gleichgewicht bedeutet nicht, auf dem
toten Punkt zu sein. Wenn wir Gleichgewicht anstreben, legen wir den
Nachdruck auf Sozialverhalten und zwischenmenschliche Beziehungen. Ob
die Gruppe sich im Gleichgewicht hält, erwägen wir nicht nur im Zusam-

menhang mit der Unterstützung ihres Wachstums, sondern wir fragen auch, ob sie so ausgeglichen ist, daß der Sozialarbeiter sie leiten und daß sie ihre Mitglieder stützen kann.

Gruppengleichgewicht steht in einem sehr realen Sinne im Zusammenhang mit den Fertigkeiten, der Ausbildung und den Fähigkeiten eines Sozialarbeiters. Eine Gruppe sollte, ideal gesehen, ihrem Sozialarbeiter entsprechen. Was eine ausgeglichene Gruppe für den einen Sozialarbeiter sein kann, könnte für einen anderen tödliche Langeweile oder ein Fäßchen Dynamit bedeuten.

Einige Sozialarbeiter sind selbst aktiv und lebhaft und haben besondere Fähigkeiten darin, impulsives Verhalten zu kontrollieren und Alternativen dazu zu lehren. Sie neigen dazu, eher „Kinder-Lenker" als „Seelen-Sucher" zu sein; sie haben das Tempo der Gruppen, die auf Trab sind, gern. Kundige Groupworker verschmelzen und verbinden diese Eigenschaften und die meisten Gruppen brauchen diese Mischung. Es gibt noch immer genügend Unterschiede, um die Idee der Entsprechung von Gruppe und Sozialarbeiter der Betrachtung wert zu machen[7]. Wenn der Sozialarbeiter die Gruppe ausbalanciert, muß er für das „Konzept des wehen Daumens" empfänglich sein. Wie sein Name andeutet, bezieht es sich auf das eine Mitglied, das sich abhebt. Sein In-der-Gruppe-Sein kann wirklich hervorstechen oder in Gegensatz zu den anderen Mitgliedern stehen. Aber es ist die Ursache, daß die Gruppe nicht ins Gleichgewicht kommt. Es gibt nicht die heilsame Spannung, mit der die Gruppe arbeiten kann, denn das Ringen ist zu ungleich.

Die folgenden Gegenüberstellungen nennen einige der Bereiche, in denen wir ein dynamisches Gleichgewicht erstreben. Spezifische Gruppen in einer Sondereinrichtung können andere Erwägungen nahelegen, aber diese scheinen ziemlich allgemeingültig zu sein und veranschaulichen die Idee des Gleichgewichts:

Passiv — aggressiv

Hohes Ausmaß an Fertigkeiten und Erfahrungen — geringes Ausmaß an Fertigkeiten und Erfahrungen

---

[7] Die Ausdrücke „Kinder-Lenker" und „Seelen-Sucher" (Kid Handlers bzw. Soul Searchers) sind von A. E. Trieschman in einem Vortrag vor der New England Association of Child Care Personnel im Mai 1968 benützt worden.

Auf andere orientiert — selbstorientiert
Liebenswert — kaum liebenswert
Schwache Realitätskontrolle — gute Realitätskontrolle
Anregungen gebend und aufnehmend — ablehnend gegenüber Anregun-
gen (im Sinne von leicht oder schwer zum Mitmachen zu bewegen)
Es ist durchaus wahrscheinlich, daß eine Gruppe auf verschiedenen Stufen
ihrer Entwicklung vorsichtige oder sogar dramatische Veränderungen im
Gleichgewicht fordert, wenn sie sich ständig fortentwickeln und den sich
wandelnden Bedürfnissen ihrer Mitglieder begegnen soll. Der Sozialarbeiter plant dies voraus, wenn er einige seiner Entscheidungen bei der Gruppenzusammensetzung auf Hoffnungen begründet, die sich während dieser
Stufen erfüllen können. Oft werden sich diese Hoffnungen nicht verwirk-
lichen lassen. Deshalb muß der Sozialarbeiter immer darauf vorbereitet
sein, die Gruppenzusammensetzung zu ändern, wenn eine solche Maßnahme (die Aufnahme oder Entlassung von Mitgliedern) eine schädliche
Situation korrigieren oder es der Gruppe erlauben kann, Fortschritte zu
machen. Es ist unnötig zu sagen, daß der Sozialarbeiter dafür verantwortlich ist, für die „verlorenen" Mitglieder andere Gruppen zu finden. Veränderungen in der Mitgliedschaft signalisieren oft Regression. Diese ist gewöhnlich von kurzer Dauer. Wenn der Grund für die Veränderung sorgfältig durch die Gruppe geprüft ist, kann sie die Gruppe vorwärtsbringen, vor
allem, weil sie Klärung bringt und die Aufmerksamkeit wieder auf die Ziele
konzentriert.
Diesem Konzept nahe verwandt ist das Phänomen des Zum-Sündenbock-
Machens, das in vielen Gruppen üblich ist[8,9]. Arbeiten aus jüngster Zeit
weisen auf eine Vielzahl von Interventionsmöglichkeiten des Sozialarbeiters hin. Wir nehmen an, daß sich durch sorgfältige Plazierung in einer
Gruppe die Angriffe auf eine „Zielscheibe" — das Individuum, das wegen
seines psychischen „make-up", seiner Bedürfnisse, seines Lebensstils bestän-
dig der Sündenbock sein wird — verringern lassen und eine Atmosphäre gefördert werden kann, in der ein Wandel möglich ist. Unterbringung in einer

---

8 Shulman, Lawrence, Scapegoates, Group Workers and Premotive Intervention. In: Social
Work, NASW, April 1967.
9 Garland, James A. und Ralph L. Kolodny, Das „Sündenbock"-Phänomen — Kennzeichen
und Bewältigung. In diesem Band.

Gruppe mit jüngeren oder körperlich weniger fähigen Kindern kann sich im einen Fall bewähren. In einem anderen Fall kann wohlüberlegte Plazierung die Aufnahme in eine Gruppe bedeuten, wo die verbalen Fertigkeiten der Mitglieder und ihre Fähigkeit, Dinge mit einem Erwachsenen durchzusprechen, das Bedürfnis nach Verleumdung anderer Gruppenmitglieder und das Abschieben auf die Zielscheibe vermindern helfen.

Wie bereits erwähnt, sind die Argumente für homogene und heterogene Gruppen ausführlich diskutiert worden. Wir haben das Gefühl, daß individuelle Faktoren unterschiedliche Bedeutung für Gruppen mit unterschiedlichen Zielen haben. Somit kann der sozio-ökonomische Status eines Gruppenmitglieds in einer Freundschaftsgruppe von Jugendlichen ein sehr bedeutender Faktor sein, von abweichender Bedeutung, wenn dieselbe Gruppe aufgabenorientiert wäre, und von viel geringerer Bedeutung, wenn es eine behandlungsorientierte Gruppe wäre. Die nachstehende Tabelle führt Faktoren an, die mit der Gruppenzusammensetzung in Verbindung stehen. Wertungen für diese Faktoren sind für drei verschiedene Gruppentypen ausgewiesen. Zweck der ausgewiesenen Wertungen ist es, auf die Bedeutung der Homogenität für diesen besonderen Faktor hinzuweisen. Da diese Faktoren und Gewichtungen eher Gruppen im allgemeinen als spezielle Gruppen betreffen, kann die Tabelle nur als Rahmen für Studien und als Indikator dienen, daß sogar bei den breitest angelegten, allgemeinsten Gruppenzielen die Zusammensetzung das Funktionieren der Gruppe beeinflussen wird. Der überlegende Sozialarbeiter wird darin Elemente finden, die zu den Bedürfnissen und Zielen seiner speziellen Gruppe in Beziehung stehen. Unsere Hoffnung ist, daß die Erwägung dieser Faktoren zu weiterem Verständnis ihrer Wichtigkeit und zu einer begrifflich faßbaren Wissensgrundlage über Gruppenzusammensetzung führen wird. Die Tabelle ist in erster Linie aus Erfahrungen hervorgegangen, weniger aus Lektüre und Mutmaßungen. Die letzteren wurden eingehend „getestet", allerdings nur im Rahmen von Diskussionen mit Kollegen.

TABELLE

Faktor für die Zusammensetzung	Gruppentyp		
	Freundschafts-gruppe	*Aufgaben-orientierte Gruppe*	*Behandlungs-orientierte Gruppe*
1. Alter	+	–	–
2. Geschlecht	0	–	0
3. Entwicklungsstufe	+	–	+
4. Sozio-ökonomischer Status	+	–	0
5. Intelligenz	+	+	+
6. Geographische Nähe	+	–	0
7. Geschicklichkeitsstufe	+	+	+
8. Ich-Kontrolle	+	+	+
9. Gleichartigkeit der Probleme	–	+	–
10. Toleranz für Verhaltens-unterschiede	+	+	+
11. Fähigkeit zur Kommuni-kation	+	+	+
12. Aufschieben der Befriedigung	0	0	+
13. Übertriebene Abhängigkeit	–	–	0
14. Bedürfnis, zu *dieser* Gruppe zu gehören	+	–	+
15. Ähnlichkeit der Form der Aggression	+	+	0
16. Wertunterschiede	+	0	0
17. Toleranz für körperliche Erscheinung	+	+	0
18. Realitätskontrolle	0	+	–

Die Symbole beziehen sich auf die Wichtigkeit des Faktors im Verhältnis zur Gruppe, die eine lebensfähige Einheit werden soll, welche in der Lage ist, sich auf ihre Ziele hin zu bewegen.

+ = sehr bedeutsam, – = weniger wichtig, 0 = unterschiedlich wichtig.

Die folgende Diskussion gruppiert diese 18 Faktoren der Tabelle unter erweiterten Überschriften und prüft sie nur in bezug auf Behandlungsgruppen für Kinder. Wir sind noch nicht so weit, Formeln zu statuieren wie etwa: wenn eine Gruppe gemäß Faktor 16 heterogen ist, werden die Ergebnisse unter Nr. 6 und 7 zu finden sein. In der Praxis wurden jedoch einige Meinungen in dieser Richtung beobachtet; sie sollen hier erwähnt werden.

1. Alter und Entwicklungsstufe

Wenn Behandlungsgruppen zusammengestellt werden, besteht die Tendenz, eine ziemlich eng begrenzte Altersskala einzuhalten — gewöhnlich zwei Jahre zwischen dem ältesten und dem jüngsten Kind. Allgemein gesprochen, hat dies den Vorteil, daß eine Gruppe gebildet wird, in der die Mitglieder ähnliche Interessen und Fähigkeiten teilen können. Programmplanen und Entscheidungentreffen sind leichter. Geleitet von einer zeitbedingten Auffassung über gute Psychohygiene haben wir gezögert, Kinder, die auf verschiedenen Ebenen der psychosexuellen Entwicklung stehen, in derselben Gruppe unterzubringen, offensichtlich aus Furcht, daß die älteren die jüngeren einige Dinge lehren könnten, für die diese „noch nicht reif" sind. Es gibt jedoch einige Beispiele von Gruppen, die diese Praktiken völlig ignorieren: Kinder in Familien und Kinder in einem Kibbuz, die das Kleinkindalter überschritten haben[10, 11]. In diesen Einrichtungen können wir feststellen, wie zwischen den älteren und jüngeren Kindern ein beträchtliches Lehren stattfindet und wie einfühlsam dies gewöhnlich vor sich geht. Der folgende Auszug stammt aus einem schriftlichen Bericht eines „Beraters" in einem Sommerlager für emotionell gestörte Kinder. Die Altersskala in der Hüttengruppe bewegte sich zwischen 8 und 16 Jahren.
„Wie immer zur Schlafengehenszeit war der 8jährige Walt außer sich. Er rannte zuerst nackt herum, rief und schrie etwas von Ungeheuern. Ich versuchte, in meinem Zimmer mit ihm zu sprechen, aber er hielt seine Ohren zu und lachte. Da kam der 13jährige Paul herein und sah ärgerlich drein. Er sagte Walt, er solle still sein, damit die Jungen die Geschichte hören

10 Rapaport, David, The Study of Kibbutz Education and its Bearing on the Theory of Development. In: American Journal of Orthopsychiatry, 1958, 28: 587—597.
11 Spiro, M. E., Children of the Kibbutz. New York 1965, Schocken Books.

konnten. Er sagte, er würde Walt verprügeln. Ich sagte ihm, daß Walt
Angst habe, und Paul antwortete, er wisse das, weil er früher des Nachts
auch ängstlich gewesen war. Walt hatte aufgehört zu lärmen, als er den ärgerlichen Ausdruck in Pauls Gesicht gesehen hatte, und bissig gesagt: ,Wirk-
lich!' Aber er hörte zu, als Paul zu erklären fortfuhr, wie kleine Kinder nachts
ängstlich sind, daß sie aber darüber hinwegkommen ..."
Der Bericht fährt fort, über Paul, den Hütten-Prahlhans, zu berichten, wie
er sich selbst zwang, nachts tapfer zu sein. Er verkleinert Walts Ängste
nicht, aber gibt ihm im wesentlichen die Versicherung, daß sie überwunden
werden können und daß Walt nicht unbedingt immer ängstlich sein muß.
Die Lage ist nicht hoffnungslos. Walt erhält auch Unterstützung und Verständnis von einem Mitglied seiner Gruppe. Dies scheint oft erfolgreicher
zu sein, als wenn es von einem Erwachsenen kommt, und in vielen Fällen
eher den Punkt zu treffen, über den das Kind beunruhigt ist. Sogar wenig
ältere Kinder können als Rollenmodelle dienen. Das ältere Kind ist den
Problemen der jüngeren näher. Aus diesem Grunde haben jüngere Geschwister unter normalen Umständen selten die gleiche Angst in Erwartung des ersten Schultags, wie sie das älteste Kind hatte. Sie bekommen
durch den älteren Bruder oder die Schwester über den Verlauf und ihre
Besorgnisse über lebenswichtige Dinge Aufklärung, so etwa darüber, ob es
erlaubt oder nicht erlaubt ist, auf die Toilette zu gehen, und anderes, was
die Eltern (vielleicht glücklicherweise) verdrängt haben. Die Fragen werden
durch die Kinder gewöhnlich vollständiger und sachlicher beantwortet.
Wenn es eines der Hauptziele einer Gruppe ist, das soziale Wachstum zu
fördern, mögen weitere Altersunterschiede angezeigt sein als üblich. Die
älteren Gruppenmitglieder lernen auch sehr viel über die Rolle des älteren Kindes, indem sie durch Arbeit und Beispiel lehren. Oft können sie
Probleme einer früheren Altersstufe aufarbeiten, mit denen sie bisher noch
nicht fertig geworden sind. Bei ausagierenden Kindern wird eine breitere
Altersstreuung den älteren Kindern gewöhnlich erlauben, eine gewisse
Aufsicht über das Verhalten der jüngeren auszuüben. Sie möchten nicht mit
„Kinderkram" gelangweilt werden. Die jungen Mitglieder versuchen vielleicht, sich bei den großen Jungen ihre eigene Art durch antisoziales Verhalten zu erkaufen, aber dies scheint nur zu klappen, wenn das Verhalten sich
mit den Absichten der älteren Jungen vereinbaren läßt. Dieses Erkaufen

muß in der Form der Bedürfnisse der älteren Jungen geschehen, so daß für diese durch die Verbindung eher ein Gewinn als ein Verlust entsteht.

Auch in Gruppen, die eher „in-agieren" als explodieren, kann eine breitere Altersstreuung von Vorteil sein. Dadurch kann das Gruppengleichgewicht leichter zu handhaben sein. In dem erwähnten Beispiel waren Paul und Walt in einer Experimentier-Gruppe. Im Sommer zuvor war Paul in einer Gruppe von Jungen gewesen, die alle etwa im gleichen Alter und alle durch verweichlichtes Verhalten, schlechte körperliche Koordination und Unreife aufgefallen waren. Diagnostisch waren sie als an der Grenze zur Schizophrenie stehend bezeichnet worden. Es war schwierig, die Jungen aus der Hütte zu bringen, und wenn sie schließlich draußen waren, unternahmen sie wenig. Der Fortschritt wurde als minimal beurteilt; die Gruppe war ein Fehlschlag. Die Experimentier-Gruppe wurde dieses Mal aus Jungen zusammengestellt, die sich in Verhalten und Diagnose sehr ähnlich waren. Nur in der Altersspannweite lag der Unterschied. Während die Probleme der Jungen sich glichen, waren Ausdrucksweisen und Interessen verschieden. Es bestand ausreichend Spannung, um mit der Gruppe zu arbeiten, und sie kam auch tatsächlich in Bewegung.

Für unsere Überlegungen zum Zeitpunkt einer Gruppenzusammensetzung bieten Alter und Entwicklungsstufe von allen Faktoren vielleicht den sichersten Weg, um unsere Gruppe ins Gleichgewicht zu bringen, so daß sie direkter auf unsere Ziele hin ausgerichtet werden kann.

2. Geschlecht

Dem Verhaltensmuster der natürlichen Gruppen in unserer Gesellschft folgend, bringen Groupworker selten Jungen und Mädchen vor der Adoleszenz in die gleiche Behandlungsgruppe. Es ist zwar schwierig, eine Änderung dieser Praxis zu begründen, doch sind einige koedukative Gruppen von Kindern im Latenzalter sehr interessant. Diese Gruppen wurden gebildet, um Kindern zu helfen, die um tote Geschwister des anderen Geschlechts trauerten. Der Groupworker hoffte in jedem Fall, daß das Kind dadurch eine bessere Möglichkeit hätte, den Verlust zu überwinden. Diese Gruppen dauerten jeweils drei bis vier Jahre und lösten sich auf, als die Mitglieder das Adoleszenzalter erreichten. Die Sozialarbeiter wurden dann unsicher über den Wert einer gemischten Gruppe. Selbst das wenige Material, das wir haben, scheint zu beweisen, daß es Fälle gibt, in denen es sich wirklich lohnt, solche Gruppenbildungen zu versuchen. Während klinische Überlegungen die Wahl von koedukativen Gruppen ab und zu angezeigt erscheinen lassen, hat die Erfahrung zu einigen allgemeinen Beobachtungen geführt. Koedukative Gruppen im Latenzalter scheinen nicht zu einem inneren Zusammenhalt zu kommen, ob sie nun Lebensgemeinschaften, Spielgruppen oder Behandlungsgruppen sind. Sie teilen sich in Untergruppen nach Geschlechtern, wenn sie nicht vom Sozialarbeiter beträchtlich unter Druck gesetzt werden. Wie Gruppen im Vorschulalter (die ohnehin selten kohäsiv werden) scheint die Gruppe im Latenzalter sich in parallelem Spiel oder in Arbeit zu engagieren, und zwar eher in Untergruppen denn als Individuen. Je näher die Adoleszenz, desto größer wird die Wahrscheinlichkeit, daß sich *eine* Gruppe entwickkelt, obgleich beobachtet wird, daß Reifungsvarianten zwischen Jungen und Mädchen von der Art sind, daß das, was wir teilweise auswerten, Altersunterschiede sind. Koedukative Gruppen in der frühen Adoleszenz sind häufig gekennzeichnet durch die Stimulierung und die Erregung, die mit dem sexuellen Erwachen durch die Nähe der Gruppe herbeigeführt wird. Dieses allgemeine Phänomen ist oft eine bedeutende Unterströmung in solchen Gruppen. Die Tatsache, daß sie koedukativ sind, dient dazu, alle Anspielungen auf Sex zu unterdrücken. Es mag Zeiten geben, in denen solch eine Zusammensetzung sehr wünschenswert ist.

Koedukative Gruppen im Junior-High-School-Alter (= Unterstufe unserer Oberschulen) wetteifern oft miteinander. Wenn diese Energie zielgerichtet ist, kann sie genutzt werden, um die Bewegung der Gruppe zu beschleunigen. In einer Klinikgruppe von 12- und 13jährigen sollte an Problemen zwischen Brüdern und Schwestern gearbeitet werden. Während wir erwarten, daß dies durch die Zusammensetzung verstärkt würde, waren wir überrascht über die Art, in der die wetteifernden Rollen schnell zur Identifizierung mit den Problemen des Mitglieds führten. „Sieh, sie quält mich wie meine Schwester!" und „Dieser Balg von einem Jungen..." wurde oft geäußert, und diese Aussagen lieferten wertvolles Material, sowohl für die Gruppe als auch für den Sozialarbeiter.

3. Sozio-ökonomischer Status und geographische Nähe

Wir erwähnen diese beiden Faktoren zusammen, weil sie beide ziemlich objektiv bemessen werden können, und wegen ihrer Beziehung zur Wohngegend. Sie haben auch viel damit zu tun, ob Kinder zwischen den Gruppentreffen Kontakt haben oder nicht und ob sie den Wandel in den Beziehungen, die in der Gruppe gebildet werden, stark beeinflussen und fortsetzen, wenn die Gruppe beendet wird. Diese Faktoren können sehr relevant sein in Gruppen, die sich mit Problemen sozialer Isolation befassen. Der Groupworker kann ohnehin nur soziale Fertigkeiten lehren, nicht aber Freundschaften versprechen; die letzteren sind dann aber noch weniger wahrscheinlich, wenn seine Gruppe aus einer geographisch weit ausgedehnten Gegend kommt oder wenn Werte, Interessen und finanzielle Verhältnisse zu sehr differieren.

In einigen Fällen mag der Groupworker den Kontakt von Mitgliedern während der Zeiten zwischen den Gruppentreffen nicht wünschen. Da ist zum Beispiel der Junge, dessen Sozialverhalten so anstößig und gleichzeitig so erfreulich für seine Altersgenossen ist, daß sie ihm nicht ohne beträchtlichen Konflikt erlauben, seine Rolle (z. B. Sonderling der Nachbarschaft) zu ändern. Zu gewissen Zeiten kann es das Beste sein, solch ein Kind aus seiner Umgebung herauszunehmen und es erst dann, wenn neue Verhaltensweisen gut eingeübt und internalisiert sind, zurückzubringen. Erfahrungen in Sommerlagern zeigen oft den Wandel, der sich auf diese Weise vollziehen kann, wenn ein Junge mit einem Bündel neuer Fähigkeiten, die er in einer Umwelt erworben hat, in der die Auswahl sozialer Rollen freier war, nach Hause zurückkehrt.

4. Intelligenz und Kommunikationsfähigkeit

Wenn der Sozialarbeiter Mitglieder für eine Gruppe auswählt, wird er wegen kleiner Intelligenzabweichungen unter den Teilnehmern kaum besorgt sein. Er wäre allerdings vorsichtig, eine Gruppe mit allzu großen Intelligenzunterschieden zusammenzusetzen, weil er dann Schwierigkeiten befürchten müßte, wenn er der Gruppe helfen wollte, sich zu formen und zusammenzuarbeiten. Intelligenz allein, ausgenommen in Extremfällen, scheint kein Hauptfaktor zu sein. Es sind die Ausdrucksweisen, durch die sie sich kundtut, die wichtige Variablen werden. Verbale Fähigkeiten in

Verbindung mit der Art und Weise, in der das Kind Gefühle, Ideen und Begriffe mitteilt, sollten sorgfältig vom Sozialarbeiter in Betracht gezogen werden, wenn die Gruppe gebildet wird, weil sie wichtige „Güter" während des Gruppenlebens sein werden. Wieder muß die Idee des Gleichgewichts berücksichtigt werden und mit ihr die Gelegenheiten, die der Sozialarbeiter für seine Verbündeten oder „Junior-Therapeuten" in die Gruppe „einbauen" kann. Wir erkennen den Wert und die Wichtigkeit der Tatsache, daß ein Kind anderen Gruppenmitgliedern hilft. Indem wir Mitglieder in die Gruppe hineinnehmen, mit denen wir Dinge leicht und schnell diskutieren können, verstärken wir möglicherweise ihre Fähigkeit zu lehren. Dieser Typ von Gleichgewicht sollte in ausagierenden Gruppen sorgfältig in Betracht gezogen werden, besonders wenn es eines von unseren Zielen ist, verbale Alternativen zu lehren, um den physischen Ausdruck von Gefühlen zu ersetzen.

Gruppen, deren Intelligenzniveau, Wertorientierung oder ökonomische Schichtzugehörigkeit nur wenig variieren, gleichen den Anstrengungen einer übersensitiven, erschöpften Gastgeberin einer Abendgesellschaft mit Gleichgesinnten, die dennoch langweilig verläuft. Wenn das Fortbestehen der Gruppe als soziale Einheit wichtig ist, nachdem der Sozialarbeiter sich zurückgezogen hat, können zu viele Unterschiede das Erreichen dieses Zieles behindern. Wenn der Schwerpunkt auf die Eigenschaften gerichtet ist, die die Mitglieder in die Gruppenerfahrung einbringen, können weitgehende Unterschiede hilfreich sein. Bei einem Gruppentreffen hatte Art (Mitglied einer wohlhabenden Familie) erhebliche Schwierigkeiten, Marty (einem Ghetto-Bewohner) klarzumachen, daß, wenn er sagte „der Weg meiner Familie", dies einen Weg auf ihrem Besitz bedeutete, der zu ihrem Haus führte und ihnen tatsächlich gehörte. Das nahm der ungläubige Marty zum Anlaß, nach Vergleichen zwischen dem, was auf Arts Weg war, und den Schrecken „seiner eigenen Straße" zu fragen. Bald war die ganze Gruppe aktiv in das Gespräch verwickelt. Sie besprachen, wo sie wohnten, wie es dort war und was sie tun würden, wenn sie miteinander die Wohngegend tauschen könnten. Der Sozialarbeiter hielt das Ergebnis dieses Gruppentreffens für sehr fruchtbar.

5. Fertigkeiten und Interessengebiete

Dies ist vielleicht der einzige Faktor, bei dem die Tendenz zur Homogenität für eine Mehrzahl von Gruppen angebracht ist. Die Gruppe soll Dinge gemeinsam tun. Deshalb muß der Sozialarbeiter besondere Aufmerksamkeit auf die Fertigkeiten und Interessen verwenden, die der Gruppe nützlich sein können. Er muß versuchen zu überlegen, welche Arten von Fertigkeiten Gruppenmitglieder brauchen, wie in der kurzen Geschichte über den Bluterkranken erwähnt wurde. Während der Zeit des Bestehens der Gruppe werden die Mitglieder neue Fertigkeiten entwickeln. Oft ist dies ein Hauptziel, und es kann gefördert werden, indem die Gruppe zu Anfang ausbalanciert wird. Es empfiehlt sich nicht, Gruppen aus zurückhaltenden, Briefmarken sammelnden Einzelgängern zu bilden. Eher kann es der Gruppe helfen, ihre Ziele schneller zu erreichen, wenn einige von den Sportbegeisterten etwas Interesse am Briefmarkensammeln haben und einige von den Sammlern gelegentlich ein Ballspiel gesehen haben. (Der Junge, der Sportbriefmarken sammelt, kann der große Ausgleicher in solch einer Gruppe sein.) Die wichtigste Aufgabe des Groupworkers auf dem Gebiet der Fertigkeiten und Interessen ist sein Urteil über die Frage, ob das Kind aktivitätsorientiert ist oder nicht. Die Behandlungsgruppe sollte während ihrer ersten Entwicklungsstufen nicht im Entscheidungsprozeß steckenbleiben. Oft geschieht das aber doch, wenn sich ein deutlicher Konflikt zwischen den passiven und den aktionsorientierten Mitgliedern abzeichnet. Dies ist ein Konflikt, der für den Sozialarbeiter schwierig zu lösen ist. Die Zeit, die Entwicklung der Gruppe und die Fähigkeiten der Mitglieder können vielleicht eine Wirkung ausüben. Der Grad, bis zu dem dieser Konflikt verringert werden kann, wird weitgehend davon abhängen, wie stark die Mitglieder in bezug auf andere Faktoren variieren. Denn dies erlaubt dem Sozialarbeiter, eine breite Skala von Aktivitäten einzuführen.

6. Ich-orientiert oder zum anderen orientiert

Dieser Faktor wird bedeutsam in bezug auf Qualität und Quantität des gestörten oder störenden Verhaltens, dem die Gruppenmitglieder ausgesetzt sein werden. Er umfaßt die Fähigkeit des Kindes, sich einzufühlen, das Ausmaß der narzißtischen Bedürfnisse des Kindes und in einigen Fällen die (echten oder pathologischen) Bedürfnisse des Kindes nach Selbsterhaltung.

Dies ist ein Faktor, der vor der Gruppenerfahrung kaum abzuschätzen ist, besonders wenn wir das Ausmaß oder die Art der Angriffe, die das Kind und sein Ich von anderen Gruppenmitgliedern erhalten mögen, oft nicht voraussehen können. Die folgenden Bereiche scheinen als Richtlinien, die bei dieser Art von Einschätzung zu beachten sind, sachdienlich zu sein.

a. Empfindungsfähigkeit. Kümmert sich das Kind um andere Menschen? Ist es gewahr der und empfindungsfähig für die Gefühle anderer Menschen, und ist es sich der Wirkung seines Verhaltens auf andere Menschen bewußt?

b. Abwehrmechanismen. Hat dieses Kind irgend etwas, auf das es als Stütze zurückgreifen kann, oder wird es sich möglicherweise „verkrümeln", wenn es Widrigkeiten gegenübersteht? Womit wehrt es Angriffe gewöhnlich ab? Für den Umgang mit einer Gruppe ist es von großer Wichtigkeit, ob ein Kind sehr wahrscheinlich verdrängt oder verleugnet, ob es sich mit dem Angreifer identifiziert und leicht von dem Angriff angesteckt wird.

c. Fähigkeit, Befriedigung aufzuschieben. Bis zu welchem Ausmaß werden die Gruppe und ihr Sozialarbeiter unter dauerndem Druck stehen? Die Waagschale sollte auf der Plus-Seite der Skala stehen.

d. Abhängigkeit. Kann das Kind eine Beziehung zu einem Erwachsenen mit anderen Kindern teilen? Ist es fähig, ohne dauernde Hilfe und Unterstützung durch den Sozialarbeiter in der Gruppe eine Rolle zu spielen? Oder hat es ein übermäßiges Abhängigkeitsbedürfnis? Welcher Art ist die Abhängigkeit und ihre Unterdrückung?

Diagnostische Gruppen bieten dem Sozialarbeiter eine vortreffliche Gelegenheit der Information und Anhaltspunkte, die helfen werden, diesen Faktor (wie das Kind orientiert ist) einzuschätzen. Bedeutende Fragen eines Interviews sind solche, die sich auf die frühere Erfahrung des Kindes mit Menschen, die anders sind als er selbst, beziehen — Behinderte, denen es begegnet ist, ältere Verwandte, Menschen, denen es geholfen hat.

Auf sehr reale Weise hofft der Sozialarbeiter, „das Deck vollzustapeln". Nachdem er die Kommunikationsfähigkeit beobachtet hat, muß er auch erwägen, was mitgeteilt werden wird. Wenn die Gruppe in erster Linie gebildet wurde, um einem oder einigen Gruppenmitgliedern zu helfen, und die anderen als gesunde, unterstützende Zugaben betrachtet werden, ist die Wichtigkeit dieser Überlegung offensichtlich. In anderen Gruppen kann es ein direkter Weg sein, das Zum-Sündenbock-Machen oder ansteckende Ausbrüche zu modifizieren. Bei der Einschätzung dieses Faktors müssen die Fertigkeiten des Sozialarbeiters gegenüber dem Gruppengleichgewicht sorgfältig abgewogen werden. In einigen Fällen mag mehr als ein Sozialarbeiter benötigt werden, und diese Möglichkeit sollte überlegt werden, wenn eine Gruppe verschiedene Kinder mit starkem Abhängigkeitsbedürfnis umfaßt, deren Empfindungsfähigkeit anderen gegenüber aber so gering ist, daß wir ihre Bereitschaft, eine Gruppenerfahrung zu nutzen, in Frage stellen.

7. Formensprache

Obgleich dieser Faktor zu einigen der Gedanken, die im Zusammenhang mit der Kommunikationsfähigkeit diskutiert wurden, in enger Beziehung steht, enthält er das breitere Konzept dessen, wie (psychische) Schwierigkeiten ausgedrückt werden. Er erstreckt sich bis zu der Form der Aggression, die ein Kind charakteristisch gebraucht, um die Realität zu prüfen. In seinem Verhalten sucht es Antwort auf die Frage: „Wie wird diese Gruppe aussehen, wenn sie aufgebracht, glücklich, traurig, furchtsam ist?" Wie früher bemerkt wurde, ist mit einer heterogenen Gruppe nicht nur leichter zu leben, sie läßt auch viele Lehrmöglichkeiten zu, weil die Mitglieder eine Formensprache des Verhaltens beobachten, die sich von ihrer eigenen unterscheidet, und weil ihnen bewußt gemacht wird (durch Beobachtung und durch Konfrontation), daß das, was sie tun, anders ist. Gleichwohl kann der Sozialarbeiter keine allzu breite Abweichung in den Ausdrucksweisen zulassen. Das Wort Formensprache ist hier gebraucht worden, um darauf hinzuweisen, daß die Mitglieder sich so nahestehen sollten, daß sie sich einander mitteilen können, auch wenn sie nicht gerade alle mit demselben Akzent sprechen.

Der Sozialarbeiter ist gezwungen zu überlegen, wie die ganze Gruppe wohl aussehen wird. Er muß sich ein Bild über wahrscheinliche Interaktions- und Verhaltensmuster machen, und zwar aus dem Blickwinkel der ganzen Gruppe und jedes einzelnen Mitglieds. Es ist eine Frage, was er und die Gruppe zustande bringen, und nicht unwichtig, wie sie die Einrichtung tolerieren und von der Einrichtung, in der sie sich treffen werden, toleriert werden.

8. Das Bedürfnis, in dieser speziellen Gruppe zu sein

Dieser Faktor bezieht sich darauf, wieviel ein Kind in die Gruppe investiert, auf sein Verbleiben in der Gruppe und auf seine Bereitwilligkeit, sich am Behandlungsvertrag mit dem Sozialarbeiter und anderen Mitgliedern zu beteiligen. In manchen Fällen wird einem Kind gesagt, daß es bei Gruppensitzungen anwesend sein muß, in anderen ist die Teilnahme freiwillig. In jedem Fall sollte der Sozialarbeiter versuchen, von Anfang an zu beurteilen, wie stark die Anziehungskraft dieser Gruppe auf das Kind ist und worauf diese Anziehungskraft beruht. Sie kann zum Beispiel auf den Aktivitäten, auf der Gesellschaft von anderen Kindern oder auf der Möglichkeit beruhen, mit einem gebenden, sich dem Kind zuwendenden Erwachsenen zusammenzusein, ferner darauf, daß es hier etwas zu essen gibt oder man dem Haus, der Schule oder der Langeweile entrinnt. Es gibt keine „eigentliche" oder „beste" Motivation für die Mitgliedschaft. Kinder, besonders kleine Kinder, die in die Gruppe gebracht werden, um Hilfe zu erhalten, beginnen die Behandlung kaum je aus den für die Erwachsenen relevanten Gründen[12]. In der Einzeltherapie kann das Kind möglicherweise ein beträchtliches Ausmaß an Zuwendung in Form von Aufmerksamkeit und Unterstützung aus der Behandlungsstunde ziehen. In der Gruppe jedoch muß es möglicherweise harte Kompromisse schließen, muß geben und teilen können, und vielleicht neigt sich die Waagschale in Richtung auf häufige schmerzhafte Erfahrungen. Der Sozialarbeiter muß nicht nur zu bestimmen versuchen, wieviel Anziehungskraft die Gruppe behalten wird, sondern auch, was das Kind erwartet, und ob die Gruppe und der Groupworker imstande sein werden, diesen Erwartungen zu entsprechen.

12 Freud, Anna, The Psycho-Analytical Treatment of Children. New York 1966, International Universities Press, Inc., S. 5.

ZUSAMMENFASSUNG

In unserer Erörterung der Faktoren, die im Zusammenhang mit der Auswahl möglicher Mitglieder für eine Gruppe beachtet werden müssen, haben wir es absichtlich vermieden, diagnostische Kategorien aufzuzählen. Zweifellos ist es schwierig, Gruppen zu bilden, die bestimmte Typen von Individuen erfolgreich behandeln oder auch nur ertragen können. Aber es ist möglich. Wir müssen einmal lernen, solche Gruppen zu bilden, und zum anderen lernen, die Möglichkeiten, die uns zur Zeit der Gruppenbildung offenstehen, zu nutzen, um die Bewegung auf unsere Ziele hin zu fördern und möglichst viele der Probleme zu vermeiden, mit denen es Behandlungsgruppen während ihres Bestehens zu tun haben. Früher war die Bildung einer Gruppe häufig ein übereilter, zufälliger Prozeß. Oft ist der Groupworker bereit, die Gruppenarbeit mit irgendwelchen Kindern zu beginnen, wenn sie nur imstande sind, die Störungen anderer, auf die sie stoßen, zu ertragen. Die Folge ist, daß Mitglieder wieder abspringen, neue Mitglieder gewonnen und ausgesucht werden müssen und dies manchmal so weit geht, daß eine Gruppe zum Zeitpunkt ihres Auseinandergehens kaum noch Mitglieder aus der Anfangszeit hat und ihre Erfahrung sich als eine Zeit von Austritten und Eintritten zusammenfassen läßt. Andere Gruppen erleben eine Krise nach der anderen, die oft in keiner Beziehung zu den Zielen des ursprünglichen Behandlungsplans stehen. Es besteht die große Versuchung, diese Krisen zu rationalisieren, aber eine sorgfältige Analyse der Ursachen führt uns in einer großen Anzahl von Fällen auf die Frage zurück, wer sich in der Gruppe befindet.

Als wir unsere Studie über die Probleme im Zusammenhang mit der Gruppenbildung begannen, hatten wir gehofft, als Ergebnis gewisse Empfehlungen und Warnungen aussprechen zu können. Eine genauere Betrachtung der augenblicklichen Praxis hat uns jedoch gezeigt, daß dies nicht möglich und wahrscheinlich auch nicht wünschenswert ist. Gegenwärtig brauchen wir vor allem Einsicht in die Überlegungen und Prozesse, die mit der Bildung einer Gruppe verbunden sind. Dabei geht es nicht um feste Regeln, sondern um schöpferische Erforschung und Untersuchung und damit um Möglichkeiten zur Verbesserung der Praxis.

Das behinderte Kind
und die Gruppe seiner Altersgenossen

Ralph L. Kolodny

DIE SOZIALEN UND PSYCHOLOGISCHEN PROBLEME
DES KÖRPERBEHINDERTEN KINDES

Stark beeinträchtigende Krankheiten und Unfälle sind ungeachtet des bis zu diesem Zeitpunkt angepaßten Kindes mit Sicherheit von bedeutenden emotionellen Problemen begleitet. Viele Beobachter haben die psychischen Auswirkungen einer langwierigen, unfähig machenden Krankheit sowie von chirurgischen Eingriffen festgestellt[1]. Unter diesen Auswirkungen ragen hervor: die Furcht vor Vernichtung und Tod, das Trennungstrauma, die Steigerung der Feindseligkeiten und Ängste zwischen Eltern und Kind, wechselseitige Schuldgefühle und Selbstanklagen, verstärkte Gefühle der Abhängigkeit, der Enttäuschung, der Unzulänglichkeit und des Andersseins, die Furcht vor Verstümmelung und Entstellung und die verletzte Selbstachtung. Wenn man das bedenkt, wird deutlich, wie begrenzt man den Kindern durch eine rein orthopädisch oder medizinisch orientierte Behandlung helfen kann. Zunächst versuchte man die Rehabilitation der Behinderten zu fördern, indem man dem Betroffenen half, durch Training und durch Unterstützung und Beeinflussung durch die Umwelt den bestmöglichen Gebrauch seiner begrenzten körperlichen Fähigkeiten zu erlangen. Mit wachsender Einsicht in die Gefühlswelt der Körperbehinderten wandte man mehr und mehr psychiatrische und Grundsätze der Sozialen Einzelhilfe an, um diesen Menschen bei der Verarbeitung der mit ihrer Unfähigkeit verbundenen psychischen Probleme zu helfen.

---

[1] Siehe z. B. Leopold Bellak, Hrsg., Psychology of Physical Illnes. New York 1952, Grune and Stratton; ferner Anna Freud, The Role of Bodily Illnes on the Mental Life of Children. In: The Psychoanalytic Study of the Child, Band VII. Hrsg. Ruth Issler u. a., New York 1952, International Universities Press, S. 69—80.

ERGÄNZUNG DER TRADITIONELLEN ARBEITSMETHODEN MIT KÖRPERBEHINDERTEN

Weder das medizinische noch das individuell psychotherapeutisch orientierte Vorgehen befassen sich mit den besonderen Problemen der sozialen Anpassung, denen sich ein Kind, das eine schwere körperliche Behinderung hat, gegenübersieht, obwohl Untersuchungen nahelegen, daß diese Probleme sehr ernst und gravierend sein können. Norris und Cruickshank, die die Ergebnisse einer Anzahl von Untersuchungen über die Anpassung von behinderten Heranwachsenden zusammenfassen, stellen heraus, daß diese jungen Menschen eine spürbare Neigung haben, sich von sozialen Kontakten zurückzuziehen. Sie können zwischenmenschliche Beziehungen schlechter einschätzen als ihre normalen Kameraden und haben ausgesprochene Schwierigkeiten bei der Bewältigung von frustrierenden Situationen. Die körperliche Verfassung dient ihnen als Basis, wenn sie sich selber mit Gleichaltrigen vergleichen. Infolgedessen neigen sie dazu, ihre Behinderungen zu verleugnen und sich selbst herabzusetzen[2].
Solche Reaktionen sind angesichts der körperlichen und seelischen Belastungen, die von vielen schwer behinderten Kindern ausgehalten werden müssen, verständlich. Sie ertragen durch Krankenhausaufenthalte bedingte Trennungen von der Familie, schmerzhafte Operationen, erzwungene Inaktivität, ständige Beschränkungen im Gebrauch von Körperteilen, gesonderten Unterricht, sichtbare und manchmal unerfreulich wirkende Unterscheidungen von anderen, eine ungewisse berufliche Zukunft. Das alles ruft großes Unbehagen hervor, mit dem die Kinder irgendwie fertig werden müssen. Es überrascht nicht, daß sie sich oft für den Rückzug entscheiden.
Neben der erhöhten Empfindlichkeit bezüglich seiner Behinderung sieht sich das Kind einer Gruppe von Gleichaltrigen gegenüber, die — wenn es hoch kommt — begrenzte Toleranz für seine Unfähigkeit zeigen, am Spiel angemessen teilzunehmen. Gelegentlich findet man ein behindertes Kind, das fähig ist, mit den Schwierigkeiten fertigzuwerden und sich so einen Platz

2 Norris, Howard J. und William M. Cruickshank, Adjustment of Physically Handicapped Youth. In: Exceptional Children, Band 21, Nr. 8, Mai 1955.

unter den Gleichaltrigen seiner Nachbarschaft zu erobern. Aber selbst dort kann eine angeblich gute Anpassung des Kindes an eine Situation tatsächlich eine Überkompensation darstellen, eine Verleugnung seines Problems und ein Nichtannehmenwollen der realistischen Grenzen. Die Unzulänglichkeitsgefühle vieler behinderter Kinder werden verstärkt durch eine ablehnende Haltung ihrer Mitmenschen. Dies wiederum verstärkt ihre Neigung, sich von Kontakten mit anderen zurückzuziehen. Dadurch wird das behinderte Kind nicht nur den normalen Gruppenbeziehungen entzogen, sondern auch der Familie, die die Quellen für sein soziales und Freizeit-Leben erschließen muß, wird eine schwere Last aufgebürdet. Solche Kinder brauchen besondere Hilfe, wenn sie mit einer gewissen Sicherheit an den täglichen Aktivitäten ihrer Altersgenossen teilhaben sollen.

DIE „ABTEILUNG FÜR NACHBARSCHAFTSCLUBS"

Um diese Bedürfnisse zu befriedigen, entwickelte die Boston Children's Service Association nach und nach das Programm ihrer Abteilung für Nachbarschaftsclubs. Die Arbeit der Abteilung insgesamt ist anderenorts beschrieben worden[3]. Ihr Mitarbeiterstab spezialisiert sich auf die Arbeit mit verhaltensgestörten und/oder körperbehinderten Kindern. Die Überweisungen von körperbehinderten Kindern an die Abteilung kommen von medizinisch geschulten Sozialarbeitern, besonderen Einrichtungen für Behinderte und den Eltern. In den meisten Fällen bringt die Abteilung diese Kinder nicht in Gruppen unter, die für andere Kinder mit ähnlichen Behinderungen eingerichtet wurden. Normalerweise wird statt dessen um jedes Kind in seiner Nachbarschaft ein Club gebildet, dessen andere Mitglieder aus dem Kreis seiner normalen Altersgenossen ausgewählt werden. Der Groupworker der Abteilung geht zu den wöchentlichen Clubtreffen in die jeweiligen Nachbarschaften. Diese Treffen können an ganz verschiedenen Orten abgehalten werden, in einem nahegelegenen CVJM-Raum, einem

3 Kolodny, Ralph L., Research Planning and Group Work Practice. In: Mental Hygiene, Band 42, Nr. 1, Januar 1958; James A. Garland, Ralph L. Kolodny und Samuel Waldfogel, Social Group Work as an Adjunct in the Treatment of the Emotionally Disturbed Adolescent. In: American Journal of Orthopsychiatry, Band 32, Nr. 4, Juli 1962; Ralph L. Kolodny, The Impact of Peer Group Activity on the Alienated Child. In: Smith College Studies in Social Work, Februar 1967.

kirchlichen Freizeitheim, einem Spielzimmer der Schule oder in der Küche oder dem Keller eines Hauses. Wenn das betreffende Kind bettlägerig ist, finden die Treffen auch im Schlafzimmer statt. Diese räumliche Flexibilität der Abteilung gibt so auch solchen Kindern eine Chance zur Teilhabe an Gruppenerfahrungen, die durch ihre Behinderung normalerweise von solchen Erlebnissen ausgeschlossen sind.

Diesem Vorgehen bei der Gruppenbildung liegt die Theorie zugrunde, daß unter fachlicher Führung viele behinderte Kinder durch Beziehungen zu normalen Kindern korrigierende emotionelle Erfahrungen sammeln können. Das Ziel ist die Integration des behinderten Kindes in das normale soziale Leben seiner Altersgenossen, soweit seine Fähigkeiten ihm das erlauben.

DER RELATIVE WERT VON TRENNUNG UND INTEGRATION

Es soll hier nicht bestritten werden, daß das behinderte Kind ein Bedürfnis nach Verbindung mit anderen behinderten Kindern hat oder daß ihm die Teilnahme an Gruppen, die nur aus behinderten Kindern bestehen, nutzen kann. Es ist wichtig, daß das Kind lernt, sich unter seinen behinderten Kameraden wohlzufühlen, daß es Gelegenheit erhält, seine Gedanken oder Gefühle über gemeinsame Probleme mit ihnen auszutauschen und, wenn es reifer wird, mit ihnen an den besonderen Belangen zu arbeiten, die für es selbst und für diese anderen als behinderte Menschen entstehen. Wenn irgend möglich — und man sollte festhalten, daß dies nicht immer durchführbar ist, besonders bei Kindern, die an das Haus gebunden sind — sollte das Kind ermutigt werden, in diese Art von Erfahrung einzusteigen. Es wäre jedoch ungünstig, wenn dies die einzige Gruppenerfahrung wäre, die sich dem behinderten Kind anböte. Eine gelenkte Erfahrung mit einer Gruppe von normalen Kindern ist von genauso lebenswichtiger Bedeutung für seine soziale und psychische Entwicklung. Wenn wir uns damit begnügen, ihm zu helfen, Bindungen mit denen aufrechtzuerhalten, die seinen Status als Behinderte teilen, versagen wir ihm viele Beziehungen und Erfahrungen, die sich ihm tatsächlich öffnen und aus denen es Anregung und Befriedigung ziehen könnte, wenn ihm die entsprechende Gelegenheit und Unterstützung gewährt würde.

Aufgrund unseres derzeitigen Wissensstandes können wir leider nicht genau bestimmen, in welchem Umfang das einzelne behinderte Kind jeweils die Verbindung zu Gruppen behinderter oder zu Gruppen normaler Altersgenossen braucht. Offensichtlich muß ein behindertes Kind sich mitsamt seiner Behinderung annehmen, wenn sein Selbstgefühl in der Wirklichkeit wurzeln soll. Es wird dies kaum ausschließlich durch Interaktion mit normalen Kindern erreichen. Außerdem wird die Fähigkeit eines solchen Kindes, das Leben tatsächlich als Mitglied einer Minoritätengruppe zu meistern, wahrscheinlich verstärkt durch eine gewisse Teilhabe an Gruppen, die sich nur aus Behinderten zusammensetzen. In einer solchen Gruppe kann das Kind andere finden, die vom Hauptstrom der Gesellschaft isoliert sind und mit denen zusammen es Pläne entwickeln kann, wie man mit den allen gemeinsamen Gefühlen der Entfremdung umgeht.

Das aber sagt uns immer noch nicht, in welcher „Dosierung", wenn eine solche tatsächlich vorgenommen werden könnte, das behinderte Kind einem Gruppenleben mit dieser oder jener Art von Kindern ausgesetzt werden sollte. Vieles wird von der Persönlichkeit des einzelnen Jugendlichen abhängen und auch in gewissem Umfang von der Art der Behinderung selber. Die Familienzusammensetzung hat hier entscheidende Bedeutung. Das behinderte Kind, das nichtbehinderte Geschwister hat, nimmt z. B. eine andere Stellung ein als das Einzelkind oder das Kind, das behinderte Geschwister hat.

Es bedeutet nicht nur ein theoretisches „Auf-Nummer-Sicher-Gehen", wenn man vorschlägt, daß alle behinderten Kinder Gruppenerfahrung sowohl mit ihren behinderten Kameraden als auch mit körperlich Normalen haben sollten. Solch ein Vorschlag leitet sich aus dem Verständnis für die einzigartige Belastung ab, unter der behinderte Kinder sich während ihrer Entwicklung zum Erwachsensein durchkämpfen. Einige Kontakte mit Gruppen von normalen Kindern sollte das behinderte Kind — wenn eben möglich — vor der Adoleszenz aufnehmen. Der behinderte Heranwachsende, der während der Latenzzeit oder früher den Aktivitäten normaler Kinder nicht ausreichend ausgesetzt war, wird wahrscheinlich in seinem sozialen Verhalten deutlich zurückbleiben.

Das trägt im Verein mit der — trotz ihres Altruismus und ihres Interesses am Miteinander in der Gruppe — zwangsläufig narzißtischen Gesamthaltung der normalen Jugendlichen, die möglicherweise zu seinem Club gehören, sehr stark dazu bei, daß Probleme bei der Bildung und Entwicklung der Gruppe entstehen.

Wir gehen hier nicht davon aus, daß eine Teilhabe an einer integrierten Gruppe die einzig wünschenswerte Art der Gruppenerfahrung für ein behindertes Kind darstellt. Der Autor glaubt jedoch, daß dies vielleicht die einzige Art von Erfahrung ist, durch die dem Kind direkt geholfen werden kann, Bindungen zu der potentiell bedeutungsvollsten natürlichen Gruppe seiner Umgebung zu knüpfen. Es ist genau diese Art von Erfahrung, die wegen der allgemeinen Befürchtungen und gewisser mit ihr verbundener Verfahrensschwierigkeiten wahrscheinlich vernachlässigt wird.

Die geschickte Handhabung der Erfahrungen einer solchen „integrierten" Gruppe und die Lösung der dabei auftauchenden Probleme sind Aufgaben von beträchtlichem Ausmaß. Sie verlangen vom Groupworker besondere Beharrlichkeit, Geduld und Einfallsreichtum zusätzlich zu seinem tiefen Verständnis der individuellen und der Gruppendynamik und zu seiner Fähigkeit, erreichbare Ziele zu formulieren. Es gibt zwei Hauptbereiche, in denen er diese Qualitäten unter Beweis stellen muß. Der erste ist der Bereich des Programmerstellens. Hier ist es Ziel des Groupworkers, die Gruppe zu befähigen, Aktivitäten zu entwickeln, die möglichst große emotionelle Nähe erlauben und das Interesse der Mitglieder auf sich ziehen, zugleich aber auch innerhalb des Rahmens bleiben, der durch die begrenzten Möglichkeiten des behinderten Kindes abgesteckt ist.

Der zweite Bereich ist der der Interaktion selbst. Der Groupworker muß hier bereit sein, vorwiegend eine Vermittlerrolle zu spielen, Gefühle zu klären, die verzerrte Einschätzung von Situationen zu korrigieren. Denn beide, sowohl das behinderte Kind als auch seine Altersgenossen, bringen die Spannungen zum Ausdruck, die unausweichlich ihr Zusammenkommen begleiten.

In anderen Artikeln ist einiges darüber geschrieben worden, wie die „Abteilung für Nachbarschaftsclubs" bei der Behandlung in beiden Bereichen vorgeht[4]. Unsere Ausführungen werden sich auf den zweiten Bereich

4 Siehe z. B. Kolodny, Ralph L. und S. Waldfogel, Modifying Tensions Between Handicapped and Normal in Group Work with Children. In: Child Welfare, Band 16, Nr. 1, Januar 1967.

konzentrieren. Wir befassen uns mit der Interaktion und ihrer Vermitt-
lung, weil die Rolle des Groupworkers hier komplexer ist und genaue Darstellung verlangt.

ZUGRUNDELIEGENDE WERTE

Die folgende Darstellung dieser Rolle leitet sich weitgehend aus Erfahrungen in einer Einrichtung ab. Das Wesentliche dieser Praxis ist jedoch
charakteristisch für jede adäquate Gruppenarbeit mit Behinderten und
ihren normalen Altersgenossen. Die Werte, die dieser Praxis zugrunde-
liegen, sind — das sollte betont werden — die gleichen, die jede Art von
sozialer Arbeit inspirieren. Der Groupworker befaßt sich mit den individuellen Bedürfnissen eines jeden Gruppenmitglieds. Heranwachsende
Mitglieder unseres Clubs zum Beispiel werden ermutigt, diese Gruppe
genau wie jede andere für Aussprachen, Information und Unterstützung
zu nutzen, wenn es etwa um heterosexuelle Fragen, Ausbildungs- und berufliche Wünsche und um Probleme der wachsenden Unabhängigkeit von der
Familie geht. Die normalen Kinder werden nicht als Staffagefiguren betrachtet, deren man sich um der behinderten Kinder willen bedient; die
letzteren mögen zwar ein entschieden stärkeres Bedürfnis nach Beziehungen haben als die anderen Mitglieder, doch strebt man an, die Verbindung
behinderter und nichtbehinderter Kinder so zu gestalten, daß sie für beide
Seiten vorteilhaft wird.
Natürlich tauchen besondere Wertprobleme auf, wenn man mit solchen
Gruppen arbeitet. Das behinderte Kind ist in seinen Beziehungen zu den
übrigen Mitgliedern benachteiligt und braucht besondere Aufmerksamkeit. Es ist jedoch nicht immer einfach zu bestimmen, wo die notwendige Sorge und der Schutz für dieses Kind aufhören und die Bevorzugung
des Behinderten bzw. die Vernachlässigung der Rechte anderer beginnen.
Eine andere Wertediskussion erwächst auch aus der Betonung der Selbständigkeit in unserer Gesellschaft. Man erwartet vom Groupworker, daß er das
Kind so „selbständig" wie möglich „macht". Das Kind braucht aber vielleicht weitaus mehr Hilfe, um sich in der Abhängigkeit wohler zu fühlen.
Das Kind, das „gegen seine Behinderungen ankämpft", das sich weigert, ihr

Ausmaß anzuerkennen, wird oft von seiner Umgebung gelobt. Der Group-worker sieht jedoch unter Umständen solch ein „Dagegenankämpfen" mit Recht als Zeichen seelischen Drucks und nicht als Tugend an. Damit handelt er allerdings im Widerspruch zu den allgemein anerkannten Wer-ten.

Die Allgemeinheit und der Groupworker würden aber wohl darin überein-stimmen, daß kaum eine andere Erfahrung den „normalen Mitgliedern" so deutlich Gelegenheit bietet, die ihnen übermittelten Werte einer Prüfung zu unterziehen (hier geht es um die Würde derer, die anders und benach-teiligt sind) und zu erleben, wie diese Werte durch eine solche Erfahrung noch verstärkt und erneuert werden.

ERSCHWERUNG DER INTERAKTION

Der oben beschriebene Weg zur Gruppenbildung bietet uns eine prak-tikable Methode, das behinderte Kind in losen Kontakt mit normalen Kin-dern zu bringen. Für einige behinderte Kinder, besonders die, die ans Haus gebunden sind, kann dies sogar der einzige Zugang zur Erreichung des gesteckten Zieles sein[5]. Der Groupworker, der mit einer so gebildeten Gruppe arbeitet, muß sich der Vorzüge oder der Notwendigkeit dieses Weges bewußt sein. Er muß aber auch die Grenzen, die seinen Anstrengun-gen dabei gesetzt sind, und die Belastungen, die den Mitgliedern auf-erlegt werden, kennen.

[5] Es gibt noch andere nützliche Vorgehensweisen bei der Gruppenbildung. Sie sind hin und wieder von unserer Abteilung und auch von anderen Institutionen angewandt worden. Eine dieser Möglichkeiten besteht darin, einen sozialen Club, etwa in einem Nachbarschaftsheim, zu bilden und das behinderte Kind/die behinderten Kinder zusammen mit anderen Jugend-lichen zum Eintritt in diesen Club einzuladen (siehe z. B. „Report on Demonstration Project, Group Work with the Handicapped", the Community Council of Greater New York, Januar 1959). Hier kann der behinderte Jugendliche durch einen von einer Dienststelle oder von dieser Einrichtung selbst gestellten Sozialarbeiter in und mit seinen Beziehungen zu norma-len Kindern unterstützt werden. Dieses Vorgehen hat gewisse Vorteile; doch müssen in die-sem Zusammenhang auch bestimmte Aspekte berücksichtigt werden: in vielen Nachbar-schaften gibt es keine entsprechenden Einrichtungen oder geeigneten Dienststellen. Manche Dienststellen zögern, schwer behinderte Kinder in ein solches System aufzunehmen, weil sie sich in bezug auf die speziellen Probleme, die sich hier ergeben könnten, nicht ausreichend

Die Hindernisse, die bei der Entwicklung von wechselseitig stützenden
Bindungen zwischen dem behinderten Kind und den anderen Mitgliedern
in einer „integrierten" Gruppe auftauchen, sollten nicht überbewertet werden. Der Groupworker muß sich jedoch verschiedener Merkmale dieser
Situation, die von Anfang an zu Schwierigkeiten führen können, bewußt
sein. Man muß sich daran erinnern, daß das behinderte Kind bisher sozial
isoliert war und aus der Notlage heraus ein Repertoire von bewußten und
unbewußten Kunstgriffen entwickelt hat, die es ihm möglich machen,
irgendwie mit seiner Isolierung und dem Gefühl des Geschädigtseins fertigzuwerden. Offensichtlich herrschen in seiner Daseinsauffassung häufig
Extreme vor. Die Zukunft wird entweder vollkommen hell oder total
schwarz gesehen. Das Kind wird völlig geheilt werden oder ist zu einem
nutzlosen Leben verdammt. Behinderte Kinder pendeln oft zwischen diesen beiden Extremen, obwohl sie manchmal an einem von ihnen festhalten. Manche stellen sich übertrieben hilflos und nutzen ihren Zustand
aus, um Interesse und Zuneigung ihrer Umgebung auf sich zu lenken.
Andere versuchen ihre Schwächen gänzlich zu verbergen. Sie sind in der
Vorstellung befangen, ihre körperlich normalen Altersgenossen seien absolut vollkommen und ohne Probleme. So glauben sie, daß sie nur wie diese
sein und nur dann von diesen akzeptiert werden können, wenn sie den
gleichen Zustand vollkommenen Wohlbefindens erreichen. Das führt zum
Verleugnen von Schwäche und Unzulänglichkeit.
Die Teilnahme an einem „integrierten" Club kann für das behinderte
Kind die erste große Begegnung mit einer andauernden sozialen Wirklichkeit sein, die seine Gedankenwelt und seine Art der Anpassung heraus-

ausgestattet fühlen (siehe z. B. Minerva G. Cole und Lawrence Podell, Serving Handicapped
Children in Group Programs. In: Social Work, Band 6, Nr. 1, Januar 1961, 97—184). Es gibt
behinderte Kinder, die zwar körperlich durchaus beweglich genug sind, aber dennoch große
Furcht davor haben, direkt in eine Dienststelle zu gehen; sie müssen mit einer Gruppe in
ihren eigenen vier Wänden beginnen. Andere Kinder sind tatsächlich in ihren Bewegungs-
möglichkeiten stark eingeschränkt und können nur zu Hause Hilfe erfahren. Hinzu kommt,
daß, selbst wenn das behinderte Kind in der Lage ist, in die Dienststelle zu kommen, dies
keineswegs alle Probleme beseitigt, die durch seine Behinderung entstanden sind. Die Behinderung bringt es nun einmal in eine besondere Position in der Gruppe, denn seinetwegen
sind besondere Vorkehrungen in der Programmgestaltung erforderlich geworden. So ist seine
Stellung, obwohl sie zunächst weniger herausragend erscheint als die des „überwiesenen" Kindes in einer Gruppe der Abteilung für Nachbarschaftshilfe, von der letzteren doch nicht so
grundverschieden wie es auf den ersten Blick aussehen mag.

fordert. Im Club enthüllen die körperlich normalen Kinder ihre Unzulänglichkeiten, ihren Mangel an Erfahrungen und ihre Ängste. Das behinderte Kind kann sie nicht mehr länger einfach als problemfrei ansehen. Es
mag diese Vorstellung nur widerwillig aufgeben. Obwohl die Stärke der
normalen Kinder, an die es bisher geglaubt hat, das behinderte Kind bedroht, kann sie ihm auch insofern eine gewisse Sicherheit bedeuten, als
die anderen Kinder, die im Vollbesitz ihrer Kräfte sind, ihm viel bieten
können.

Das übermäßig abhängige körperbehinderte Kind kann durch die Situation als solche und die auf es zukommenden Reaktionen gezwungen werden, diejenigen Aspekte seines Verhaltens zu ändern, die sich von dem
Gefühl ableiten, daß Schutz und Liebe ihm nur dann sicher sind, wenn es
sich ganz hilflos gibt. Die Wirklichkeit der Gruppe erschüttert die Konzeption, die das behinderte Kind von sich und anderen hat, denn wenn es mit
den übrigen Mitgliedern in Beziehung tritt, stellt es fest, daß weder es
selbst noch die anderen als „kerngesund" oder „völlig krank" angesehen
werden können. Es kann diese Tatsache nur schwer verarbeiten und wird
an alten Vorstellungen von sich und anderen festhalten wollen. Daher
braucht es viel Unterstützung, wenn es in diese Situation kommt. Sowohl
seine in diesem Zusammenhang auftretenden Gefühle als auch sein spezielles Bedürfnis nach Unterstützung führen zu zusätzlichen Spannungen in
der Gruppe.

Das behinderte Kind weiß vielleicht nur sehr wenig über die Bräuche im
Kreise seiner Altersgenossen, und die Ungeschicklichkeit, die es demzufolge
in seinen sozialen Beziehungen zeigt, kann — so verständlich sie für Erwachsene ist — zu einer Quelle der Verärgerung und der Verwirrung für
die anderen Mitglieder werden. Das körperbehinderte Kind ist häufig
sichtbar anders und wird damit unvermeidlich zu einem Brennpunkt des
Interesses seiner Gruppenkameraden. Wenn seine Behinderung schwer,
aber nicht sofort als solche erkennbar ist, wie manchmal bei Blutern, können die entstehende Unruhe und die Verwirrung der Gefühle sogar noch
größer sein.

Normalerweise hat das behinderte Kind vor der Gruppenbildung mit dem
Groupworker einen umfangreicheren Kontakt als die anderen Mitglieder;
das kann ihren Neid erregen. Zudem muß es körperlich geschützt werden,

und das verlangt Zurückhaltung, Einschränkungen und Neuordnungen, die leicht zur Verstimmung der anderen führen, auch wenn sie lange Zeit über verborgen bleiben kann.

Der Groupworker weiß, daß solche Quellen der Spannung diesen Gruppen innewohnen. Daher kann er sogar noch vor der Begegnung mit einem bestimmten behinderten Kind oder einer Gruppe mit dem Auftreten von Schwierigkeiten rechnen, denen er wahrscheinlich in anderen Gruppen nicht begegnet, in denen kein Mitglied mit begrenzter körperlicher Bewegungsmöglichkeit und begrenzter sozialer Erfahrung in auffälligem Gegensatz zu seinen Kameraden steht.

Beziehungsverhältnisse in Gruppen aus normalen und behinderten Kindern sind von Anbeginn an bestimmten zusätzlichen Belastungen unterworfen. Die negativen Gefühle, die der behinderte Zustand des betreffenden Kindes erzeugt, lassen sich in den subtilen und in den gröberen Reaktionen des Kindes selbst und der anderen erkennen, wenn sie mit den Treffen beginnen und sie fortsetzen. Diese Reaktionen schließen Verhaltensweisen von unterschiedlicher Intensität ein und können ganz verschiedene Formen annehmen. Zum Beispiel ist im Gegensatz zum möglicherweise allgemeinen Eindruck das negative oder unangemessene Verhalten behinderter Kinder in „integrierten" Gruppen keineswegs auf passive Selbstisolierung beschränkt. Es schließt auch einen aktiven Rückzug ein, eine energische ärgerliche Flucht aus der Interaktion, ein überkompensierendes Verhalten, die Ausnutzung der Behinderung durch den Einsatz von aufmerksamkeiterheischenden Kunstgriffen und sogar den direkten Angriff oder die Provokation. Ähnlich können die anderen Mitglieder die negative Seite ihrer Ambivalenz auf unterschiedliche Art zeigen: sie können dem behinderten Kind gegenüber zu nachgiebig sein, sie können es völlig vor den Kopf stoßen, indem sie Aktivitäten vorschlagen, an denen es ganz offensichtlich nicht teilnehmen kann. Sie können seine körperliche Schwäche und seine Unfähigkeit, sich zu rächen, bloßstellen und versuchen, es aus der Gruppe zu entfernen.

Es gibt nicht nur diese negativen Einstellungen und Verhaltensweisen. Tatsächlich könnte die Gruppe ohne ausreichende positive Empfindungen nicht arbeiten und überleben. Offensichtlich erzeugen jedoch negative Handlungen eher Schwierigkeiten unter den Mitgliedern als freundliche

Annäherungsversuche, und aus diesem Grund konzentrieren wir uns auf die erstgenannten. Natürlich verändern sich Einstellung und Verhalten mit der Zeit in jeder Gruppe, und man beobachtet fast überall ein Verhaltensmuster, das aus einer Mischung von unterschiedlichem negativen und positiven Verhalten besteht. Nur selten begegnet man einer einzigen Form der Reaktion.

VERHALTENSMUSTER DES KÖRPERBEHINDERTEN KINDES

Die folgende kurze Übersicht befaßt sich mit den einzelnen Formen des fehlangepaßten Verhaltens körperbehinderter Kinder.

A. Aktiver Rückzug

Sehen wir uns das Verhalten von Jack, einem 12jährigen beidseitig beinamputierten Jungen, an. Nach seinem ersten Treffen mit der Gruppe verhielt sich der Jugendliche ziemlich unverbindlich. Es war nichts geschehen, das Jack hätte aufregen können, aber er hatte auch keine besonders positiven Gefühle bezüglich der Gruppe.

„Nach dem Treffen fragte der Groupworker Jack, wie er sich angesichts der Entwicklung der Dinge fühle. Jack meinte ohne große Begeisterung in seinem Benehmen oder seiner Stimme, daß die Dinge ganz gut gelaufen seien und daß er sich auf das nächste Treffen freue".

In der folgenden Sitzung bestanden die Jungen darauf, einen Vorstand zu wählen.

„H., B. und Jack wurden für die Präsidentschaft über die Gruppe nominiert... Obwohl Jack nominiert wurde, erhielt er keine einzige Stimme. B. wurde zum Präsidenten gewählt*. Jack, A. und W. wurden als Sekretäre aufgestellt, und W. wurde gewählt. Bei den Wahlen zum Schatzmeister wurden R., D. und T. nominiert und R. gewählt... Jack war durch den Ausgang der Wahl offensichtlich verstört und schien von da an ziemlich niedergeschlagen. Während des ‚Up-Jenkins'-Spieles, das der Group-

---

* R., H. und E. wurden als Vizepräsidenten aufgestellt, E. wurde gewählt.

worker einführte, war Jacks Beteiligung im Gegensatz zu der der übrigen Mitglieder ziemlich lustlos. Nach diesem Spiel schlug der Groupworker das Ping-Pong-Ball-Blasen vor. Hier kam es darauf an, den Ball hinüber auf die Tischseite der anderen Mannschaft zu blasen. Mit Ausnahme von Jack waren alle Jungen stark am Spiel engagiert. Jack wirkte ziemlich apathisch. Tatsächlich vermied er es sogar, den Ball zu blasen, wenn dieser direkt zu ihm geschickt wurde. Als das geschah, sagten die anderen Jungen, er solle den Ball blasen, und der Groupworker meinte scherzhaft, Jack sei erwischt worden, als er nicht aufgepaßt habe. Die Bemerkungen der anderen Jungen waren nicht schroff, obwohl sie ihn an seine Verantwortung der Mannschaft gegenüber erinnerten. Anschließend beteiligte sich Jack mit halbem Herzen am Spiel, aber nach einer Weile überkam ihn wieder Apathie. Am Ende des Spieles fragte der Groupworker die Jungen, was sie in der nächsten Woche tun wollten, und sagte, er würde versuchen, in der kommenden Woche den Spielraum für den Club zu bekommen, wenn die Jungen das gerne möchten. Daraufhin sprangen die Jungen von ihren Stühlen, öffneten schnell die Schiebetüren und begannen im großen Raum herumzurennen, während Jack blieb, wo er war. Um das Herumrennen abzubremsen, führte der Sozialarbeiter die Jungen zum paarweisen Armringkampf. W. schlug als erster alle Gegner. Jack machte inzwischen keinen Versuch, sich an diesen Aktivitäten zu beteiligen, er stellte nur aus dem Hintergrund Beobachtungen an. Der Groupworker sprach Jack an und schlug vor, er solle das Armkämpfen doch auch einmal versuchen. Jack war begeistert, sagte, er liebe dieses Spiel, und begann einen Kampf mit W. Die anderen Jungen zeigten keine Neigung, ihre Stärke mit ihm zu messen, und kehrten zum unkontrollierten Herumlaufen zurück. Daraufhin verabschiedete sich Jack nur vom Groupworker und ging allein aus dem Raum".*

Jack erschien nicht zum folgenden Treffen, und der Sozialarbeiter rief an, um sich nach ihm zu erkundigen. Jacks Mutter meinte, er sei unglücklich über die Wahl, und darüberhinaus hielte er die Jungen für Babies und

---

* Man sollte verhindern, daß sich ein formaler Statusaufbau in Gruppen dieser Art, besonders zu einem so frühen Zeitpunkt wie hier, bildet. Bei Wahlen leiden die „Jacks" unweigerlich.

meinte, sie wären nicht interessiert an Dingen, die Teenager interessieren sollten. Erst nachdem der Groupworker Jack in einem persönlichen Gespräch Gelegenheit gab, seine Feindseligkeiten und Forderungen zu äußern, und ihm wenigstens in begrenztem Umfang zu erkennen half, daß ein Teil der Spannungen, unter denen er litt, auch von den anderen Mitgliedern empfunden wurden, war Jack fähig, in die Gruppe zurückzukehren.

„Der Sozialarbeiter fragte Jack, wie die Dinge liefen, und dieser begann sofort über den Club zu sprechen und warum er keinem Club angehören wolle. Er sagte, da der Club nicht jeden Tag zusammenkomme, sehe er keinen Sinn darin ihm anzugehören. Er erklärte, er möchte lieber etwas, das er jeden Tag tun könne und nicht nur einmal in der Woche. Der Sozialarbeiter sagte, er könne das gewiß verstehen, und als Jack fortfuhr, so zu sprechen, meinte der Sozialarbeiter, Jack halte hier möglicherweise Ausschau nach einer zwangloseren Aktivität, wie sie der CVJM anböte. Dort könne er hingehen und Dame spielen oder das Fernsehprogramm anschauen. Diese Idee gefiel Jack zu diesem Zeitpunkt, und der Groupworker schlug vor, sie könnten bald einmal hingehen und den CVJM besuchen, um die Möglichkeiten auszukundschaften. Jack kam dann auf die angebliche Unreife der anderen Jungen in der Gruppe zu sprechen. Er sagte, sie verhielten sich wie Babies, zerstörten zuviel und machten zuviel Trubel. Der Groupworker sprach mit Jack darüber, daß die Jungen wahrscheinlich ein wenig verspannt seien, und dann unterhielten er und Jack sich über die Art, in der verschiedene Leute ihre Spannungen ausdrücken. Der Groupworker wies darauf hin, daß die Jungen bei dem Treffen durch ihr Verhalten ihre Spannung gezeigt haben könnten. Er versicherte Jack, daß sie beim letzten Treffen nicht genauso reagiert hätten und fügte hinzu, einige der Jungen hätten nach Jack gefragt und ihn wahrscheinlich vermißt. Jack sprach wieder vom Herumrennen der Gruppe und sagte, er wolle keinen Club, der herumrenne. Der Groupworker sagte, er verstehe das..., und dann sprachen Jack und er über die möglichen Aktivitäten, die im Club durchgeführt werden könnten. Jack schlug — wie zu erwarten — vor, man könne Dame spielen. Anscheinend hatte er bisher wenig Beschäftigungen kennengelernt, die im Sitzen mit anderen Menschen zusammen ausgeübt werden können. Im weiteren Gespräch ließen Jacks Ängste in bezug auf den Club langsam nach. Er fing an, mehr über Programm-Möglichkeiten für die Gruppe nachzudenken, sprach langsamer und begann sich wieder mit dem Club zu identifizieren."

In diesem Fall half der Groupworker dem Kind, analytisch und nicht mit Gegenverstimmung zu reagieren, indem er den Impuls des körperbehinderten Kindes, nämlich zu fliehen, akzeptierte und auch die Motivation zur Flucht verstand. Unter diesen Umständen konnte er dem Jungen beistehen, die Geschehnisse und die damit verbundenen Gefühle zu betrachten, zu erkunden und noch einmal nachzuprüfen, statt seine Gefühle einfach durch überstürzten Rückzug zum Ausdruck zu bringen. Die große Mühe, die sogar dieser erfahrene Groupworker damit hatte, zeigt, wie brennend dieses Problem der aktiven und sofortigen Flucht während der ersten Treffen sein kann.

B. Überkompensation

Einem vollständigen Verleugnen der Behinderung begegnet man selten, aber zu verschiedenen Zeitpunkten während ihrer Erfahrung mit dem Club überkompensieren Kinder; sie versuchen gewissermaßen so zu handeln, als ob ihre Behinderung nicht existiere. Diese Art der Reaktion kann zu Spannungen führen, obwohl sie sehr verständlich ist und manchmal von der Gesellschaft anerkannt und sogar mit Beifall bedacht wird.

Sarah hatte Arthritis in der Hüfte und brauchte Krücken, aber gelegentlich handelte sie fast ohne jede Rücksicht auf ihren Zustand. Ihr überkompensierendes Verhalten im Sommerlager der Abteilung zeigt sich ganz typisch in ihren Handlungen während der folgenden Episode. Ein Berater schrieb: „Sie bestand darauf, mit mir Ping-Pong zu spielen, und ich entschied mich dafür, ihr den Willen zu tun." Er war überrascht, denn:

„Sarah lehnte ihre Krücken an die Wand und begann auf einem Bein stehend zu spielen ... Der Ball flog ständig von ihr fort, rollte unter den Tisch und hinter die Stühle. Sie war sehr erregt und hüpfte dem Ball auf einem Bein nach, ohne daran zu denken, ihre Krücken aufzunehmen. Als ich mich unter den Tisch bückte, wollte Sarah dem Ball nachkriechen und lehnte alle Hilfe von den zuschauenden Jugendlichen und von mir ab. Oft versuchten die anderen, den Ball vor ihr zu bekommen. Dann beeilte sie sich und versuchte das zu vereiteln. Als ich eine andere Beschäftigung vorschlagen

wollte, um sie von dieser Art des Verhaltens abzulenken, bestand sie auf
Spielen, die körperliche Aktivität verlangen, und meinte, sie wolle gern
Badminton spielen. Als ich sie auf die Möglichkeit, am Werken teilzu-
nehmen, ansprach, meinte sie, sie habe schon alles gemacht, und als ich
Tischspiele erwähnte, blockierte sie mit der Bemerkung, sie habe schon
alle gespielt".

Ein solches Verhalten stellt die anderen Mitglieder auf eine harte Probe.
Es ist schwer für sie zu erkennen, wie sie auf das behinderte Kind reagieren sollen, wenn es in der Konkurrenzsituation, in die es sich hinein-
begeben hat, so stark benachteiligt ist. Das überkompensierende Verhalten
des behinderten Kindes wirkt gewöhnlich der bewußten Absicht entgegen:
anstatt seine Unzulänglichkeiten und sein Anderssein möglichst zu baga-
tellisieren, akzentuiert es sie.

C. *Ausnutzung der Behinderung*

Nicht immer antwortet das behinderte Kind mit Überkompensation.
Manchmal reagiert es fast auf entgegengesetzte Art und Weise, nutzt seinen
behinderten Zustand aus und versucht, eine bevorzugte Position in seinen
Beziehungen zu den Gruppenmitgliedern oder zum Groupworker zu erlangen. Das überrascht natürlich nicht. Die Erwartung, es solle, bewußt oder
unbewußt, verschiedene Mittel nicht einsetzen, um Vorteile aus seinem
körperbehinderten Zustand zu ziehen, überfordert ein Kind. Vielleicht
tritt ein solches Verhalten selten ganz eindeutig auf, weil das Kind erkennt,
daß dies mehr als alles andere auf die Dauer die anderen Mitglieder verstört. Das Bedürfnis des Kindes nach besonderer Zuwendung oder Hilfe
wird gewöhnlich indirekt ausgedrückt und in vielen Fällen längere Zeit hindurch getarnt oder kontrolliert, allerdings gelegentlich auch lautstark zum
Ausdruck gebracht.

Eine Sozialarbeiterin bemerkte, wie das überwiesene Kind in ihrer Gruppe,
ein zwölfjähriges Mädchen, das nach einer Kinderlähmung an den Rollstuhl gebunden war, von Anfang an durch ihr Verhalten ziemlich offen ihre
besondere Aufmerksamkeit zu gewinnen suchte. Während des zweiten
Gruppentreffens ging diese Jugendliche z. B. wie die anderen Mitglieder im
allgemeinen ziemlich aus sich heraus und beteiligte sich lebhaft an den

Tischspielen. In einer Hinsicht hob sich ihr Verhalten jedoch scharf hervor. Immer wenn sie an der Reihe war, wollte sie ihren Stein — obwohl er leicht zu erreichen war — nicht berühren, wenn er sich nicht auf ihrer Seite des Brettes befand, sondern sie wartete, bis ein anderes Mitglied das für sie tat. Ein anderes Mal, als ihr der Würfel herunterfiel, bückte sie sich nicht, um ihn aufzuheben, sondern wartete, bis schließlich ein anderes Mitglied herüberkam und den Würfel für sie aufhob. Dabei hatte die Groupworkerin verschiedentlich während der Interviews vor Gruppenbeginn beobachtet, daß sie selber Dinge vom Fußboden aufhob.

D. Direkte Aggression

Das körperbehinderte Kind zeigt selten offene Aggression den anderen Mitgliedern gegenüber. Gelegentlich kann es jedoch direkt zuschlagen als Reaktion auf seine Gefühle über die Benachteiligung, die es durch seine Behinderung erfährt. Ernie, ein neun Jahre alter Junge mit Muskelschwund, konnte das ab und zu tun.

„Als wir während des Treffens an ,heißen Platten' arbeiteten, fragte L. Ernie, ob er seinen Bleistift benutzen dürfte. Ernie nahm den Bleistift und warf ihn über den Tisch und traf L. am Kopf. L. sagte nichts, aber der Sozialarbeiter bat Ernie, er möge ein wenig sorgfältiger vorgehen, wenn er Material weiterreiche. Später geschah das gleiche noch einmal. Diesmal traf Ernie A. Ernies Mutter, die in den Raum gekommen war, sah das und wies Ernie nachdrücklich darauf hin, er könnte A.'s Auge verletzt haben. Ernies Antwort lautete: ,Das ist mir egal, solange es nicht mein Auge ist.' Offensichtlich nimmt Ernie den Kindern ihre körperliche Gesundheit übel. Mit steigender Frustration möchte er seine Aggressionen an ihnen auslassen."

VERHALTENSMUSTER DER „NORMALEN" MITGLIEDER

Es ist wichtig zu erkennen, wieviel Mut das körperbehinderte Kind braucht, um seinen nichtbehinderten Altersgenossen gegenüberzutreten und mit ihnen zu interagieren. Ebenso sollte man den Altruismus anerkennen, der von den nichtbehinderten Kindern verlangt wird, die freiwillig in eine Situation eintreten, in der ihre übliche Aktivität in verschiedenen Bereichen deutlich beschnitten ist. Doch so wenig, wie uns die Hochachtung vor dem Mut des körperbehinderten Kindes davon abhalten sollte, sein unangemessenes und antagonistisches Verhalten zu untersuchen, sollte die Anerkennung des Altruismus der anderen Mitglieder uns hindern, das unangebrachte oder negative Verhalten zu betrachten, das sie manchmal wegen seines behinderten Zustandes dem Kind gegenüber an den Tag legen. Eine kurze Betrachtung der beiden scheinbar völlig unterschiedlichen Reaktionen der normalen Mitglieder zeigt die hier wirkenden Kräfte auf und macht die verschiedenen subtilen und gröberen Probleme deutlich, mit denen der Groupworker sich auseinanderzusetzen hat.

A. Nachgiebigkeit, getarnte negative Reaktion

Hinter dem Verhalten, das nichtbehinderte Kinder, besonders in den ersten Treffen, hervorkehren, steht ihre Wahrnehmung, daß das behinderte Kind „anders" ist. Das spiegelt sich in der Bemerkung eines nichtbehinderten Jugendlichen wider, der beim Abzählen der Mitglieder seines Clubs beim ersten Treffen bekanntgab: „Wir haben sechs Jungen und ein krankes Kind." Dieses Gefühl der Andersartigkeit führt gewöhnlich nicht zu verbaler Aggression gegen das betreffende Kind, obwohl auch dies — wie wir zeigen werden — manchmal vorkommt. Feindselige Einstellungen Behinderten gegenüber werden selten durch andere Mitglieder „integrierter" Gruppen verbalisiert. Wenn sie tatsächliches negatives Verhalten zeigen, scheinen sie sich der feindseligen Absicht ihrer Bemerkungen und Handlungen häufig nicht bewußt zu sein. Typisch für die Art ihrer Reaktion ist aber eher — wie man das auch erwartet — eine nachgiebige Haltung gegenüber dem behinderten Kind.

Die nachgiebige Haltung dem behinderten Kind gegenüber wird dadurch verstärkt, daß die Erwartungen der Gesellschaft hinsichtlich des Verhaltens einem behinderten Menschen gegenüber unklar und manchmal widersprüchlich sind. Um dies zu erkennen, braucht man sich nur vorzustellen, wie schwierig es für die meisten von uns ist zu entscheiden, ob wir einem körperbehinderten Menschen Hilfe anbieten sollen oder nicht, wenn wir plötzlich vor eine solche Entscheidung gestellt werden. Körperbehinderte ständig zu sehen und mit ihnen zu leben, kann beunruhigend sein. Widersprüchliche Gefühle von Mitleid und Ärger, von Furcht vor Ansteckung und dem Wunsch, es „gutzumachen", von Befürchtungen, die Unabhängigkeit des körperbehinderten Menschen zu beschneiden, und Neid wegen der Aufmerksamkeit, die er für seine Leistung erhält, kommen zusammen und erzeugen ein Gefühl tiefer Unsicherheit.

So gesehen, läßt sich das beobachtete nachgiebige Verhalten zum Teil darauf zurückführen, daß sich das normale Kind in dieser Situation ängstlich und ein wenig verloren fühlt und daher auf Nummer Sicher geht und sich überaus willfährig oder übermäßig besorgt in bezug auf seine Beziehungen zu diesem bestimmten Kind verhält. Übrigens kann es auch glauben, der Groupworker erwarte als „Beschützer" des körperbehinderten Kindes solch ein Verhalten von ihm. Nachgiebigkeit ist jedoch häufig durch andere Überlegungen motiviert und kann ein Weg sein, um mit widersprüchlichen Gefühlen fertigzuwerden oder um diese Gefühle vor sich selbst oder vor dem behinderten Kind zu verbergen.

Die nachgiebige Haltung gegenüber dem überwiesenen Kind birgt besondere Probleme, weil sie von guter Absicht geleitet zu sein scheint und auch von der nachgebenden Person so empfunden wird. Der Groupworker muß solchem Verhalten gegenüber sehr wachsam sein, da es — trotz seiner scheinbaren Harmlosigkeit und der Ähnlichkeit mit dem, was man normalerweise als rücksichtsvolles Verhalten bezeichnet — Schaden anrichten kann. Das Zugeständnis besonderer Privilegien und besonderer Macht an das betreffende Kind durch die übrigen Mitglieder, die besondere Rücksichtnahme oder Hilfe, wo sie nicht angemessen oder nicht nötig sind, dienen letztlich dazu, die psychische Distanz zwischen dem behinderten Kind und den anderen Mitgliedern aufrechtzuerhalten. Tatsächlich kann es unbewußt eines der Ziele des nachgiebigen Verhaltens sein, das Ungewöhnliche oder Andersartige bei dem behinderten Kind zu betonen, um von seiner angsterregenden Verfassung nicht so nahe berührt zu werden. Dieses Verhalten der anderen macht es dem behinderten Kind unmöglich, als sozial Ebenbürtiger mit anderen Beziehungen zu haben und wettzueifern. Es kann in die Omnipotenzphantasien des behinderten Kindes hineinpassen oder aber seine Unzulänglichkeitsgefühle verstärken. Grundsätzlich untergräbt es seine Möglichkeiten, sich in Richtung auf wechselseitige Beziehungen und wechselseitiges Geben und Nehmen zu bewegen.

B. Offene Feindseligkeit

Ein offen feindseliges Verhalten dem betreffenden Kind als einem behinderten Menschen gegenüber steht im Gegensatz zu unserer Vorstellung von der Verpflichtung zur Sorge und Nächstenliebe gegenüber Behinderten und wird deshalb gewöhnlich unterdrückt. Trotzdem begegnet man ihm manchmal in „integrierten" Gruppen. In seltenen Fällen kann ein ärgerliches Mitglied sogar eine Art gesellschaftliches Tabu durchbrechen — das Verbot nämlich, auf die Behinderung eines Menschen anzuspielen —, um ihn zu verspotten, herabzusetzen oder sonstwie zu verletzen. Einige behinderte Kinder sind von ärgerlichen Clubkameraden als „Krüppel" bezeichnet worden, anderen wurden Worte wie „Du kannst nicht gegen mich an. Du bist blind" an den Kopf geworfen. Die Probleme, die solches Verhalten aufwirft, können den folgenden Ausführungen entnommen werden:
„G. (ein starkes und lautes Mitglied) kam zum Treffen und suchte Streit ... und kündigte an, er habe schlechte Laune. Im weiteren Verlauf des Treffens benahm er sich körperlich nicht besonders grob, entdeckte aber, daß er mit Worten genauso zerstören kann. Einmal drohte Ernie, das behinderte Mitglied, ihm, er ‚könne etwas erleben', wenn G. seinen Gips-Abguß beschädigen würde. G. wiederholte darauf einige Male seine Worte, bis der Groupworker intervenierte: ‚Was genau würdest du denn tun, wenn einer von uns sich entscheiden würde zurückzuschlagen?' Ernie war niedergeschmettert und schwieg".
In der nächsten Woche antwortete Ernie jedoch auf seine Art, indem er den Angreifer spielte und die anderen Mitglieder anstachelte, einander anzugreifen.
„Ernie war heute der einzige, der keine Ruhe finden konnte. Er bat um Plastilin und begann einen Schwan zu modellieren. Er war sehr gereizt, neckte N. und versuchte, mit G. zu zanken, der erstaunlich geduldig war. Später warf er mit einem Werkzeug nach R., der am anderen Ende des Tisches saß. Dann fing er an, mit Knetmasse zu werfen, und schien sich schließlich wohler zu fühlen, als R. seine Hände hochwarf und rief ‚Ich

ergebe mich'... Gegen Ende des Treffens begann Ernie auch mit dem Wohnungsbau-Spiel der anderen Jungen ... Der Sozialarbeiter konnte sich nicht
erklären, was Ernie bedrückte, bis ihm einfiel, daß dies eine Reaktion auf G.s
grausame Bemerkungen in der letzten Woche war, denen zufolge Ernie
nicht zurückschlagen könne, wenn die anderen das nicht zuließen. Ernie
schien sie heute eines besseren zu belehren".

So findet sowohl auf der Seite der nichtbehinderten als auch auf der der
behinderten Kinder in der Gruppe in jedem Mitglied eine Auseinandersetzung darüber statt, ob es sich den Forderungen dieser Gruppe anpassen
will oder nicht. Auch ringen alle Mitglieder mit der Frage, wie sie sich
auf möglichst angenehme Art und Weise anpassen können. Die durch diesen Prozeß verursachten Spannungen sind manchmal nicht deutlich sichtbar, aber ihr Vorhandensein läßt sich klar aus den negativen und unangemessenen Reaktionen ablesen, die wir beschrieben haben. Unser derzeitiges Wissen erlaubt uns keine Aussage darüber, ob solche Fakten wie die Art
der Behinderung eines Kindes, die Dauer seiner Isolierung, sein Alter und
Geschlecht einen besonderen Einfluß ausüben und dazu führen, daß in
bestimmten Gruppen die Spannungen größer sein können als in anderen.
Wir können allerdings sagen, daß diese Spannungen in einem gewissen
Umfang in allen Gruppen dieser Art vorhanden sein werden. Der Groupworker ist daher gut beraten, wenn er auf ihr Vorhandensein achtet und ihre
Bedeutung und die Kräfte, die sie erzeugen, kennt. Dann ist er in der Lage,
ohne Beunruhigung, Schuld oder Ärger zu reagieren, wenn sich — entgegen
seinen Erwartungen — nichtbehinderte Kinder wenig fürsorglich zeigen
oder behinderte Kinder, statt dankbar zu sein, Furcht und Feindseligkeit
gegenüber jenen an den Tag legen, die sie von der Qual sozialer Isolierung
erlösen können.

ROLLE UND AKTIVITÄTEN DES GROUPWORKERS

Die Forderung, der Groupworker solle diese unterschwelligen Spannungen
wachsam beobachten, heißt nicht, daß er sich direkt in alle Zwischenfälle oder Situationen einschalten muß, in denen normale und behinderte
Kinder unangemessene Einstellungen zeigen oder miteinander Streit haben.

Es wäre sehr ungünstig, wenn er versuchen würde, die durch diese Spannungen hervorgerufenen Probleme dadurch zu bewältigen, daß er sozusagen wie ein Feuerwehrmann umherrennt und sofort alle hochflackernden Buschfeuerchen von Streit, Rückzug oder Ausschluß löscht. Er leistet sich selbst und der Gruppe einen schlechten Dienst, wenn er davon ausgeht, daß er angesichts des oben beschriebenen Verhaltens sofort etwas unternehmen müsse, weil sonst der zeitweilige Bruch zwischen den Mitgliedern nicht wieder verheilen könne. Es gibt latente wiederherstellende Kräfte in Gruppen, die ins Spiel kommen können, wenn der Sozialarbeiter seine unterstützende Haltung allen gegenüber beibehält und sich davor hütet, solche Mitglieder anzugreifen oder herabzusetzen, deren Handeln hinter dem zurückbleibt, was man von einem „guten Mitglied" erwartet. Jugendliche regen sich zwar auf, finden aber unter solchen Umständen bald ihr Gleichgewicht wieder.

Wenn der Groupworker seiner Gruppe so gut wie möglich helfen will, sollte er allerdings seine Aktivitäten nicht nur darauf beschränken, Mitglieder zu unterstützen, ihnen Grenzen zu setzen, das behinderte Kind vor Grausamkeiten zu schützen und Hilfe bei der Programmgestaltung zu leisten. Er muß darauf vorbereitet sein, im Laufe der Interaktionen stärker einzugreifen, wenn nach seinem Dafürhalten solch eine Intervention hilfreich ist. Es gibt zwei Bereiche, in denen sich seine Intervention besonders günstig auf das behinderte Kind und die Gruppe auswirken kann. Der erste Bereich betrifft die Vorstellung des behinderten Kindes davon, wie die anderen es und seine Behinderung betrachten. Hier ist es das Ziel, dem behinderten Kind zu helfen, seine die eigene Person herabsetzenden Vorstellungen mit der Realität der Gefühle der anderen ihm gegenüber zu vergleichen. Man will damit verhindern, daß das Kind in der Haltung der anderen nur ein Spiegelbild seiner eigenen Gefühle von Geschädigtsein und Unzulänglichkeit sieht. Der zweite Bereich umfaßt die Spannungen, die in der Gruppe durch die Behinderung entstehen. Hier will der Sozialarbeiter den Mitgliedern helfen, ihre Verwirrung oder ihr Unbehagen auf andere Weise als durch Verleugnung, Rückzug oder Ablenkung zu verarbeiten.

A. Umgang mit den Gefühlen, die mit der Behinderung verbunden sind

Behinderte Mitglieder sprechen nicht ohne weiteres über ihre Behinderungen. Es ist viel verlangt, wenn man von einem Jugendlichen erwartet, daß er in bezug auf verschiedene Umstände im Zusammenhang mit seinem körperlichen Problem nicht verschlossen ist. Dabei muß man natürlich vor unkonstruktivem und unreifem „Zurschaustellen" auf der Hut sein. Der Groupworker wäre schlecht beraten, wenn er in solchen Gruppen versuchen würde, tiefverwurzelte Ängste in bezug auf Tod und Zerstörung, die ein Kind in Verbindung mit seinem Zustand haben kann, an die Oberfläche zu bringen, besonders wenn diese Ängste eine reale Grundlage haben. Abwehr muß respektiert werden. Sie bloßzulegen und z. B. einem Kind nicht zu gestatten, seinen Zustand zu „vergessen", weil man annimmt, das würde der „Verleugnung" entgegenwirken und ihm besser helfen, sich der „Wirklichkeit" anzupassen, erzeugt unerträgliche Ängstlichkeit.

Wenn sich aber ein Kind bemüht, bestimmte Aspekte seiner Behinderung möglichst zu verbergen, da es den Verdacht hat, daß das nötig ist, um eine weitere Entfremdung von seinen Kameraden zu verhindern, dann ist ein anderes Verhalten des Groupworkers hilfreicher. Er muß dann dem Kind helfen, seine Ansichten darüber genau zu überprüfen, wie die anderen wahrscheinlich auf seinen Zustand reagieren werden.

B. Umgang mit dem Problem der Verschleierung

Wie ein Groupworker nach und nach ein Kind befähigt, mit seinen Kameraden Beziehungen zu unterhalten, ohne ängstlich die Details seines Zustandes zu verschleiern, zeigt das Beispiel der Entwicklung von Linda, einem elf Jahre alten Mädchen, das an *spina bifada* litt. Die Sozialarbeiterin hatte einige Monate nach Aufnahme der Arbeit mit der Gruppe die erste Gelegenheit, mit Linda dieses Thema anzuschneiden. Dies geschah, als sie die Jugendliche in der Schule vor einem Gruppenausflug traf. Lindas Katheter hatte sich im oberen Teil der Klammern verfangen und verursachte ihr Unbehagen. Als die Sozialarbeiterin ihre Hilfe anbot, wurde Linda verlegen. Ihre nachfolgende Unterhaltung gibt die Sozialarbeiterin wieder:

„Ich fragte sie, ob es ihr seltsam vorkomme, mit mir über Dinge wie den

Katheter zu sprechen. Linda sagte, sie möchte darüber lieber nicht nachdenken. Ich meinte, es sei gewiß leicht zu verstehen, daß sie empfindlich
wäre, da sie in dieser Hinsicht anders sei als die meisten Menschen, und
fügte hinzu: ‚Aber du weißt, Linda, daß ich dich dennoch gern habe und
möchte, daß auch du mich magst.' Linda lächelte breit und meinte, sie
glaube, ich wäre die beste Clubleiterin, die sie je gehabt habe."
Als einige Wochen später Mitglieder vorschlugen, über Nacht im Lager zu
bleiben, war die Groupworkerin verblüfft über Lindas sofortige Zustimmung und ihre Ungeduld, bald zu gehen. Linda bat nur um „einen kleinen
Bereich persönlicher Intimität". Darauf reagierte interessanterweise eine
ihrer Clubkameradinnen mit den Worten: „Du wirst deine Gründe dafür
haben, Intimität zu verlangen, und ich habe meine."
Die Vorbereitungen für die Übernachtung brachten es mit sich, daß die
Groupworkerin weitere persönliche Aspekte von Lindas Zustand mit ihr be-
sprach, da die Art des Unternehmens einen gewissen Grad an „Öffentlich-
keit" mit sich brachte. Die Groupworkerin ermutigte Linda, ihre Gefühle
auszudrücken. Sie half ihr aber auch zu erkennen, was realistisch und was
unrealistisch an ihrer Ansicht über die Situation war. Im Gespräch, das sie
mit Linda und ihrer Mutter vor dem nächsten Treffen führte, fragte sie,
ob Linda etwas dagegen hätte, wenn sie den Beutel zur Schlafenszeit aus-
wüsche. Nach Auskunft der Mutter konnte Linda das nicht alleine tun.
„Linda sagte zögernd: ‚Nein, ich glaube, Sie wissen ohnehin schon alles
darüber.' Ich gab zu bedenken, daß die anderen Mädchen im Club auch gewisse Vorstellungen hätten. Linda stimmte zu, sah aber nicht ein, warum sie
‚alles wissen' sollten. Sie sagte weiterhin: ‚Ich möchte nicht, daß sie an all
das denken, wenn sie mich ansehen. Ich hasse das ..., wenn die Leute so
starren.' Ich sagte, es sei leicht zu verstehen, daß Linda vermute, die Leute
sähen sie wegen des Beutels und der Schläuche an, obwohl die Leute nach ihr
schauen, weil sie einen Rollstuhl und die Stützen an ihren Beinen habe ...
Die Mutter fügte hinzu: ‚Du denkst das nur deshalb, weil du viel empfind-
licher wegen der anderen Dinge bist. Es macht dir eigentlich nichts aus,
wenn die Leute deinen Rollstuhl ansehen.' Linda wurde sehr nachdenklich
und wiederholte: ‚Ich wünschte, die Leute würden mich nicht so anstarren.'
Ich sagte, daß sogar ich manchmal behinderte Menschen anstarre. Ich sei an
ihnen interessiert. Ich fuhr fort zu beschreiben, wie ich die Kinder, die

aus der Schule für körperbehinderte Kinder kamen, sorgfältig beobachtete, weil ich mich dafür interessiere, ihnen zu helfen, was letzten Endes durch eine Art Neugierde, nicht durch Mitleid bedingt sei. Linda antwortete langsam: ‚Ich weiß, warum sie das tun ... aber bei Fremden stört es mich.'"

Trotz dieser Befürchtungen brachte Linda während der folgenden Treffen selbst verborgene Aspekte ihres Zustandes ins Gespräch und sprach ganz offen von der medizinischen Ausrüstung und dem Apparat, den sie mitnehmen würde, als die anderen zusammenstellten, was sie mitbringen würden.

Während der „Übernachtung" selbst zeigte Linda wachsende Selbstsicherheit und wurde über die Begleitumstände ihrer körperlichen Behinderung wesentlich beruhigter. Zur Schlafenszeit erlaubte Linda der Groupworkerin, sie zum Badezimmer zu begleiten, während sie den Katheter-Beutel leerte. Dann kündigte sie an, es mache ihr nichts aus, wenn die Mädchen im Raum blieben, während sie ihre Kleider wechselte, solange diese ins Feuer schauten und weiter türkischen Honig zubereiteten. Die Sozialarbeiterin schreibt:

„Linda sprach die ganze Zeit über mit normaler Stimme über diese mehr persönlichen Dinge, und die anderen Mädchen konnten leicht hören, was gesprochen wurde. Sie scheint sich unter ihnen sehr wohl zu fühlen. Die Mädchen zeigten wenig Interesse an dem, was Linda tat, wie groß ihre zugrundeliegende Neugier auch gewesen sein mag. Im Bett unterhielten sich alle noch und schliefen dann ein. Als wir am nächsten Tag die Stadt besichtigten, wollte Linda nicht geschoben werden und rollte sich selbst durch die Läden. Sie zeigte zu diesem Zeitpunkt ein bemerkenswertes Maß an Selbständigkeit, und ich wurde seltener als sonst gebeten, den Stuhl zu schieben, etwas aufzuheben oder zu tragen."

Erfahrungen wie die oben beschriebenen können sicher nicht alle Probleme, die das behinderte Kind in bezug auf Ausgesetztsein und Andersartigkeit hat, lösen. Durch diesen Prozeß können auch nicht alle Ängste, die andere Mitglieder bezüglich körperlicher Schäden haben, aufgehoben werden. Aber diese Erfahrungen haben einen starken Einfluß auf solche Probleme und Ängste. In dem Maße, in dem die Jugendliche im obigen Beispiel dank der direkten Hilfe durch die Sozialarbeiterin in die Lage versetzt wurde, über ihre Ängste zu sprechen und sie dem Erfahrungstest zu unterwerfen, verblaßten und verringerten sich auch ihre pessimistischen Vorstellungen über die negativen Reaktionen der anderen. Die allmähliche Offenlegung der weniger sichtbaren Aspekte ihrer Krankheit hob das ihren Zustand umgebende Geheimnis zum Teil auf. Das wiederum vermindert die immer vorhandene Unsicherheit der übrigen Mitglieder in den Beziehungen mit dem Behinderten und macht die Handhabung der Situation für sie einfacher. Das behinderte Kind bleibt so der Gruppe nicht fremd. Seine Haltung hindert die Mitglieder nicht daran, wichtige Erfahrungen zu sammeln. Obwohl es sich ständig seines Zustandes bewußt ist, kann es zur allseitigen Befriedigung zu diesen Erfahrungen beitragen und an ihnen teilhaben.

Ein Kind wird nicht immer so stark von seiner Behinderung in Anspruch genommen wie im vorangegangenen Beispiel und ist nicht immer so ansprechbar für eine Intervention des Groupworkers. Obwohl Linda besonders empfindlich in bezug auf ihre Unfähigkeit reagierte, konnte sie ihre Gefühle teilweise schon zu Anfang ihrer Beziehung mit der Sozialarbeiterin besprechen. Dank ihrer Bereitschaft, der Sozialarbeiterin zu vertrauen, konnte sie sich nach und nach mit ihren Gefühlen von Scham und Verlegenheit in der Gruppe auseinandersetzen und sie dadurch vermindern. In anderen Fällen ist das Kind jedoch viel verschwiegener und abwehrender in bezug auf seine Behinderung und strengt sich in der Gruppe viel mehr an, seine durch die Behinderung hervorgerufenen Ängste zu verbergen. In solchen Fällen hat es der Groupworker schwerer, da die Gefahr besteht, daß er zu große Angst erzeugt, wenn er versucht, den Jugendlichen zum Verzicht auf seine Abwehr zu bewegen.

C. Umgang mit der Verschwiegenheit

Die Probleme, die die Arbeit mit einem extrem schweigsamen Kind mit sich bringt, werden am Fall von Erik illustriert. Erik ist ein (früher schon erwähnter) gehbehinderter Jugendlicher. Obwohl der Junge Krücken benutzte und seine Behinderung deutlich sichtbar war, bezogen sich weder er noch die anderen Gruppenmitglieder während der Clubtreffen in den ersten fünf Monaten auf seine Behinderung. Dann mußte sich Erik einer weiteren korrigierenden Operation unterziehen. Die Art, wie er sich mit der

Operation auseinandersetzte, war beispielhaft dafür, wie er seine Behinderung verleugnete. In der ihm eigenen Art wollte er die Tatsache der Operation vor der Gruppe verbergen und sogar, als er den Groupworker darüber informierte, nur von den Vorteilen des von ihm überbewerteten chirurgischen Eingriffs sprechen. Er ließ absolut keine Furcht vor der Operation erkennen. Der Groupworker hielt diesen Zeitpunkt für günstig, um die Diskussion über Eriks Behinderung vor die Gruppe zu bringen, obwohl Erik gewünscht hatte, der Groupworker solle die Operation vor den anderen Mitgliedern erst erwähnen, wenn er im Krankenhaus liege. In seiner Arbeit mit Erik war sich der Groupworker bewußt geworden, daß Erik am liebsten jede Gefühlsäußerung aus Furcht, von ihr überwältigt zu werden, vermied. Er spürte auch seine Anstrengung, jede Schwäche vor der Gruppe zu verbergen. Der Groupworker glaubte, Eriks wahren Interessen zuwiderzuhandeln, wenn er nach dessen Willen die Gruppe erst informierte, wenn Erik im Krankenhaus läge.

Wenn er einfach auf Eriks Wunsch eingegangen wäre, hätte das so ausgesehen, als unterstütze er seinen Rückzug und seine Selbstisolierung, und damit hätte er gerade den Abwehrmechanismus verstärkt, der ursprünglich zur Entfremdung des Jugendlichen von seinen Altersgenossen geführt hatte. Er hätte auch die Chance ungenutzt gelassen, Erik erfahren zu lassen, daß andere in Zeiten der Krise Unterstützung bieten können, wenn man in der Lage ist, ihnen seine Probleme mitzuteilen. Der Groupworker hoffte, er könne Eriks Vorstellung, jedes Zeichen von Schwäche in Zeiten der Belastung setze ihn Demütigungen in Form von Mitleid oder Lächerlichkeit aus, abschwächen. Er schlug deshalb vor, Erik solle lieber selbst anwesend sein, wenn man über·die bevorstehende Operation spreche. Erik hatte sich typischerweise während der Unterhaltung über dieses Thema mit dem Groupworker ambivalent verhalten. Zunächst hatte er gezögert, die anderen einzuweihen. Dann dachte er daran, ihnen selbst von der Operation zu erzählen. Später scheute er wieder vor dem ganzen Unternehmen zurück und bat schließlich, die sollten in seiner Abwesenheit davon erfahren. Erik stand dieser Angelegenheit eher ambivalent als ablehnend gegenüber. Daher glaubte der Groupworker, er könne ihn ruhig etwas unter Druck setzen, wenn er ihn gleichzeitig unterstützte. Erik konnte nicht darüber sprechen, warum es für ihn so schwer war, den anderen von der Operation zu erzählen, aber er wollte schließlich dabeisein, wenn der Groupworker es übernehmen würde, die Jungen zu informieren.

Als der Groupworker dann wirklich in der Gruppe das Gespräch auf die bevorstehende Operation brachte, fühlte sich Erik im Gegensatz zu seinen Erwartungen eher erlöst als unbehaglich und konnte das dem Groupworker mitteilen. Dieser beschrieb den Vorgang mit folgenden Worten:

„Als die Gruppe Pläne für die beiden letzten Treffen diskutierte, erwähnte der Groupworker, Erik gehe Mitte Juni ins Krankenhaus, um sich dort operieren zu lassen. N's erste Bemerkung war: ‚Ich hoffe, du kommst nie wieder heraus'. Der Groupworker reagierte sofort und sagte: ‚Das soll wohl ein Witz sein.' N. wurde verwirrt, lächelte nervös und stimmte zu, er habe es nicht so böse gemeint.*

D. schloß sich mit der Frage an: ‚Braucht er dann keine Stützen oder Krücken mehr?' Die anderen stellten ebenfalls spezielle Fragen zur Behandlung, und Erik bat den Groupworker um Unterstützung. Der Groupworker antwortete den Jungen und faßte gleichzeitig zusammen: ‚Es ist schwer zu sagen, was sich erreichen läßt, aber wir wissen, daß Erik so gut wie möglich versorgt wird, und hoffen, daß es ihm nachher viel besser gehen wird. Ob und wann er ohne Krücken und Stützen auskommen wird, das ist eine medizinische Frage, die wir jetzt noch nicht beantworten können.' Die Gruppe wandte sich wieder den Tischspielen zu. Als wir auseinandergingen, blieb Erik noch zurück, um mit dem Groupworker zu sprechen. Er meinte, er habe keine Ahnung gehabt, wie die Jungen reagieren würden. Er selber habe aber erwartet, er würde sich nervös und verlegen fühlen. ‚Es ging alles viel leichter, als ich dachte', war sein überraschter Kommentar."

---

* Aus dem Wunsch heraus, Erik vor einer Bemerkung, die mehr durch Ängstlichkeit als durch Feindseligkeit motiviert schien, zu schützen, verleugnete der Sozialarbeiter N.'s Bemerkung. Solche Antworten des Sozialarbeiters können leicht die Diskussion hemmen und unverarbeitete Reste von Schuld und Verlegenheit in Erik und N. zurücklassen. Dank des vom Groupworker geschaffenen Klimas geschah das nicht. Es wäre jedoch hier viel hilfreicher gewesen, wenn der Sozialarbeiter die Angst reflektiert hätte und dadurch sowohl Erik vor einem feindseligen Angriff geschützt als auch N. von einigen seiner Schuldgefühle befreit hätte. Der Sozialarbeiter hätte z. B. beruhigend sagen können: „Ganz sicher wird Erik wieder gut aus dem Krankenhaus herauskommen, aber natürlich machen sich Menschen, die operiert werden müssen, Sorgen darüber, was mit ihnen geschieht. Erik möchte, daß ihr Jungen wißt, daß er ins Krankenhaus geht, und vielleicht wollt ihr einige Fragen an uns stellen."

D. Korrektur von falschen Vorstellungen über die Behinderung

Der Groupworker möchte dem überwiesenen Kind helfen, daß es weniger in seinen Gefühlen über die Behinderung befangen ist. Gleichzeitig ist er aber auch daran interessiert, falsche Vorstellungen der anderen Kinder über den wahren Zustand dieses Kindes zu korrigieren. Dies soll nicht nur die emotionale Distanz zum behinderten Kind vermindern, sondern auch ihre eigene unrealistische Scheu vor der Krankheit abbauen. Im folgenden Beispiel werden Reaktionen einer Gruppe auf einen epileptischen Anfall geschildert. Es wird hier deutlich, wie der Groupworker eine Krise konstruktiv einsetzt, die ohne sein geschicktes Handeln die Entfremdung zwischen dem überwiesenen Kind und den anderen Mitgliedern noch vergrößert hätte. Der Groupworker war sich der Erregung der Gruppe voll bewußt und ließ sie auch zum Ausdruck kommen. So konnte er die unmittelbar drohende Panik verhindern und den Mitgliedern helfen, sich wegen dieser Krankheit weniger unbehaglich zu fühlen.

Dieser Zwischenfall mit Harry, dem epileptischen (früher schon erwähnten) Jugendlichen, ereignete sich im Lager. Der Berater schrieb:

„Eines Abends gegen 11.30 Uhr rannte ein Mitglied der in der Hütte wohnenden ‚Adler‘ (Harrys Club) quer über den Sportplatz zum Haus des Personals. Als K. mich draußen entdeckte, rief er sofort: ‚Harry hat einen Anfall, Harry hat einen Anfall!‘ Er keuchte vom Spurt über den Platz, und sein schnelles Atmen wurde noch durch seine Furcht beschleunigt. Ray (Harrys Clubleiter) und Ed (ein anderer Berater) kamen auf die Rufe hin aus dem Haus. Während ich zu K. hinüberging, drehte ich mich zu ihnen um und sagte: ‚Anscheinend hat Harry in der Hütte einen Anfall gehabt.‘ K. sprach noch immer aufgeregt, als wir unter seiner Führung zusammen zur Hütte eilten.

Hier fanden wir alle zehn Jungen wach, sechs saßen auf ihren Betten, und drei standen um Harrys Bett herum. Die Jungen ließen uns Erwachsene durch, blieben aber in der Nähe und beobachteten, wie Ray und Ed dafür sorgten, daß Harry sich nicht verletzen konnte. K. trat zu ihnen und schaute zu. Man sah, daß der Anfall schon abklang und bald aufhören würde. Harry stöhnte nur noch leise und schien nur noch wenig verkrampft. Als Ray und Ed das Notwendige getan hatten und Wache hielten, erzählte ihnen K. die ganze Geschichte noch einmal. Er sei von den Schlägen an Harrys Bett aufgewacht und habe aus dem Stöhnen geschlossen, daß Harry einen Anfall habe. Dann habe er zwei andere Jungen geweckt und sie gebeten, auf Harry aufzupassen, während er Hilfe holte. Ray und Ed erklärten ihm, was sie unternommen hatten, damit Harry sich nicht selbst verletzen konnte. Währenddessen sprach ich mit den Jungen, die auf den Betten saßen. Ich informierte sie, Harry habe einen Anfall gehabt, der gerade abklinge, und unsere Hilfsmaßnahmen sollten ihn vor Selbstverletzungen schützen. Ich versicherte ihnen, daß es Harry körperlich ganz gut gehe. Da ich vermutete, der Anfall könne die Phantasie der Jungen dahingehend angeregt haben, daß sie in Harry einen unkontrollierten Angreifer sahen, der den anderen im Schlaf ein Leid tun konnte, betonte ich, daß unser Hauptanliegen dabei sei, Harry zu schützen.* Ich erwähnte auch, der Anfall könne darauf zurückzuführen sein, daß Harry vergessen hatte, seine Medizin zu nehmen. (Die Gruppe wußte genau, daß Harry Tabletten nahm, weil sie darüber verschiedentlich mit ihrem Groupworker Ray diskutiert hatte.)

Ich wollte durch Erwähnung dieser Tatsache zum Ausdruck bringen, daß Harrys Zustand eine physiologische Ursache hatte, und daß das, was man einen Anfall nennt, nichts mit dämonischer Besessenheit zu tun hat, sondern leicht unter Kontrolle zu bringen ist. Trotz der Erklärungen wirkten die Jungen noch sehr aufgeregt und sagten, wie erschreckend es sei, so aufgeweckt zu werden. Ich ermutigte sie, ihre Gefühle zu zeigen und zu besprechen, und sagte, es sei mir klar, wie angsterregend ihnen der Vorfall vorkomme. Ich wiederholte dann noch einmal alles, was ich vorher über

---

* Der Groupworker hatte wahrscheinlich recht damit, daß er einen Großteil der Ängstlichkeit unter den anderen Gruppenmitgliedern der Befürchtung zuschrieb, ihnen selbst könne ein Leid geschehen. Keinesfalls sicher ist allerdings, daß diese Befürchtung sich hauptsächlich von der Vorstellung ableitete, Harry könne unter dem Zwang des Anfalls gewalttätig werden und sie angreifen. Die Furcht, ihnen könne im Schlaf das Gleiche wie Harry zustoßen, wird vermutlich mindestens ebenso groß sein. Es wäre ratsam gewesen, wenn der Groupworker herausgestellt hätte, daß solche plötzlichen Krämpfe nur diejenigen Menschen befallen, die wie Harry an dieser besonderen Krankheit leiden, und daß diese Krankheit nicht ansteckend sei. Außerdem waren die Jungen zweifellos besorgt gewesen, Harry könne an seinem Anfall sterben. Daher hätte man erst recht betonen können, daß Anfälle für das Opfer gefährlicher erscheinen als sie in Wirklichkeit sind, und daß sie im Grunde keinen ernsthaften Schaden anrichten.

den Sinn der Maßnahmen der Berater und die möglichen Gründe für den
Anfall gesagt hatte. Der Anfall war nun vorüber. Harry war eingeschlafen,
nachdem sein Bett gerichtet und seine Kleider gewechselt waren. Die meisten anderen Jungen waren nach den beruhigenden Auskünften bereit,
schlafen zu gehen. K. und zwei andere waren jedoch noch immer zu ge-
spannt. Ich schlug daher vor, sie sollten sich mit Ray und mir vor der Hütte
auf die Treppe setzen, bis sie bereit seien, zurück ins Bett zu gehen. K. benahm sich noch immer ängstlich, obwohl er sich allmählich beruhigte, was
man an seiner langsamer werdenden Sprechweise und seinen Gesten erkennen konnte. Als er fragte, ob dies noch einmal vorkommen könne, wies
ich darauf hin, daß dies zwar möglich, jedoch nicht wahrscheinlich sei, wenn
Harry seine Medizin ordnungsgemäß einnehme. Ray und ich sagten, wir
wollten Harry dabei helfen. Falls Harry jedoch noch einen Anfall bekommen sollte, so ständen, wie wir heute abend, immer Mitglieder des Personals zur Verfügung, die Harry davor schützen würden, sich in seinem hilflosen Zustand selbst zu verletzen. Nachdem wir uns etwa 20 Minuten lang
so unterhalten hatten, erklärten sich die Jungen bereit, hineinzugehen. Das
geschah, und wir konnten bald darauf zurückgehen, da alle für diese Nacht
zur Ruhe gekommen waren. Soweit es sich beobachten ließ, führte dieser
Vorfall nicht zu einem Ansteigen von ängstlichem oder feindseligem Verhalten gegenüber Harry."

E. Der Umgang mit abgeleiteten Spannungen

Die Spannungen, die in diesen Gruppen entstehen, werden wie im oben
geschilderten Beispiel manchmal durch die Angst vor der Behinderung
selbst hervorgerufen. Groupworker haben auch sogenannte abgeleitete
Spannungen beobachtet. Diese letzteren können sich aus Vorfällen ergeben,
bei denen ein anderes Mitglied genau genommen nicht aus Furcht vor der
Behinderung selbst negativ reagiert, sondern diese eher als Mittel benutzt,
mit dem es das behinderte Kind angreifen kann, wenn es ärgerlich auf dieses ist. Abgeleitete Spannungen können auch in Situationen auftauchen,
in denen das behinderte Kind versucht, sich einer Änderung seiner Anpas-
sungsformen zu widersetzen, sich unter Hinweis auf seine Gebrechlichkeit
zurückzieht und dadurch den anderen Mitgliedern gegenüber besondere

Ansprüche geltend machen will oder in extremen Fällen sogar das Bestehen der Gruppe in Frage stellt.

Glücklicherweise mißbrauchen Mitglieder ganz selten die Behinderung eines Kindes, um es über den schwachen Punkt anzugreifen. Mit Hilfe von Auswahlkriterien kann man die meisten der Jugendlichen von Anfang an aus der Gruppe ausschließen, die sich eventuell solch ein Verhalten erlauben. Immerhin kommen solche Angriffe, so selten sie auch sein mögen, vor. Wenn sie stattfinden, können sie zudem einen lähmenden Einfluß auf den Groupworker ausüben, vor allem weil sie so unerwartet auftauchen, großen Einfluß auf mögliche negative Gefühle des Groupworkers dem Kind gegenüber besitzen und außerdem im Hinblick auf die sozialen Werte, die der Behandlung des „weniger Glücklichen" zugrunde liegen, einen besonderen „Tiefschlag" darstellen. Wenn sich unter solchen Umständen das behinderte Kind später rächen und seinen Gegner so schwer wie möglich verletzen will, kann der Groupworker im unreflektierten „natürlichen Impuls" dies als eine Frage von ausgleichender Gerechtigkeit und als eine Kompensation des erlittenen Leids ansehen und dem behinderten Kind erlauben, „die Sache zu begleichen". (Und wir hoffen ja in der Tat, daß jedes behinderte Kind lernt, „für seine Rechte einzutreten" und „sich nach besten Kräften zu wehren".)

Wenn man jedoch einen heftigen Gegenangriff zuläßt, wird dadurch das eigentliche Problem des behinderten Kindes nicht gelindert, da dies seinem Zorn über die Behinderung entstammt, die es so benachteiligt. Außerdem bleiben bei dieser Art des Gegenangriffs zwei Verletzte statt nur eines Verletzten zurück.

Der Groupworker, dem diese Situation begegnet, muß sich — gleich, wie er sich dem angreifenden Mitglied gegenüber verhält — ganz intensiv dem einzelnen behinderten Kind zuwenden und ihm helfen, seine Gefühle der Ohnmacht und des Zorns zu erkennen und zu verarbeiten, damit es nicht seiner natürlichen Neigung, destruktiv zurückzuschlagen, nachgibt. Im folgenden geben wir ein Beispiel für die Aktivität des Groupworkers, der dieses Ziel erreichen möchte.

1. Umgang mit einem direkten Angriff

Rona und Emily gehören als blinde Mitglieder zu einer Gruppe sehender Kinder. Rona, das überwiesene Kind, hatte Emily in die Gruppe gebracht und mochte sie sehr gern. Alle Mädchen kamen aus einer Nachbarschaft, in der es nicht ungewöhnlich war, daß auch Mädchen aggressiv reagierten. Als einmal Emilys Kreischen die anderen ärgerte, gab es einen heftigen Ausbruch. Da die Sozialarbeiterin gerade Werkmaterial holte und nicht im Zimmer war, konnte sie sich den Vorgang nur zusammenreimen.

V., ein allgemein angesehenes, aber impulsives Mitglied hatte anscheinend begonnen, Emily zu beschimpfen. Als Rona zu ihrer Verteidigung herbeieilte, ergab sich eine heftige Streiterei. Sie gipfelte in der Herausforderung V.s, Rona sei blind und könne nicht zurückschlagen, falls es zum Kampf käme. Rona war außer sich und wußte nicht, was sie tun sollte. Sie konnte nicht einmal der Groupworkerin zu diesem Zeitpunkt berichten, was geschehen war. Auch später, als sie der Groupworkerin am Telefon beschrieb, was vorgegangen war, schäumte sie noch vor Empörung und schrie etwas wie sie wolle „V. ein blaues Auge schlagen, um ihr zu zeigen, wie weh das tue". Dann erkannte sie, daß dies außerhalb ihrer Fähigkeiten lag. Da sie aber immer noch intensiv wünschte, V. zu verletzen, sagte sie, sie wolle der Gruppe bekanntgeben, daß V.'s Vater im Gefängnis sitze. Die Groupworkerin erkannte, daß Rona trotz ihrer intensiven Rachegelüste vor einer direkten Konfrontation mit V. ängstlich zurückschreckte (was die ohnmächtige Wut auf ihre Blindheit nur noch steigerte). Was sie im Augenblick am dringendsten brauchte, war eine Möglichkeit, sich über ihren tiefempfundenen Zorn auszulassen und von der Groupworkerin trotz ihrer destruktiven Wünsche akzeptiert zu werden. Die Groupworkerin hörte daher Rona fast eine Stunde lang zu und fühlte mit ihr, als die Jugendliche über den Club und ständig von ihrem Plan sprach, sie wolle V. beim nächsten Treffen über ihren Vater angreifen. Die Groupworkerin beschränkte sich nicht darauf, Rona zuzuhören, sie versuchte auch, ihr klarzumachen, daß eine Vergeltung Rona nicht über das Leid der Blindheit hinweghelfen, sondern nur weitere Probleme nach sich ziehen würde.* Sie sagte, sie wisse zwar, daß Rona ärger-

---

* In diesem Zusammenhang ist es wichtig, daß der Groupworker nicht nur den Vergeltungsimpuls selbst akzeptiert, sondern auch mit dem Kind überlegt, daß Vergeltung Gegenvergeltung nach sich zieht und sich immer weiter fortpflanzt.

lich sei, doch glaube sie nicht, Rona wolle ihre Beziehungen zu V. und den anderen Mitgliedern verletzen. Die Groupworkerin sei dazu da, um ihr zu helfen, trotz ihrer schmerzlichen Gefühle mit anderen zurechtzukommen. Sie wiederholte dies, obwohl sie Ronas Meinung anerkannte, sie sei durch die Blindheit schon so tief verletzt, daß nichts sie stärker treffen könne. Obwohl sich Rona hier aussprechen konnte und unterstützt wurde, befriedigte das ihren Wunsch nach Vergeltung natürlich nicht. Am liebsten hätte sie es gesehen, wenn die Groupworkerin V. bestraft hätte, aber da diese eine neutrale Stellung V. gegenüber beibehielt, verschob sich Ronas Ärger auf sie. Sie griff die Groupworkerin an, weil sie den Vorfall habe geschehen lassen, sie beschuldigte sie, sie habe sie davon abgehalten, V. anzugreifen, und brachte sogar ohne Zusammenhang ihren Unmut über die Länge der Treffen und über den Ausschluß von Gästen, die sie gern gesehen hätte, zum Ausdruck. Darin zeigte sich nicht nur ihr Ärger darüber, daß die Groupworkerin V. nicht bestraft hat, sondern Rona übertrug hier auf einer tieferen Ebene den Groll gegen ihre Mutter, die in irgendeiner Art und Weise für ihre Blindheit verantwortlich sei. Am Ende der Unterhaltung blieb sie fest dabei — die Gruppenleiterin könne sagen, was sie wolle —, wenn sie in die nächste Gruppenstunde komme, würde sie „V. schon kriegen". Im übrigen werde sie vielleicht überhaupt nicht kommen. Die Groupworkerin akzeptierte diese letzte Drohung und sagte, sie käme vorbei und hole Rona und die anderen Mitglieder zu dem Ausflug ab, der für das nächste Treffen geplant war.

Rona kam zum nächsten Treffen, und obwohl ihr Ärger während der folgenden Treffen noch deutlich anhielt, startete sie keinen Frontalangriff gegenüber V. Statt dessen machte sie ihrem Ärger der Groupworkerin gegenüber bei jeder Gelegenheit Luft und blieb bei ihren Drohungen. Die Groupworkerin verteidigte auf Ronas ärgerliche Äußerungen hin V.'s Aktionen nicht, sondern erklärte, daß die Menschen manchmal Dinge sagen, die andere tief verletzen, und daß sie es später häufig bereuen. Sie tat dies, „um Rona von der Idee zu überzeugen, daß es ihr (der Groupworkerin) auch leid täte, wenn Rona ihrerseits Vergeltung üben und auf ähnliche Weise verletzen würde."

Gleichzeitig unterstützte sie Ronas private Entladungen. Sie bot sich stellvertretend als Zielscheibe für Ronas Ärger an, um die Wahrscheinlich-

keit eines explosiven Ausbruchs der Gefühle der Gruppenmitglieder zu ver-
ringern. Sie glaubte, wenn dies geschähe, würde der Ärger außer Kontrolle
geraten und die Gruppe in kriegerische Parteien spalten. Hier scheint die
Beurteilung der Groupworkerin angebracht, und zwar trotz des allgemeinen
Grundsatzes, nach dem man soweit wie möglich die offene Erörterung von
Gruppenspannungen ermutigen soll. Dieses Prinzip läßt sich in Situationen
anwenden, in denen die Gefühle nicht ganz so intensiv sind. Wenn nach
Ansicht der Groupworkerin die Gefühle der Gruppe nicht in kontrollier-
baren Grenzen gehalten werden können, muß alles versucht werden, um
das Problem auf einer individuellen Ebene, nämlich zwischen Groupworker und Mitglied, zu bewältigen. In diesen Fällen kann ein „Interview
am Rande" wie hier eine Art Ventil für die turbulenten Gefühle darstellen
und dafür sorgen, daß es zur größtmöglichen Klärung für das einzelne
Mitglied kommt und sich die Bedrohung der Gruppenstabilität verringert.

2. Vorgehen bei Rückzug in die Gebrechlichkeit

Abgeleitete Spannungen erwachsen nicht nur aus feindseligen Begegnungen zwischen dem behinderten und dem nichtbehinderten Kind, wenn das
normale die körperliche Konstitution des anderen als wunden Punkt benutzt, über den es einen persönlichen Angriff starten kann. Sie können
auch daraus resultieren, daß das behinderte Kind seine Gebrechlichkeit in
seinen Beziehungen zur Gruppe und zum Groupworker einsetzt. Invaliditäts-Gehabe bezeichnet hier die Neigung des überwiesenen Kindes, a) seinen
behinderten Status während der Teilnahme an Aktivitäten auszunutzen und
über das notwendige Maß hinaus besondere Rücksichtnahme zu verlangen,
oder b) sich in eine Haltung der Hilflosigkeit zurücksinken zu lassen und
sich aus Aktivitäten zurückzuziehen. Das kann so weit gehen, daß das
Kind sich selber aus der Gruppe entfernt, wenn es der Belastung durch
die Interaktion mit anderen auf einer Ebene, die ihm keine Bevorzugung
sichert, nicht gewachsen ist oder wenn es ihm zu schwer fällt, die Anforderungen zu akzeptieren, die im Zusammenhang mit einer von den Kameraden gewünschten Beschäftigung entstehen, selbst wenn diese im Rahmen
seiner körperlichen Fähigkeiten liegen. Durch die Hervorkehrung seiner
Gebrechlichkeit kann das behinderte Kind die Gruppe unter Umständen
nur irritieren, es kann sie aber auch sehr negativ beeinflussen.

a. Vorbeugung und Unterstützung in der Gruppe. Der Groupworker, der sich mit dem Problem des Hervorkehrens der Gebrechlichkeit befaßt, sollte sich hier von der gleichen Zurückhaltung leiten lassen wie bei seiner Arbeit an den anderen Problemen, denen er begegnet. Er bemüht sich, jeden Streitfall zunächst mit leichter Hand und möglichst aus dem Hintergrund beizulegen, und greift erst dann intensiver ein, wenn dies unbedingt nötig ist. So versucht der Groupworker von Anfang an, die Voraussetzungen dafür zu schaffen, daß die Kräfte, die das Invaliditäts-Gehabe fördern könnten, vermindert werden. Es geht ihm darum, diejenigen Elemente im Leben der Gruppe möglichst gering zu halten, die im behinderten Kind übermäßige Ansprüche auf besondere Hilfe und Rücksichtnahme erwecken könnten. Von daher versucht er, Jugendliche in die Gruppe aufzunehmen, die nicht auf einem Programm übermäßiger Aktivität bestehen, da die Betonung seiner Gebrechlichkeit für das körperbehinderte Kind eine Möglichkeit darstellt, sich gegen Forderungen zu wehren, denen es nicht gewachsen ist. Wenn die Gruppe einmal in Gang ist, verlagert der Groupworker sein Bemühen um Vorbeugung auf den Bereich der Programmgestaltung. Er versucht, ein Gleichgewicht zwischen den Begrenzungen, die dem normalen Mitglied auferlegt sind, und den Ansprüchen, die durch die Aktivitäten der Gruppe an das behinderte Kind gestellt werden, herzustellen, damit das Programm für alle einigermaßen anregend und interessant ist, ohne jemanden auszuschließen oder zu überfordern.

Durch sorgfältige Programmplanung können die Interessen der normalen Mitglieder soweit befriedigt werden, daß sie es nicht nötig haben, auf Aktivitäten in der Gruppe zu drängen, die für das behinderte Kind allzu schwierig durchzuführen oder ihm sogar unmöglich sind. Wenn dieser Druck fehlt, braucht das behinderte Kind seinerseits nicht in die Gebrechlichkeit zu fliehen, um hier die Aufmerksamkeit und das Selbstgefühl zu finden, die es durch Beteiligung an Aktivitäten der Gruppe nicht gewinnen kann. Trotz der oben beschriebenen vorbeugenden Maßnahmen kann das behinderte Kind an einem Verhalten festhalten, das seine Unfähigkeit hervorhebt. Das ist sogar möglich, wenn es sich weiter in gewissem Umfang an den Aktivitäten der Gruppe beteiligt. Manchmal scheint es so, als wollte es die Mitglieder davor warnen, in ihrer Freude über seine Teilnahme zu glauben, es habe keine besonderen Probleme. Der Drang, die Behinderung hervorzukehren, ist stark. Er schließt die Vorstellung ein, man könne sich so vor Unannehmlichkeiten und Anstrengungen schützen, und kann in einigen Fällen dazu führen, daß das Kind unangemessen handelt. Für einige Kinder bedeutet das Aufgeben dieses Verhaltens eine drastische Neuorientierung in ihren Beziehungen zu den Kameraden und dem Groupworker und als Folge davon auch zu ihren Geschwistern und Eltern. Sie können etwa die gleichen Schwierigkeiten haben, sich von diesem Aspekt ihres Verhaltens zu trennen, wie ihre Eltern sie empfanden, als sie sie „an die Gruppe abgaben".

So gefährlich es klingen mag, dieser Umstand erfordert nicht immer eine gründliche Prüfung und Klärung der Gefühle. Man kann manchen Jugendlichen, die diese fehlangepaßte Reaktion zeigen, helfen, indem man ihr unangemessenes Verhalten akzeptiert, sie aber gleichzeitig stark ermutigt, das tatsächlich Mögliche zu tun. Der Groupworker handelt hier gewissermaßen als der freundliche Erwachsene, der weder abwertet noch spottet noch das Kind beschämt, um es zum „besseren" Verhalten zu führen. Sobald das Kind ihm genügend vertraut, um seine Direktheit zu ertragen, zeigt er ihm aber konkret, welche vernünftigen Erwartungen er bezüglich seines Verhaltens hegt. Durch dieses Handeln gibt der Groupworker auf das „Invaliditäts-Gehabe" eine Antwort, die nicht nur dem behinderten Kind hilft, sondern zugleich die anderen Mitglieder ermutigt, genauso zu reagieren. Im wesentlichen versucht der Groupworker, durch sein Vorgehen das Kind zu befähigen, mit Hilfe des Beziehungsverhältnisses sein fehlangepaßtes Verhalten teilweise aufzugeben, zunächst dem Groupworker zuliebe, und dann auch mit dem Ziel, die Erwartungen zu erfüllen, die es sich inzwischen zu eigen gemacht hat.

b. Konzentration auf die Gefühlswelt des einzelnen. Offensichtlich gibt es jedoch Fälle, bei denen sorgfältige Programmplanung verbunden mit gütiger und beharrlicher Bestimmtheit nicht ausreichen. Manche Situationen verlangen vom Groupworker, daß er unmittelbarer, durch individuelle Gespräche mit dem Kind die Gefühle untersucht, die dessen Handeln und Einstellungen zugrunde liegen. Denken wir z. B. an eine unerwartete Krise eines Jugendlichen, der in seinem Invaliden-Status verhaftet ist. Er möchte sich ganz von der Gruppe zurückziehen, um sich so gegen den Druck zu wehren, der auf ihn ausgeübt wird, damit er sich auf andere Art anzupassen lernt. Hier muß der Groupworker wahrscheinlich dem Kind, das er in der Gruppe halten möchte, direkter helfen, damit es die Bedeutung seines eigenen Verhaltens und das der anderen ihm gegenüber besser versteht. Unter diesen Umständen kann es sogar nötig werden, daß der Groupworker eng mit der Mutter des Kindes zusammenarbeitet. In solchen Fällen besteht höchstwahrscheinlich eine symbiotische Bindung zwischen Mutter und Kind, in der jeder den anderen als Verlängerung seines eigenen Selbst empfindet. Die enge Bindung an ihr Kind kann die Mutter dazu veranlassen, sich jeder Anstrengung des Kindes zu widersetzen, durch das dieses versucht, zu größerer Unabhängigkeit zu gelangen und auf den Einsatz von Krankheit und Hilflosigkeit als Kunstgriff bei der Anpassung zu verzichten. Der Fall von Jack, dem schon erwähnten beidseitig amputierten Jugendlichen, liefert uns ein Beispiel dafür, wie diese Art der Prüfung und Klärung mit dem Behinderten und seiner Mutter durchgeführt werden und bis zu welchem Grad sie effektiv sein kann.

Jack verhielt sich während der ersten Monate in der Gruppe ziemlich ängstlich und neigte zum Davonlaufen, sobald er sich bedroht fühlte. Vor Bildung der Gruppe war er psychotherapeutisch behandelt worden, und seine Mutter hatte gelegentlich von der Sozialen Einzelhilfe Gebrauch gemacht. Als sich Fortschritte zeigten, wurde die Behandlung nach zwei Jahren eingestellt. Trotz der Besserung blieben Jack und seine Mutter jedoch in vieler Hinsicht sehr eng miteinander verbunden, und dies beeinträchtigte seine Anpassung an den Club sehr stark. Jack reagierte sehr ungünstig auf das erste Abkochen, das die Gruppe im Freien plante. Ihn überkam heftiger Brechreiz, und er konnte nicht kommen. Von da an widmete der Groupworker, der die Schwierigkeiten Jacks und seiner Mutter im Zusammenhang mit jeder Trennung erkannte, ihnen ziemlich viel Zeit für individuelle Kontakte. Daraufhin wandte sich die Mutter immer häufiger direkt an ihn und bat um Hilfe bei Problemen. So kam sie z. B. einmal zu ihm, um sich mit ihm darüber zu unterhalten, daß Jack wieder häufiger vor der Schule an Brechreiz leide. Bestärkt durch die annehmende Haltung des Sozialarbeiters sprach sie nicht nur über das Symptom, sondern auch über ihre eigenen Reaktionen darauf, und fuhr dann fort, ihre negativen Gefühle gegenüber Jack zu äußern. Der Sozialarbeiter half ihr weiter dabei, sich über ihren Ärger klarzuwerden. Nachdem der Mutter Gelegenheit gegeben war, ihre Gefühle auszudrücken, machte er konkrete Vorschläge, wie das Verhalten des Jungen zu behandeln sei.

„Mrs. P. sprach davon, daß sie versuche, Jack alles zu geben und auf seine Einfälle und Launen immer einzugehen, und daß er sich dagegen auflehne und seinen Ärger darüber kundtue. Sie wußte nicht, was sie in der augenblicklichen Situation tun sollte, und fragte den Sozialarbeiter um Rat. Sie sagte, manchmal werde sie sehr ärgerlich über Jack und hasse dann ihn und die Art, wie er sich verhalte. Sie meinte, andere Frauen schlügen ihre Kinder, und ihr Mann tue das auch gelegentlich mit Jack. Es gäbe Zeiten, in denen sie selbst Jack auch schlagen wolle, aber sie habe wegen solcher Gedanken immer Schuldgefühle. Ich bemerkte, daß Feindseligkeit auf vielerlei Art und Weise ausgedrückt werden kann, und daß sie vielleicht, statt ihren Ärger direkt zu zeigen, ihn manchmal in der Weise ausdrücke, daß sie „ihm alles gebe" und ihn übermäßig behüte. Jacks negative Reaktionen, sagte ich, seien vielleicht darauf zurückzuführen. (Ich bin mir bewußt, daß diese Deutung die Mutter erschrecken könnte. Ich glaube aber, daß meine ständige Unterstützung und das Gefühl, daß wir zusammenarbeiten, um Jacks Entwicklung zu fördern, sie zu einer gewissen Einsicht bringen und ihr die Kraft geben müßte, Ängste im Zusammenhang mit dieser Einsicht zu bewältigen.) Dann wiederholte ich, was ich der Mutter schon früher gesagt hatte ..., daß unsere Gefühle niemals eindeutig sind, daß wir sowohl hassen als auch lieben, daß diese Gefühle häufig miteinander verflochten sind und daß wir das Vorhandensein beider Arten von Gefühlen unbedingt akzeptieren müssen. Mrs. P. meinte dann, sie sei ärgerlich, wenn Jack morgens aufwache, mit ihr herumschimpfe und drohe, er müsse brechen. Angesichts dieser Gefühle schlug ich vor, nicht besonders fürsorglich zu Jack zu sein. Sie könne viel mehr helfen, wenn sie morgens nur dafür sorge, daß er sich für die Schule anziehe, und sich auf keine Diskussionen über sein Unwohlsein oder sein Frühstücken einlasse. Mrs. P. wollte das versuchen und sagte, Jacks Therapeut habe diese Meinung auch vertreten."

Im gleichen Gespräch sprach die Mutter dann später vorwurfsvoll von der Verletzung, die sie bei Jacks Geburt erlitten habe und durch die sie keine Kinder mehr habe bekommen können. Sie habe manchmal den Wunsch,

Jack loszuwerden. Der Groupworker half ihr, diese Gefühle auszudrücken. Es schien sie zu beruhigen, daß sie über diese Fragen sprechen konnte, ohne wegen ihrer Einstellung verachtet oder heftig getadelt zu werden. In den nächsten Wochen gelang es der Mutter besser, mit Jack umzugehen, und Jack mußte sich morgens wesentlich seltener übergeben. Ihre schweren Probleme im Zusammenhang mit ihrem Sohn wurden jedoch zunehmend deutlicher. Als Jack, dessen Empfindlichkeit über seine Behinderung nachließ, im Beisein der Mutter dem Groupworker gegenüber äußerte, er wolle in das Basketballteam der Schule für Körperbehinderte eintreten, erhob sie so viele Bedenken, daß der Junge schon bald den Gedanken daran wieder fallen ließ. Als er später in seiner Freizeit in den CVJM ging, verbot ihm die Mutter die weitere Teilnahme mit der Begründung, er würde sich bei der Aktivität überhitzen und eine Erkältung holen. Sie meinte: „Ich sehe ihn lieber enttäuscht als krank". Der Groupworker konnte der Mutter helfen, zu einem Kompromiß in dieser Frage zu kommen. Doch ihre inneren Spannungen hielten an, und ihrer eigenen Erregung entsprach bald ein Ansteigen der Besorgnisse ihres Sohnes. Diese erreichten bei einem Gruppentreffen ihren Höhepunkt. Als man über das Clubabendessen sprach, traten Jacks Ängste in bezug auf Essen an die Oberfläche. Obwohl die anderen Mitglieder durchaus bereit waren, ihm entgegenzukommen, war Jack verlegen und aufgeregt und blieb von nun an den Gruppentreffen fern. Als der Groupworker Jack besuchte, um mit ihm über sein Fernbleiben zu sprechen, wurde klar, daß sich eine Krise entwickelt hatte. Jack war unfähig, sich mit dem Muster von Interessen und Aktivitäten der anderen Mitglieder auseinanderzusetzen, und fing an, sich in jeder Hinsicht von der Gruppe zurückzuziehen. Die ersten Worte an den Groupworker lauteten: „Ich will 'raus aus dem Club. Du kannst mich nicht dazu bringen, daß ich bleibe." Als der Groupworker Jack fortfahren ließ, meinte dieser, er sei nur in den Club eingetreten, um dem Groupworker und seiner Mutter einen Gefallen zu tun. Er hasse die Jungen, wie diese ihn haßten; im übrigen seien sie „Babies" und „liefen ihm zu viel herum". Mrs. P. kam ins Zimmer und fügte den ärgerlichen Bemerkungen ihres Sohnes ihre eigenen hinzu: „Jack ist nicht wie andere Teenager. Er benimmt sich gut, nicht wie die anderen Jungen in der Gruppe. Ich habe gleich von Anfang an gewußt, daß die Gruppe nichts bringen würde. Das sind nicht die richtigen Jungen für Jack.

Sie hätten Jack in eine andere Nachbarschaft mitnehmen sollen, damit
er dort neue Jungen trifft, anstatt ihn hier mit Jungen, die er schon kennt,
in Schwierigkeiten kommen zu lassen." Jack schloß die Bemerkung an, er
wolle einen Club, aber nicht diesen Club, und versuchte dann mühsam
deutlich zu machen, was er wirklich wollte. Er sagte, er würde gern in eine
Gruppe älterer Jungen gehen, aber die würden denken, er sei ein Baby. Jüngere wären „zu kindisch", und Jungen seines Alters wären „zu laut". Der
Groupworker sagte, Jack versuche anscheinend alle Möglichkeiten auszuschließen. Er sagte, er wisse, daß einige Clubtreffen für Jack schwierig gewesen seien. Er gab aber zu bedenken, daß vielleicht Jacks Überzeugung,
andere Jungen haßten ihn, auf seine eigenen widersprüchlichen Gefühle
ihnen gegenüber zurückzuführen und real gar nicht zu begründen sei. Jack
konnte das zwar zugeben und meinte, jedesmal, wenn er Menschen zum
ersten Mal begegne, möge er sie nicht, weil er dächte, daß auch sie ihn nicht
mögen. Dennoch begann er gleich wieder von neuem mit seiner Tirade.
Der Sozialarbeiter ging darauf ein, indem er die Möglichkeit erörterte, daß
Jack vielleicht in eine andere Gruppe innerhalb der kommunalen Freizeiteinrichtungen eintreten könne. Es wurde jedoch deutlich, daß Jack und
Mrs. P. das nicht wollten. Als der Sozialarbeiter z. B. eine Gruppe des
örtlichen CVJM erwähnte, reagierten sie mit Geringschätzung. Der CVJM
war nur eine „Lagerhalle" und die Jungen „ein Haufen Diebe; was können
sie sonst in einem solchen Raum erwarten?" Was sich in diesen Worten
eigentlich ausdrückte, war weniger der Wunsch nach einer neuen Gruppe
als vielmehr der Schmerz und die Verwirrung über die Trennung von der
alten Gruppe und der Widerstand gegen mögliche Veränderungen in der
Mutter-Kind-Beziehung.
Der Groupworker schlug vor, daß er nächste Woche vorbeikommen würde,
um mit Jack noch einmal alles zu besprechen. Der Jugendliche, dessen Kommentare eher ärgerlich als verwirrt waren, stimmte zu. Seine Mutter begleitete den Groupworker zur Tür und beklagte sich erschöpft darüber,
daß alle diese Lasten auf ihren Schultern ruhten. Der Groupworker zeigte
Mitgefühl, erklärte aber auch, daß das heutige Geschehen nicht zufällig,
sondern mit ihrem Handeln und ihren Gefühlen gegenüber Jack verknüpft
sei. Das veranlaßte Mrs. P., länger über ihre Sorgen um Jack und darüber zu
sprechen, daß sie nicht wisse, ob sie sich um eine erneute Einzelbehandlung

bemühen sollte oder nicht. Der Groupworker erwähnte kurz Jacks Verhalten während des Jahres, das er im Club verbracht hatte, und wies auf den Zusammenhang hin, in dem es zu Mrs. P.s Verhalten stehe. Er versuchte ihr auch zu zeigen, daß dies alles in einem Zusammenhang mit den Schwierigkeiten stehe, die sie immer erfahre, wenn es darum gehe, eine individuelle Behandlung anzunehmen. Gleichzeitig unterstützte er ihren Wunsch, Kontakt mit Jacks früherem Therapeuten aufzunehmen, und akzeptierte ihre Bitte, auch er möge mit dem Therapeuten reden.

In der nächsten Woche sprach der Groupworker mit Jack allein. Zu dieser Zeit war das Pendel in die entgegengesetzte Richtung ausgeschlagen. Jack reagierte dankbar auf die Annahme seiner Gefühle durch den Groupworker. Vielleicht fürchtete er sich auch, zu weit gegangen zu sein und sich den Groupworker und die übrigen Mitglieder wirklich zu entfremden, wenn er auf seinem Widerstand beharrte. Jedenfalls sprach er nun davon, wie sehr er den Club brauche und wie gern er an allen Aktivitäten teilnehmen wolle, auch wenn diese Abkochen oder Im-Freien-Essen einschlössen, einen Bereich, der für ihn besonders unangenehm war. Der Groupworker wertete dies nicht als Versprechen, dessen Erfüllung er von Jack erwartete. Er brachte zum Ausdruck, daß er Jack weiter akzeptieren wolle, unabhängig davon, was der Junge vom Club und seinen Aktivitäten halte; im übrigen glaube er nicht, daß sich Jacks Einstellung dem Essen gegenüber sofort ändern werde. Jack schien daraufhin wie erlöst und sprach frei und ausführlich über seine bisherigen Essensprobleme, die sich der Groupworker mitfühlend anhörte. Als Jack damit fertig war, begann er aus eigenem Antrieb über seine Beziehungen zu den derzeitigen Gruppenmitgliedern zu sprechen und fragte, was er tun könne, damit sie ihn gern hätten. Die Antwort des Groupworkers zielte hier wieder darauf ab, Jack zu helfen, die Situation in der Gruppe zu prüfen und zu klären. Dabei legte er das Hauptgewicht nicht mehr auf Jacks verzerrte Wahrnehmung der Reaktionen der anderen, sondern auf die Bedürfnisse und Probleme anderer Menschen und auf die Frage, wie diese Bedürfnisse und Probleme sich auf die Beziehung der anderen zu ihm auswirkten.

„Einmal sagte Jack, es bekümmere ihn, daß R. ihm nicht die Hand gegeben und ihm manchmal nicht Guten Tag gesagt habe. Ich machte darauf aufmerksam, daß R. zum Teil wohl auch deshalb so reagiere, weil er manchmal selbst unglücklich sei und eigene Schwierigkeiten habe. Jacks Stimmung hellte sich auf, und er sagte mir, er habe nie an die Möglichkeit gedacht, daß auch andere Jungen einmal aus der Fassung geraten könnten. Er habe auch nie geglaubt, daß sie sich wegen eigener Probleme anders verhalten könnten als er sich dies wünsche (obwohl wir diese Möglichkeit in anderem Zusammenhang vor einigen Monaten erwähnt hatten). Ich sagte ihm, wir alle hätten Probleme dieser oder jener Art, und sprach davon, wie unterschiedlich Menschen ihre Erregung ausdrücken. Ich erklärte, Jack neige, wenn er niedergeschlagen sei, zum Rückzug, während einige andere Mitglieder in dieser Stimmung überaktiv würden. Jack redete nun begeistert über die Gruppe und sprach aufgeregt davon, was er tun könne, um seine Beziehungen zu den Jungen zu verbessern. Er erklärte feierlich, von nun an wolle er seine Hand zuerst ausstrecken und den Jungen zuerst Guten Tag sagen. Obwohl Jack hier ziemlich übertrieben reagierte, unterstützte ich seine Idee, weil ich fühlte, daß er Hilfe brauchte, um die Bedeutung von Nehmen und Geben in einer gegenseitigen Beziehung kennenlernen und erproben zu können. Ganz folgerichtig fragte Jack nun, ob die Jungen ihn sofort gern hätten, wenn er sich freundlich verhalte. Ich erklärte, das müsse nicht unbedingt so sein, und die Entwicklung von Freundschaften brauche Zeit. Hier bezog ich mich auf Jacks Bemerkung beim letzten Treffen. Damals sagte er, er sei immer im ungewissen über die Motive der Menschen, und er brauche lange Zeit, ehe er einen anderen akzeptieren könne. Jacks Begeisterung hielt jedoch an, und er sprach wieder über all die Dinge, die er im und mit dem Club tun wollte. Ich erklärte, daß es vielleicht nicht immer ganz einfach sein würde. Jack würde sich vielleicht über das, was bei den Clubtreffen vor sich gehe, manchmal aufregen und deprimiert sein. Daher wäre es gut, wenn Jack und ich uns von Zeit zu Zeit treffen und über Jacks Reaktionen auf die Aktivitäten der Gruppe sprechen würden. Jack sagte, das fände er auch gut."

Gegen Ende dieses Gespräches erwähnte Jack Situationen in seiner Familie, die ihn mit Unbehagen erfüllten, wie z. B. Streitereien zwischen seinen Eltern. Er sprach auch offen von der Neigung seiner Mutter, ihn in seinem „Invaliditäts-Gehabe" zu bestärken. Er erzählte von ihrer fortgesetzten Sorge um seine Gesundheit, und daß seine Niedergeschlagenheit gelegentlich, wenn er wegen irgendeiner Sache aufgeregt nach Hause komme, schlimmer würde, da sie so sehr von der Sorge um seine körperliche Verfassung in Anspruch genommen sei. Er nannte das einen „Teufelskreis" von Depressionen. Der Groupworker zeigte für seine Ohnmachtsgefühle Verständnis und stimmte zu, Jack habe es hier sicher sehr schwer. Er wies aber auch darauf hin, daß Jack in gewisser Hinsicht gewachsen sei. Er habe seine körperlichen Fähigkeiten gesteigert und könne aus diesem Grund leichter mit den Kindern aus der Nachbarschaft über seine Behinderung sprechen. Er sei auch in bezug auf die erwähnten Vorkommnisse nicht vollkommen hilflos, sondern könne mit Hilfe des Groupworkers darauf hinarbeiten, „den Teufelskreis zu durchbrechen".

Zwei Tage später führte der Groupworker ein weiteres Gespräch mit Jacks Mutter. Sie sagte, ihr Mann wolle, daß Jack weiterhin in den Club ginge, und daß auch sie eigentlich über Jacks Sinneswandel froh sei. Der Groupworker erwähnte, er habe mit Jacks Therapeuten gesprochen. Dieser sei auch der Meinung, daß Jack im Club bleiben solle, und habe ihn gebeten, dies mitzuteilen. Gleichzeitig warnte er Jacks Mutter, Jacks Einstellung gegenüber dem Club sei zwar im Augenblick günstig, könnte aber in Zukunft deutlich schwanken. Er betonte noch einmal, wie sehr die Gefühle von Mrs. P. die ihres Sohnes beeinflußten, und wies darauf hin, wie wichtig es sei, daß sie diese Gefühle, auch wenn es schwerfalle, verstehe. Er ging auf diesen Punkt noch weiter ein, indem er Mrs. P. an ihre Äußerung während eines früheren Gesprächs erinnerte, wonach sie sich in bezug auf Jacks morgendliches Verhalten jetzt sehr viel ruhiger fühle. Dies wiederum habe dazu geführt, daß Jack morgens besser esse und weniger Schwierigkeiten mache, wenn er zur Schule gehen sollte. Mrs. P. sprach dann von anderen Bereichen, in denen sich ihre Spannungen ebenfalls vermindert hatten, und von dem Zusammenhang ihrer eigenen Gefühle mit gewissen Verhaltensweisen Jacks in der Gruppe. Der Groupworker zeigte viel Verständnis für die Hintergründe ihrer Reaktionen. Mit ihm zusammen dachte Mrs. P. noch einmal über die im früheren Interview ausgesprochenen feindseligen und verwirrten Gefühle gegenüber Jack nach und zog Parallelen zu Jacks Einstellung der Gruppe gegenüber. Zum Abschluß des Gespräches meinte der Groupworker, er könne sich vorstellen, daß Mrs. P. vielleicht später durch diese Diskussion beunruhigt sei. Sie solle sich dann nicht scheuen, ihn um eine weitere Unterhaltung zu bitten.

Während dieser ganzen Krise war es von höchster Bedeutung, wie der Sozialarbeiter mit dem Hilfsmittel Zeit umging und wo er jeweils den Brennpunkt seiner Bemühungen sah. Zu einem früheren Zeitpunkt innerhalb
ihrer Beziehung hätte er der Mutter diese Interpretationen nicht anbieten
können. Nachdem er jedoch eine Vertrauensbasis durch die früheren Kontakte geschaffen hatte, konnte er durch seine interpretierenden Bemerkungen helfen, anstatt die Klientin völlig unbeweglich zu machen. Auch standen seine Erklärungen in Verbindung mit den realistischen Zielen für den
Jungen, d. h. es ging ihm darum, dem Jungen die Clubmitgliedschaft zu
ermöglichen und ihn dazu zu ermutigen. Er erklärte genau, was er in seiner
Arbeit mit dem Jungen vorhabe, und wies Mutter und Kind eindeutig darauf
hin, daß er es nicht dulde, daß man seine Aufgabe torpediere. Der Erfolg war,
daß der Junge im weiteren Verlauf niemals einen Grund sah, die Gruppe zu verlassen, obwohl von Zeit zu Zeit Schwierigkeiten auftauchten, als im Club
neue Forderungen an Jack herangetragen wurden. In den verbleibenden ein-
einhalb Jahren nahm er sehr regelmäßig an den Clubtreffen teil und beteiligte sich viel stärker an den Unternehmungen. Gleichzeitig besserten
sich seine Leistungen in der Schule, und er konnte besseren Gebrauch von
den kommunalen Freizeiteinrichtungen machen. Das heißt nicht, daß Jack
nach Beendigung der Gruppe von allen ernsthaften Problemen befreit war.
In vieler Hinsicht blieb er ein unreifer Jugendlicher, der außerordentlich
abhängig von seiner Mutter war. Aber in der Gruppe versuchte er nie wieder, sich in die Rolle des hilflosen und kranken Mitglieds zurückzuziehen,
sich vollkommen gebrechlich zu geben oder unfähig zu zeigen, die Verantwortung der Gruppenmitgliedschaft zu übernehmen. Trotz gelegent-
licher Regressionen entwickelte er sich deutlich in die entgegengesetzte
Richtung.
Man sollte noch einmal hervorheben, daß eine energische und direkte Intervention durchaus nicht immer auch eine Erkundung der Gefühle auf dieser
Ebene einschließen muß, wenn man sich mit der Tatsache auseinander-
setzt, daß das behinderte Kind sich in seine Gebrechlichkeit zurückzieht.
Dieses Verhalten des Kindes kann jedoch potentiell oder tatsächlich seine
Beziehung zur Gruppe zerstören. Es kann dem Jugendlichen auch schwer-
fallen, die Ermutigung durch den Groupworker oder die tolerante Haltung
der Kameraden, die ihn als Mitglied behalten wollen, anzunehmen. Wenn

das der Fall ist, dann muß man sich mit seinen zugrundeliegenden Gefühlen, wahrscheinlich auch mit denen der Mutter, befassen. Eine derartige Intervention verlangt viel Einsicht vom Groupworker. Er kann nicht wirkungsvoll vorgehen, wenn er nicht einigermaßen sicher ist, daß Mutter und Kind ausreichendes Vertrauen in seine Motive setzen und soviel Kraft besitzen, daß sie die notwendig mit dieser Art der Intervention verbundenen Konfrontationen ertragen.

ZUSAMMENFASSUNG

Offensichtlich kann selbst ein umfangreicher Aufsatz wie der vorliegende nur die Spanne der bestehenden Probleme aufzeigen und den Bereich der Behandlungstechniken beschreiben, die für die Arbeit mit integrierten Gruppen körperbehinderter und normaler Kinder zur Verfügung stehen. Zwei wesentliche Aussagen lassen sich jedoch aus dem vorgelegten begrenzten Material ableiten: Die erste lautet, daß der Groupworker — unabhängig davon, ob er bewußt bestimmte innere Kräfte des Patienten in die Arbeit einbezieht — gut daran tut, sich klarzumachen, daß solche Gruppen von Anfang an besonderen Belastungen unterworfen sind. Er muß diese Belastungen verstehen, damit er nicht unvernünftige Forderungen in bezug auf die Interaktion aller Beteiligten untereinander stellt — an das behinderte Kind, die übrigen Mitglieder, die Familie des Kindes und an sich selbst. Angst, Verwirrung und Unklarheit lassen die Mitglieder einer Gruppe in der Regel noch nicht völlig bewegungslos werden; in einer solchen Gruppe aber sind sie die ständigen Begleiter der Interaktion. Das Wissen um die Hauptursachen einer solchen Gruppenpathologie befähigt den Groupworker, eher planvoll und nicht überrascht und verwirrt zu reagieren, wenn er ihren Anzeichen begegnet.

Zum zweiten muß der Groupworker, der in einer solchen Gruppe auf Fälle zu großer Verschlossenheit, offenen Konflikts oder zur Schau gestellter Invalidität stößt, darauf vorbereitet sein, nicht nur mit der Gruppe als einem Ganzen zu arbeiten, sondern auch mit dem Individuum allein, außerhalb der Gruppe und mit Familienmitgliedern. Wenn er diese Rolle flexibel ausüben kann, wird er wahrscheinlich belohnt: das behinderte Kind neigt weniger zur Verleugnung, und die emotionelle Distanz zwischen allen Gruppenmitgliedern nimmt ab. Wenn diese Prozesse in Gang kommen, kann die Integration des behinderten Kindes in die Gruppe seiner Altersgenossen Wirklichkeit werden.

Anwendung des Entwicklungsstufenmodells auf Gruppen in psychiatrischer Behandlung

James A. Garland und Louise A. Frey

Ein „Modell für Entwicklungsstufen in Sozialarbeit-Gruppen" wurde in einer Veröffentlichung der Schule für Sozialarbeit an der Bostoner Universität im Jahre 1965 von Garland, Jones und Kolodny vorgelegt. Die Veröffentlichung, die in Deutschland unter dem Titel *„Untersuchungen zur Sozialen Gruppenarbeit"* erschienen ist, umfaßte vier Abschnitte, die das Ergebnis mehrjähriger Überlegungen und Erörterungen durch Mitglieder der Fakultät, Theoretiker wie Praktiker, waren.

Die ursprüngliche Konzeption des Stufenmodells stammte aus der Untersuchung der praktischen Arbeit des Mitarbeiterstabes des Department of Neighborhood Clubs of the Boston Children's Service mit gestörten und behinderten Kindern in therapeutischen Gruppen. Eine der von den Autoren gestellten Fragen lautete, ob ihr Modell auch für andere Gruppensituationen und Altersstufen geeignet sei. Seit dieser Zeit haben wir Gelegenheit gehabt, die praktische Arbeit einiger Dienststellen und Institutionen in Boston genauer zu betrachten[1]. Zusätzliche Erfahrungen mit einer Vielzahl von Gruppen in psychiatrischen Krankenhäusern und Behandlungszentren in der Gemeinde weisen darauf hin, daß dieses Modell allgemeiner angewandt werden kann. Die Faktoren Zeit, Alter, Krankheitsbild und jeweilige Einrichtung beeinflussen anscheinend alle den Verlauf der Gruppenentwicklung. Es ist unsere Absicht, im vorliegenden Artikel diese Fak-

[1] Anderson, Margaret u. a., The Development of a Reliable Instrument for Testing a Theory of Group Work Practice. Unveröff. Arbeit zur Erlangung des Titels „Master". Boston Univ. School of Social Work 1965; Marvin Dobrow u. a., A Retest of the Reliability of an Instrument and a Test of the Validity of a Model of Group Development. Unveröff. Arbeit zur Erlangung des Titels „Master". Boston Univ. School of Social Work 1966; Barbara Barshay u. a., A Study and Test of the Validity of a Model of the Termination Phase of Group Development. Unveröff. Arbeit zur Erlangung des Titels „Master". Boston Univ. School of Social Work 1967.

toren zu untersuchen, wie sie in Gruppen von Menschen auftreten, die aufgrund von psychischen Erkrankungen in ein Krankenhaus eingewiesen worden sind. Garland u. a. schreiben:

„Unsere Aufgabe ist die Bestimmung und Beschreibung der typischen Probleme sowie der Reihenfolge, in der sie sich ereignen, wenn Gruppen sich fortgesetzt begegnen und Verhaltensmuster von Aktion und Interaktion entwickeln. Sollte es uns gelingen, Entwicklungsstufen begrifflich zu erfassen, denen diese Problemgebiete entsprechen, so werden wir eher in der Lage sein, Verhaltensweisen vorauszusehen und in einer Weise zu erwidern, die ihrem Entwicklungszusammenhang gerecht wird"[2].

DAS MODELL

Zentrales Thema des Modells ist die Nähe. Der Kampf der Gruppenmitglieder untereinander um die Frage, wie nahe man einander gefühlsmäßig kommen möchte, ist charakteristisch für die Entfaltung des Gruppenlebens. Dieses Tauziehen spiegelt sich in den Aufgaben wider, die auf fünf Wachstumsstufen zu bewältigen sind. Diese Stufen sind 1. Voranschluß (oder Orientierung), 2. Machtkampf und Kontrolle, 3. Vertrautheit (oder Intimität), 4. Differenzierung und 5. Trennung.

Die Voranschlußphase wird von seiten der Mitglieder durch den Ausdruck von Ambivalenz hinsichtlich ihrer Zugehörigkeit zur Gruppe mit Hilfe von Annäherungs- und Ausweichverhalten gekennzeichnet. Die nähere Erkundung der neuen Erfahrung, zu einer Gruppe und damit zu anderen Menschen (den Gruppenmitgliedern und dem Groupworker) zu gehören, geschieht zwar durch Interaktion, die jedoch verhalten ist, um Nähe zu vermeiden. Um seine Integrität zu wahren und sich vor Verletzungen in der neuen Situation zu schützen, versucht das Ich, eine innere Kontrolle aufrechtzuerhalten, indem es ein gewisses Maß an Distanz und Kontrolle über die eigenen Handlungen und über die äußere Situation einführt. Ein solch vorsichtiger, auf Distanz bedachter Anfang scheint für gesunde

2 Garland, Jones und Kolodny, Ein Modell für Entwicklungsstufen in Sozialarbeit-Gruppen. In: Bernstein, Lowy, Hrsg., Untersuchungen zur Sozialen Gruppenarbeit. Freiburg [3]1973, Lambertus-Verlag.

Mitglieder einer Gruppe charakteristisch zu sein, die sich aufgrund früherer befriedigender sozialer Erfahrungen und der Aussicht auf Befriedigung durch die neue Gruppe in sie einbeziehen lassen wollen, die aber auch wissen, daß jede neue Situation für sich erwogen werden muß. Das Individuum ist sich darüber klar, daß die Teilnahme an der Gruppe einen gewissen sozialen Einbezug erfordert, der enttäuschend oder sogar schmerzhaft sein kann. Es setzt daher Verhaltens- und Ausdrucksweisen ein, um die Beziehungen und Aktionen der neuen Gruppe gleichzeitig auszukundschaften und zu umgehen. Es versucht, so viel aus der Gruppe herauszuholen, wie man es ohne allzu große Risiken tun kann. Seine generelle Ansicht über die Gruppe ist durch die sozialen Erfahrungen außerhalb der Familie geprägt; d. h. das Individuum benutzt eher einen gesellschaftlichen als einen familialen Bezugsrahmen zur Erklärung der Gruppe und zur Festlegung der Normen für das anfängliche Verhalten. Der Groupworker konzentriert seine Anstrengungen auf die Aufgaben der ersten Stufe, indem er Distanz zuläßt und unterstützt, indem er vorsichtig um Vertrauen wirbt, die Erkundung des physischen und psychischen Milieus erleichtert und, wenn erforderlich, Aktivitäten ermöglicht und ein Programm aufzustellen beginnt. Die zweite Stufe beginnt, sobald die Gruppenmitglieder die Frage, ob die Gruppenerfahrung ungefährlich und lohnend sei, gelöst haben und zu dem Schluß gekommen sind, daß die Gruppe einer versuchsweisen Gefühlsinvestition wert sei. Indem die Mitglieder dann agieren, interagieren und Empfindungen entwickeln, beginnen sich die Kennzeichen eines sozialen Systems herauszukristallisieren. Methoden zur Abwicklung der Gruppenaufgaben werden festgelegt; es kommt zu Rollen; es lassen sich Kommunikationsmuster erkennen; Bündnisse und Untergruppen bilden sich heraus, und es tauchen Fragen über die Zugehörigkeit auf. Diese unvermeidlichen Prozesse sind für die Mitglieder einmal deshalb notwendig, weil ja das „Geschäft" der Gruppe weitergeführt werden muß. Was den emotionellen Bereich angeht, stehen diese Entwicklungen zum anderen in Zusammenhang mit dem Wettkampf der Mitglieder untereinander um ihre Rangfolge in der Interaktion, einem Kampf, den sie unter Einsatz derjenigen Macht führen, die zum Selbstschutz und zur Kontrolle des Ausmaßes an Befriedigung notwendig ist, das aus der Gruppenerfahrung gezogen werden soll. Ein wesentlicher Teil der Befriedigung scheint vom

Groupworker selbst auszugehen. Die Beziehung der Gruppe zum Groupworker scheint für die Frage von Macht und Kontrolle von zentraler Bedeutung zu sein. Der Groupworker hat aus der Sicht der Mitglieder die größte
Macht, die Angelegenheiten der Gruppe zu beeinflussen und emotionell
wie materiell zu gewähren oder zu versagen. An diesem Punkt erkennt die
Gruppe, daß der Groupworker nicht wie jeder andere, sondern in einer nur
ihm eigenen Art handelt. Der gesellschaftliche Bezugsrahmen bietet keine
rechte Erklärung für den Groupworker und die Gruppe, aber man verfügt
bisher auch nicht über einen anderen Bezugsrahmen. Die Mitglieder wissen,
daß sich an ihrer Auffassung von der Gruppe etwas verändert und daß sie
beginnt, für sie wichtig zu werden. Während dieser vorübergehenden Phase
des Machtkampfes müssen drei grundsätzliche Komplexe gelöst werden.
Der erste betrifft Rebellion und *Autonomie*kämpfe im Zusammenhang mit
der Macht des Groupworkers, Kontrolle auszuüben und als Autorität aufzutreten. Dabei handelt es sich um zentrale Verhaltensmuster. Hat die
Gruppe Kontrolle über ihre Angelegenheiten? Wie weit kann sie ihre Freiheit ausnutzen? Wird der Groupworker bereit sein, seine Macht mit Zurückhaltung auszuüben, wenn die Gruppe bei Kontrollproblemen, die ihre
Handlungsfähigkeit übersteigen, der Hilfe bedarf?
Zweitens steht die Gruppe vor einer *normativen Krise* in bezug auf die
zulassende, wenn auch beschränkende, nicht-strafende Haltung des Groupworkers. Der Mangel an traditionellen Kontrollmaßnahmen von seiten des
Groupworkers führt in dieser Zeit des Normenwandels zu Ängsten. Es
wird wiederholt der Versuch gemacht, die Mißbilligung oder den Ärger
des Groupworkers heraufzubeschwören, damit sich die Beziehungen so wie
in anderen Gruppen gestalten. Es gibt Belege dafür, daß die Ausfall-
rate zu dieser Zeit am höchsten ist. Es ist das Stadium, in dem die Gruppe
drittens *Schutz und Unterstützung* benötigt, um die Unannehmlichkeiten
der Ungewißheit zu überstehen. Mit anderen umgehen zu lernen und bestimmte Fertigkeiten im Rahmen verschiedener Aktivitäten zu erwerben
ist sowohl für das einzelne Mitglied als auch für die Gruppe als Ganzes
jetzt von entscheidender Bedeutung, um Gefühle der Ohnmacht und der
Minderwertigkeit abzuwehren und Kompetenz- und Autonomiegefühle
zu verstärken. Während der Stufe II erlaubt der Groupworker die Rebellion und setzt sich gleichzeitig für die Sicherheit von Menschen und Sach-

werten ein. Er hilft verbal, den Machtkampf zu verdeutlichen, und bietet nicht-verbal solche Aktivitäten zum Erlernen an, die die Autonomie des einzelnen wahren helfen. Wenn die Gruppe sich vergewissert hat, daß der Groupworker in der Lage ist, ein beständiges Gleichgewicht aus gemeinsamer Macht und Kontrolle und Autonomie aufrechtzuerhalten, dann gehen die Gruppenmitglieder ihre grundsätzliche Verpflichtung ein, nämlich sich selbst in die Beziehungen der Gruppe einzubringen. Sie haben sich endgültig entschlossen, sich der Gruppe anzuschließen, und die Bedingungen des Kontraktes oder der Arbeitsabsprache angenommen.

In der dritten Stufe, der Stufe der *Intimität* (oder des wahren Anschlusses), werden die Zuneigungs- und Haßgefühle enger Beziehungen ausgelebt. Gefühle über die Gruppe werden offener und freier ausgedrückt. Die Gruppe wird mehr einer Familie ähnlich, mit Rivalitäten zwischen Geschwistern und offener Bezugnahme auf den Groupworker als Elternteil. Jetzt wird die Gruppe als ein Ort angesehen, an dem Wachstum und Wandel stattfinden kann und auch stattfindet; die Mitglieder können sich auf individuelle Einstellungen und Gefühle und auf die Frage konzentrieren, „wozu die Gruppe eigentlich da ist". Es gibt beträchtliche Schwankungen in bezug auf die Fähigkeit, Pläne auszuführen, die mit mehr Können aufgestellt worden sind als in früheren Stadien. Das liegt an dem oft ungestümen Vordringen des familialen Bezugsrahmens.

Während der tumultuösen dritten Stufe ist es von Bedeutung, daß der Groupworker sich der Gruppe weiterhin voll zuwendet, damit sie sich in dieser Zeit akuter Not nicht allein gelassen fühlt. Der Groupworker übernimmt selbst die Verantwortung oder er überträgt sie, je nachdem, wie die Gruppe in ihrer Fähigkeit, ihre Arbeit auszuführen, schwankt. Der Groupworker macht viel Gebrauch von der Technik, die aufwogenden positiven und negativen Gefühle zu klären.

Wie die Klärung der Machtverhältnisse die Grundlage für Autonomie und Intimität schuf, so ermöglicht die Klärung der Intimität das Akzeptieren persönlicher Bedürfnisse. Dies wiederum liegt der Fähigkeit zugrunde, zu differenzieren (4. Stufe) und Beziehungen und Ereignisse in der Gruppe auf realer Basis neu auszuwerten. Während der Stufe der Differenzierung kommt es zur Anerkennung individueller Bedürfnisse und Rechte, zu wechselseitiger Identifikation und starker Kommunikation. Die Gruppe

212 Entwicklungsstufenmodell

organisiert sich rationeller, aber die Rollensysteme und Statushierarchien neigen deshalb nicht notwendigerweise zu größerer Starrheit. Die Führung wird geteilt, und die Rollen entsprechen mehr den Funktionen. Es gibt einen größeren Spielraum für das Individuum, um alternative und neue Verhaltensweisen auszuprobieren. Machtprobleme sind minimal, Beschlußfassung und Kontrollmaßnahmen werden auf objektiverer und weniger gefühlsbetonter Basis durchgeführt. Diese Art von individualisiertem therapeutischen Zusammenhalt ist erreicht worden, weil die individuelle Integrität während der gesamten Zeit der Erfahrungen mit der Gruppe geschätzt und gehegt wurde. Der Bezugsrahmen der Gruppenmitglieder ist die Gruppe selbst. Die Gruppe ist von Verzerrungen durch äußere Erlebnisse befreit worden und besitzt nun ihre ureigenen Vorgehensweisen und -regeln.

Der Groupworker ist auf dieser Stufe behilflich, indem er der Gruppe bei ihrer eigenen Verwaltung beisteht oder sie dazu ermutigt, gegenüber anderen Gruppen oder in der sie umgebenden Gemeinschaft als Einheit aufzutreten. Während dieser Zeit nutzt der Groupworker die Gelegenheiten, die sich für die Auswertung von Aktivitäten, Gefühlen und Verhaltensweisen durch die Gruppe anbieten.

Die fünfte und letzte Stufe ist die der Trennung. Dazu kommt es, sobald das Ziel der Gruppe erreicht ist und die Mitglieder Kräfte gesammelt haben, die es ihnen ermöglichen, zu weiteren sozialen Erfahrungen voranzuschreiten. Während dieser Periode kann es zu Regressionen kommen, oder es kann Wiederholungen früherer Gruppenerfahrungen geben. Leugnen, Flucht und Auswertung sind einige der häufigsten Reaktionen auf diesen Abschluß.

Um die Trennung zu erleichtern, muß der Groupworker den Willen haben, die Gruppe aufzugeben. Zu seinen wichtigsten Aufgaben gehört die Konzentration auf die individuelle Mobilität der Gruppe, die Auswertung der Erfahrungen, die Hilfe beim Aussprechen der ambivalenten Gefühle in bezug auf den Abschluß sowie die Anerkennung des erzielten Fortschritts. Die Akzeptierung des Abschlusses wird erleichtert, wenn die Mitglieder als einzelne aktiv an andere vorhandene Hilfsmittel und Hilfsquellen herangeführt werden.

Das ist also das Modell, das wir bei der Betrachtung von Gruppen emotionell gestörter Menschen verwenden wollen, insbesondere derjenigen in Anstalten. Dieses Modell fußt auf Berichten über kleine Gruppen von Kindern und Jugendlichen, die eine langfristige Behandlung erfuhren. Aufgrund mehrjähriger Erfahrungen mit Gruppen in Gemeindeeinrichtungen und psychiatrischen Institutionen sind wir jedoch der Überzeugung, daß dieses Modell allgemeingültig und auch auf andere Gruppen übertragbar ist, die nicht die Methode der Sozialen Gruppenarbeit anwenden. Es scheint einige spezielle Dimensionen bei der Arbeit mit psychisch Kranken zu geben, die zu diesem Modell in Beziehung gesetzt werden können. Art der Krankheit, Alter, Gruppenmilieu, Zeit sowie Art und Zweck der Gruppe scheinen besondere Faktoren zu sein, die man bei der Anwendung des Modells in Rechnung stellen muß. Wir werden versuchen, einige dieser Faktoren unter die Lupe zu nehmen und die folgenden Fragen zu beantworten: Wie wirkt sich die Gemeinschaft der Patienten und die Vielzahl ihrer Gruppen in einem Krankenhaus auf die Verwendbarkeit des Modells aus? Wie wird das zentrale Thema des Modells, die Nähe, von Gruppen von Menschen verarbeitet, deren ureigenste Probleme sich in ihrer Unfähigkeit ausdrücken, reife Objektbeziehungen herzustellen?

ÜBERBLICK ÜBER DIE WEITERE LITERATUR

In dem ursprünglichen Aufsatz, in dem das Stufenmodell vorgelegt wurde, befand sich eine Literaturübersicht. Wir können diese Übersicht hier nicht wiederholen, haben uns aber entschlossen, Materialien hinzuzufügen, die etwas über Entwicklungsstufen von Gruppen in Anstalten oder von Gruppen behinderter Patienten aussagen.

Scheidlinger und Holden[3] nennen eine Reihe von Gruppenstadien, die sie über längere Zeit an einer Gruppe von Frauen mit Charakterstörungen beobachteten. Die erste Stufe ist die der Ich-Stärkung. Die Autoren stellen ein orales Element fest, insofern als die Gruppe und der Therapeut zu „nährenden Objekten" werden. Im mittleren Stadium besteht die Aufgabe der Behandlung in der Wiederherstellung des Ichs, was durch ein gesteigertes

3 Scheidlinger, S. und M. Holden, Group Therapy with Severe Character Disorders: The Middle and Final Phases. In: International Journal of Group Psychotherapy, Band 16, Nr. 2, April 1966, S. 174—189.

Identitätsgefühl und durch größere Bewußtheit hinsichtlich der eigenen Person und anderer Menschen erreicht wird. Die dabei benutzte Technik ist die Untersuchung der Gefühle. Die Autoren deuten an, daß die Bindung der Gruppe in diesem Stadium viele realistische Elemente enthält, obwohl weiterhin Elemente der primitiven Identifikationen aus der Anfangsphase existieren. Die Gruppenmitglieder versuchen, Ursachen und Wirkungen zu verstehen, Werte zu untersuchen und ihre Einstellungen sich selbst und ihren Problemen gegenüber zu verändern. Die für die Anfangsphase typische Hilfsbereitschaft macht einer „schmerzhaften Überprüfung" der Realität Platz, wobei es zu einer echten Suche nach Verstehen kommt. Die tief verankerten Muster von Ablehnung, Projektion und Isolierung beginnen an diesem Punkt nachzugeben. In der Schlußphase, die Integration genannt wird, stellen die Autoren das Verschmelzen von heterosexuellen und ödipalen Themen fest. Sie meinen, daß die Frauen ein Stück in ihrer Entwicklung von der prägenitalen zur reiferen psychosexuellen Orientierung zurückgelegt hatten. Ärger, Ablehnung, Regression und Trennungsangst spielten in die Schlußphase hinein. Scheidlinger und Holden berichten, daß die größte Sorge bei der Trennung der beschriebenen Gruppe der Verlust der Gruppe als Einheit und nicht so sehr der Verlust des Therapeuten war. Während dieser Phase wurde den Mitgliedern bewußt, daß der Gedanke an das Auseinandergehen der Gruppe ihre früheren Gefühle und Ängste in bezug auf die Beendigung einer bedeutsamen Beziehung wieder ausbrechen ließ.

Scheidlinger[4], der verschiedene psychoanalytische Konzepte, wie sie in der Gruppenpsychotherapie auftauchen, systematisch untersucht hat, schrieb im Januar 1968 im *International Journal of Group Psychotherapy* über Regression. In dem Artikel erörtert er verschiedene Modelle für Gruppenstadien und stellt fest, daß in den meisten Modellen eine anfängliche Abhängigkeitsphase identifiziert wird, während der es zu Regression der Gruppenmitglieder bis zur Abhängigkeit von der Gruppe kommt. Auf diese Regression folgen Reaktionen auf die anderen Gruppenmitglieder und auf die Gruppe als Einheit. Scheidlinger beschreibt die vier von S. H. Foulkes

---

4 Scheidlinger, S., The Concept of Regression in Group Psychotherapy. In: International Journal of Group Psychotherapy, Band 18, Nr. 1, Januar 1968, S. 3—20.

dargelegten Ebenen der Gruppeninteraktion. Es sind dies 1. die Ebene der Gegenwart, die sich auf die Realitätswahrnehmungen des Therapeuten und der Gruppe bezieht, 2. die Übertragungsebene, 3. die Ebene der „körperlichen und geistigen Vorstellungen", zu der primitive innere Objektbeziehungen und Übertragungsidentifikationen gehören, und 4. eine Ursprungs- oder primordiale Ebene, die Elemente eines kollektiven Unbewußten enthält[5].

In seiner Beschreibung der Arbeiten von Kaplan und Roman sagt Scheidlinger, daß diese Autoren den Therapeuten bei Gruppenbeginn als das Objekt der Aufmerksamkeit jedes Gruppenmitgliedes sehen, und daß die Mitglieder sich ihm gegenüber entsprechend der traditionellen Arzt-Patient-Beziehung verhalten. Darunter verborgen liegt allerdings der Wunsch nach Abhängigkeit von einem magischen Führer. Während dieser ersten Phase wird Begeisterung ausgedrückt; Feindschaft oder Enttäuschung lassen sich nicht nachweisen. Auf dieser Stufe folgt die allmähliche Beachtung anderer Gruppenmitglieder. Scheidlinger vergleicht die theoretischen Modelle von Bion, Foulkes und Kaplan/Roman und schreibt dann folgendes:

„Die Ähnlichkeit in der Art und Weise, wie die drei theoretischen Modelle von Bion, Foulkes und Kaplan/Roman die verdeckte Emotionalität der anfänglichen, regressiven Phase der Gruppentherapie darlegen, ist auffallend. Alle drei betonen die Wiederbelebung früher Identifikationsprozesse, wobei die Gruppenmitglieder alle von der Vorstellung ausgehen, daß sie Nahrung und Unterstützung bei einer magischen Eltern-Führer-Figur suchen. In diesem Abhängigkeitszustand scheinen Äußerungen des sexuellen oder des aggressiven Triebes nicht vorhanden zu sein; das gleiche gilt für das Interesse an anderen Gruppenmitgliedern. Es gibt jedoch auch einige Unterschiede in der Art, wie gruppenbildende Prozesse von den Autoren betrachtet werden. Beispielsweise legten sowohl Bion als auch Kaplan/ Roman großes Gewicht auf einen ausgeprägten Grad an Gruppenzusammenhalt, der defensive Funktionen zu erfüllen scheint und im Gegensatz zur Reifung des Individuums und der Gruppe steht. Dagegen befaßt Foulkes

---

5 A. a. O., S. 10.

sich im Zusammenhang mit den frühen Phasen der Gruppenbildung nicht mit diesen Fragen"[6].

Scheidlinger meint, das von den Autoren beschriebene Phänomen könne eingeordnet werden unter „die beiden allgemeineren Ebenen des Gruppenprozesses, die gegenwärtig-dynamische und die genetisch-regressive, welche ich andernorts beschrieben habe. Bei dieser Kategorisierung betrifft die gegenwärtig-dynamische Ebene ,die leichter zu beobachtenden momentanen Äußerungen bewußter Bedürfnisse und Ich-anpassender Verhaltensmuster, die Gruppenrolle, das Netzwerk gegenseitiger Anziehung und Ablehnung wie auch die Gruppenstruktur. Auf dieser Ebene ist das Verhalten in erster Linie eine Reaktion auf tatsächliche Faktoren in der Gruppensituation, und es bringt die mehr äußerlichen Aspekte der Persönlichkeit ins Spiel.' Im Gegensatz dazu bezieht sich die genetisch-regressive Ebene auf die unbewußte und vorbewußte Motivation, auf defensive Verhaltensmuster und Konflikte, auf Phänomene wie Übertragung, Gegenübertragung, Widerstand, Identifikation und Projektion. Genetisch-regressive Phänomene tauchen eher in solchen Situationen auf, in denen die Kräfte der Persönlichkeit (Ich-Verteidigung) geschwächt worden sind (Regression) und darauf der freiere Ausdruck unterdrückter Emotionalität erfolgt"[7].

Im einem Überblick über fünfzig Artikel, die sich mit Stufen der Gruppenentwicklung befassen, führt Tuckman ein Modell aus der Literatur ein[8]. Er nennt eine anfängliche Stufe der Orientierung — Erprobung — Abhängigkeit, in der die Grenzen des zwischenmenschlichen und aufgabenorientierten Verhaltens festgelegt werden und die Gruppe sich „formiert" *(forming)*. Die zweite Stufe, die er *„storming"* nennt, ist durch Konflikt und Polarisierung hinsichtlich zwischenmenschlicher Probleme und durch emotionelle Reaktionen auf die Aufgaben der Gruppe charakterisiert. Der Konflikt dient als Widerstand gegen die Einflußnahme der Gruppe und die Anforderungen der Aufgaben. Sobald die Gefühlsbetontheit des Wider-

---

6 A. a. O., S. 12.
7 A. a. O., S. 18.
8 Tuckman, Bruce W., Developmental Sequence in Small Groups. Vervielf., Bureau of Medicine and Surgery, Navy Dept., Research Task ME005.12—2005.01, subtask 1. Bethesda, Maryland o. J., Naval Medical Research Institute.

standes überwunden ist, folgt die Stufe der Normsetzung (*norming*). Jetzt entstehen Zusammenhalt, Identifikation mit der Gruppe, neue Gruppennormen und Rollen. Vertraulicher persönlicher Umgang findet statt. Auf der vierten Stufe, der Ausführung (*performing*) richten sich Struktur und Energie der Gruppe auf die Erfüllung der Aufgaben, die Rollen sind flexibel und funktional. Es herrscht ein enger Zusammenhang zwischen realistischer Einschätzung der anliegenden Aufgaben und den Versuchen zu ihrer Lösung[9].

Anthony[10] hat Phasen für die Gruppenpsychotherapie vorgeschlagen, die folgendermaßen lauten. Im Anfangsstadium befaßt die Gruppe sich mit der neuartigen Situation und ist im allgemeinen an der Realität orientiert. Wenn die Gruppe in die erste Phase eintritt, dann unterhalten die Patienten jeder für sich eine Beziehung zum Therapeuten, aber nur indirekt zueinander. Die Gruppe ist zu diesem Zeitpunkt um den Leiter herum aufgebaut. Die Reaktion auf die anderen Mitglieder der Gruppe besteht aus Eifersucht und Neid, ohne jegliche Bereitschaft zu gegenseitigem Geben. Es gibt keine feste Mitgliedschaft, man hat eher eine Ansammlung von Individuen als eine echte Gruppe vor sich. Die Gruppe geht in die zweite Phase über, wenn es zu gegenseitiger Anerkennung kommt. Das ist die analytische Phase der Gruppe. Anthony ist der Meinung, daß manche Gruppen auf der Ebene der ersten Phase verbleiben können, weil es in dieser Phase zu gesteigerter Kommunikation unter den Mitgliedern und zu einem gewissen In-den-Mittelpunkt-Stellen der Gruppe kommt. Er vertritt die Ansicht, daß diese Art der Gruppentherapie speziell bei Patienten mit unterschiedlichen Voraussetzungen, besonders bei solchen im prägenitalen Entwicklungsstadium wirksam ist. Bei den Gruppen, die in die zweite Phase übergehen, steigt die Übertragung an, was sich zu einer Übertragungsneurose auswachsen kann. Es scheint hier ein Gefühl für das In-den-Mittelpunkt-Stellen der Gruppe und die Entwicklung von Gruppenphänomenen zu geben, was zur Identifizierung einer Gruppenseele oder eines Gruppen-Egos führen kann. Nach Anthony ist Gruppentherapie der ersten Phase weitgehend der Eltern-Kind-Beziehung nachgebildet, während die zweite

---

9 A. a. O., S. 29.
10 Anthony, James E., The Generic Elements in Dyadic and in Group Psychotherapy. In: International Journal of Group Psychotherapy, Band 17, Nr. 1, Januar 1967, S. 57–70.

218 Entwicklungsstufenmodell

Phase sich auf Familien- und Peergruppen-Beziehungen stützt. Die letzte Phase der Behandlung der Gruppe findet dann statt, wenn die Gruppe in der Lage ist, realistisch einzuschätzen, was in ihr geschieht, und so die irrationalen Übertragungsvorstellungen ersetzt. Anthony glaubt, daß es zur Übertragung und zur Gruppenbildung nur kommen kann, wenn die Patienten ihren anfänglichen Narzißmus überwinden, damit sie zu Objektbeziehungen und nicht nur zu simplen Identifikationen fähig sind. Er sagt daher, daß es für Psychotiker und Narzißten schwierig ist, zur Übertragung und zur Gruppenbildung zu gelangen, obwohl es mit viel Zeit und Geduld möglich sei[11].

Die Artikel von Slavson „Group Psychotherapy and Schizophrenia" und „When is a Therapy Group not a Therapy Group" legen Material vor, das der Differenzierung von Gruppentypen nach ihren spezifischen Behandlungserfordernissen und nach dem Grad der Ich-Stärke und der Pathologie der Patienten dient.

Zu den Gruppen, die von diesen weitgefaßten Bemühungen des Krankenhauses um Therapie und Umerziehung erfaßt werden können, gehören: Wohngruppen (auf Stationen oder in Einzelhäusern); Planungsgruppen (für spezielle Unternehmungen, Parties, allgemeine Belange, Verpflegung, Management und Disziplin usw.); Massendiskussionsgruppen (für alle das Krankenhaus als Ganzes angehenden Fragen, für tagespolitische Angelegenheiten, für allgemein interessierende Themen); Freizeitgruppen (für Spiele, Wanderungen, Picknicks, Parties, Geselligkeit, musikalische und Theaterdarbietungen usw.); Unterrichtsgruppen aller Art; Gruppen für Beschäftigungstherapie; echte Behandlungsgruppen[12].

Zusammenfassend läßt sich zu der Frage, ob psychoanalytisch orientierte Therapiegruppen für Patienten der Grenz- und Latenzkategorien geeignet sind, feststellen, daß die enthüllenden Verfahrensweisen die unsichere und zerbrechliche Verteidigungslinie des Ichs in unzulässigem Ausmaß bedrohen können. Dennoch haben solche Patienten erheblich an Ich-Stärke und Einsicht gewonnen, wenn sie in geringer Anzahl in Gruppen von nichtpsychotischen Menschen placiert wurden. Diese heilsamen Resultate

11 A. a. O., S. 67.
12 Slavson, S. R., Group Psychotherapy and Schizophrenia. In: International Journal of Group Psychotherapy, Band XI, Nr. 1, Januar 1961, S. 25.

hingen jedoch von einer Reihe von Faktoren ab, die man in Betracht ziehen muß. Zuallererst ist da die richtige Beurteilung der augenblicklichen Ich-Stärke des Patienten und seiner Abwehrkräfte. Außerdem müssen die folgenden Punkte berücksichtigt werden: die stützenden Kräfte in seinem Leben, zu denen seine Familie, seine Arbeit und vor allem sein Therapeut gehören; die Möglichkeit, daß er zum Sündenbock oder zur Zielscheibe für Attacken anderer Mitglieder wird; der Umfang an tatkräftiger Hilfe durch den Therapeuten, die er bei schwierigen Situationen in der Gruppe möglicherweise benötigt; und schließlich seine Fähigkeit, den Therapeuten mit anderen Patienten zu teilen[13].

In dem Artikel von Horowitz und Weisberg mit dem Titel „Techniques for the Group Psychotherapy of Acute Psychosis"[14] schreiben die Autoren, daß sie bei ihrer Arbeit mit akut psychotischen Patienten herausfanden, daß konventionelle Techniken der Gruppentherapie wie die freie Gefühlsäußerung (emotional ventilation) und die Interpretation zwischenmenschlicher Beziehungen wegen der Schwere der behandelten Störungen nichts nutzten. Bei so akut gestörten Patienten war es nötig, richtungsweisende und manipulierende Techniken anzuwenden, die sich an drei grundlegenden Zielsetzungen der Behandlung orientierten − dem Zustandekommen und der Erhaltung eines Gruppenzusammenhalts, der aktiven Beteiligung der Gruppe und des einzelnen Patienten und dem Abbau selbstschädigender Reaktionen und Verhaltensweisen der Patienten. Die Autoren weisen eindringlich darauf hin, daß richtungsweisende Techniken in einer Atmosphäre des psychodynamischen Verstehens angewandt werden müssen. Da diese Techniken autoritär sein können, fördern sie unter Umständen eine übermäßige Abhängigkeit.

Diese keineswegs gründliche Durchsicht der einschlägigen Literatur zeigt einige allgemeine Ähnlichkeiten unter mehreren Modellen der Gruppenentwicklung. Ob sie im Blick auf das individuelle Wachstum oder nach Gesichtspunkten der zwischenmenschlichen Beziehungen formuliert sind, in den meisten dieser Modelle erscheinen nacheinander die Themen

13 A. a. O., S. 29.
14 Horowitz, M. und P. Weisberg, Techniques for the Group Psychotherapy of Acute Psychosis. In: International Journal of Group Psychotherapy, Band 16, Nr. 1, Januar 1966, S. 42−50.

Orientierung und gegenseitiges Vertrauen, Begegnung mit der Macht der Gruppe, Übertragung, „Sich-an-die-Arbeit-machen" und Trennung. Unterschiede tauchen eher in bezug auf die Frage auf, wie stark ein bestimmter Ansatz auf Ich-Stärkung oder auf Regression und Rekonstruktion ausgerichtet ist. Scheidlingers Unterscheidung zwischen der gegenwärtigdynamischen und der genetisch-regressiven Ebene ist besonders hilfreich. Slavsons Feststellung weist auf den therapeutischen Wert der ersteren Ebene für ernsthaft regredierte oder primitive Persönlichkeiten hin. Anthonys Behauptung, daß es für psychotische und narzißtische Patienten schwierig ist, zu Übertragung und Gruppenbildung zu gelangen, ist ebenfalls beachtenswert. Wir werden das in unserer Erörterung bestätigen. Auf jeden Fall läßt das vorliegende Modell, obwohl es in erster Linie an diesem gegenwärtig-dynamischen Ansatz orientiert ist, Regression und Erforschung auf Stufe III (Intimität) zu, wenn es so scheint, als sei die Ich-Stärke der Gruppenmitglieder ausreichend. Die Anwendung der Erfahrungen aus planmäßig zusammengestellten sozialen Gruppen bei der Behandlung Ich-gestörter Personen ist von Slavson[15], Christ[16] und anderen eingehend geschildert worden und braucht daher hier nicht mehr verteidigt zu werden. Unsere Aufgabe ist dagegen zu zeigen, in welcher Beziehung unsere klinischen Beobachtungen zu unseren theoretischen Annahmen stehen, und einige Richtlinien für die Lösung therapeutischer Probleme niederzulegen.

BEHANDLUNGSRAHMEN

Einrichtungen für psychisch Kranke variieren sehr stark in bezug auf die Frage der Einschätzung und Nutzung der sozialen Umgebung als eines Mittels zur Behandlung. Nur sehr wenige Einrichtungen bieten eine soziale Umgebung an, die speziell daraufhin angelegt ist, Gruppen und soziale Prozesse zu nutzen, um alltägliche Lebenserfahrungen von therapeutischem Wert zu erzeugen. Dennoch gibt es in den meisten Krankenhäusern Gruppen, seien es nun zusammengestellte oder natürliche, auch wenn das

15 Slavson, a. a. O.
16 Christ, Jacob, Activity Therapies and Ward Group Development. Belmont Mass. 1967, McLean Hospital, vervielf.

Schwergewicht der Behandlung traditionsgemäß auf den einzelnen Menschen zielt. Diese Gruppen, die vielfältigen Zwecken dienen und vielfältige Formen annehmen, können im Hinblick auf ein spezielles therapeutisches Ziel, eine Aufgabe, einen Zeitpunkt (Aufnahme, Entlassung), einen administrativen Problemkreis (Patientenselbstverwaltung) oder ein klinisches Problem angelegt sein. Natürliche Gruppen bilden sich aufgrund von gleichen Interessen, gegenseitiger und nachdrücklicher Anziehung, weil man nahe beieinander wohnt, gleich alt ist und ähnlich behandelt wird. Die Interaktionen all dieser Gruppen (sowie der Gruppen unter dem Pflegepersonal) stellen das soziale Milieu der Patienten dar.

Das Potential dieses Milieus für die Behandlung ist schon früh von Maxwell Jones, Stanton und Schwartz und William Caudill[17] entdeckt worden. Andere Autoren wie Goffman, Polsky, Maier, Rubenstein und Lasswell haben die Forschung auf diesem Gebiet fortgeführt und es um neue theoretische und praktische Dimensionen erweitert[18].

Welches sind nun solche spezifischen Aspekte des Milieus, die sich auf den Entwicklungsprozeß der verschiedenen Gruppen in der Institution auswirken? Wir wollen hier Milieueinwirkung, Offenheit, Intensität und Abhängigkeit untersuchen, weil sie für unsere Frage besonders relevant sind. Das Leben auf den Stationen und das individuelle Krankheitsbild werden als klar erkennbare Einflüsse auf die Gruppenentwicklung in Betracht gezogen.

17 Jones, Maxwell, The Therapeutic Community. New York 1953, Basic Books; Stanton, A. und M. Schwartz, The Mental Hospital. New York 1954, Basic Books; W. Caudill, The Psychiatric Hospital as a Small Society. Cambridge, Mass. 1958, Harvard University Press.
18 Goffman, E., Asylums: Essays on the Social System of Mental Patients and Other Inmates. Garden City, New York 1961, Anchor Books, Doubleday & Co.; H. Polsky, Cottage Six: The Social System of Delinquent Boys in Residential Treatment. New York 1962, Russell Sage Foundation; H. Maier, Hrsg., Group Work as Part of Residential Treatment. New York 1965, National Association of Social Workers; Siehe bes.: H. Polsky, A Social System Approach to Residential Treatment, S. 116—132 und H. Weiner, Implications of Ward Culture for Group Work Practice, S. 133—141; R. Rubenstein und H. Lasswell, The Sharing of Power in a Psychiatric Hospital. New Haven und London 1966, Yale Univ. Press; siehe ferner Louise Frey, Hrsg., Use of Groups in the Health Field. New York 1966, National Association of Social Workers.

MILIEUEINWIRKUNG

Einer der tatsächlich vorhandenen Umstände bzw. eine der „Unreinheiten" (aus der Sicht des ursprünglichen Modells) ist die — personelle und auf die verschiedenen Aktivitäten bezogene — Vermischung der administrativ-klinisch-sozialen Prozesse innerhalb der Institution. Wir haben das als *Milieueinwirkung* bezeichnet. Die Unmittelbarkeit und der Zwangscharakter der institutionellen Umgebung können die Zusammensetzung, die dynamische Struktur, die Grenzen, die Art der Zusammenkünfte und die Autonomie der institutionellen Gruppe stark verändern. Gewisse Erfordernisse bei der Aufnahme können beispielsweise diktieren, daß ein Patient ohne besondere Berücksichtigung der bestehenden sozialen und emotionellen Konstellation von Patienten und Pflegepersonal auf einer bestimmten Station einquartiert wird. Wenn Patienten eine Reihe therapeutischer Maßnahmen an sich erfahren, von denen jede für sich bereits eine starke Wirkung hinterläßt, kann ihre innere Beteiligung an jeder einzelnen dieser Maßnahmen zu- oder abnehmen oder sich verändern, je nachdem, was bei den übrigen Maßnahmen gerade geschieht. Die Veränderungen im Ausmaß oder in der Art der Beteiligung können ihrerseits die Geschwindigkeit der Gruppenentwicklung beeinflussen oder das zentrale Thema der Gruppe verändern, an dem sie gerade arbeitet. Nehmen wir als Beispiel einen Patienten, der sich in eine intensive Übertragungsbeziehung mit seinem Therapeuten verstrickt hat; er kann dann diese Haß-Liebe-Beziehung in die Gruppe hineintragen und versuchen, sie mit dem Groupworker (wie auf Stufe III, Intimität) zu einem Zeitpunkt durchzuspielen, zu dem die anderen Mitglieder sich im Kampf um die Macht mit dem Groupworker, wie auf der Stufe II, befinden. Auf ähnliche Art und Weise stellen in vielen Fällen die Aufgaben außerhalb der Gruppe ein Verfahrensproblem dar, weil es einfach schwierig wird, gleichbleibende Treffzeiten und die Anwesenheit der Mitglieder zu gewährleisten. Die Aufrechterhaltung bürokratischer Routine und administrativer Maßnahmen kann den Handlungsspielraum der Gruppe einengen und den sich entfaltenden Gruppenprozeß lahmlegen. Die Tatsache etwa, daß der Arzt, der die Erlaubnis zu einem Ausgang erteilt, nicht zu erreichen ist, oder die Notwendigkeit, der Küchenabteilung lange vor einem bestimmten Ereignis Essensbestellungen zugehen zu lassen, kann eine Wochenendfahrt an den Strand mit Kochen im Freien gerade an dem Punkt hinauszögern, an dem Gruppenmobilität nötig wäre, um ein Identitätshindernis (Stufe IV) zu überwinden. Obwohl man sagen könnte — und auch oft gesagt wird —, daß diese Art der Konfrontation mit der Realität „Wasser auf die Mühle der Therapie" sei, gibt es doch Perioden während der Entwicklung der Gruppe, in denen solche Frustrationen anti-therapeutisch wirken. Zum Beispiel ist es während der dritten Stufe zuzeiten äußerst wichtig, daß sich Energie und Aufmerksamkeit ausschließlich auf zwischenmenschliche Gefühle der Gruppe richten und nicht dadurch abgelenkt werden, daß alle zusammen sich auch mit äußeren Faktoren befassen müssen.*

GRUPPENÖFFNUNG

Eine zweite wichtige Milieuvariable, die für eine ordnungsgemäße Stufenentwicklung, wie wir sie verstehen, von Bedeutung ist, ist die Tatsache, daß viele Gruppen in Institutionen offen sind, und wir sind uns klar darüber, daß die Notwendigkeiten der Versorgung oft der überragende Faktor bei der Entscheidung darüber sind, wer innerhalb der therapeutischen Umgebung wo eingewiesen wird. In einem Artikel aus dem Jahre 1965 stellten wir Vermutungen über die negativen Auswirkungen von Veränderungen in der Zusammensetzung auf das ordnungsgemäße und fruchtbare Fortschreiten der Gruppenphasen an. Paradise hat festgestellt,** daß der Eintritt neuer Mitglieder nach der Phase des Kampfes um Macht und Kontrolle sowohl für die Gruppe als auch für das neue Mitglied besonders störend ist. Beschäftigungstherapeuten, die in Krankenhäusern mit Gruppen arbeiten, haben das Unbehagen bemerkt, das neue Patienten empfinden, wenn sie versuchen, Zugang zum Gruppenleben auf der neuen Station zu finden, auf der alle übrigen „alten" Patienten seit lan-

---

* In diesem Zusammenhang ist es vielleicht von Bedeutung, daß solche Gruppen innerhalb einer Anstalt, bei denen das Gespräch zur Therapie gehört, sehr viel besser zurechtkommen als z. B. aufgabenorientierte Gruppen. Die ersteren können in relativer Abgeschlossenheit operieren, während die letzteren in bestimmter Weise auf das Krankenhausgefüge einwirken und gewisse Anforderungen stellen.

** Im persönlichen Gespräch.

gem eine vertraute Beziehung verbindet. Und zwar scheint dieses Unbehagen etwas anderes zu sein als die normalen Ängste beim Sich-Nähern
oder Sich-Meiden, die die Mitglieder neuer Gruppen erleben; es scheint der
Verlegenheit und dem Gefühl, fehl am Platze zu sein, zu gleichen, das
man empfindet, wenn man auf einer Cocktail-Party in ein vertrauliches
Tête-à-tête eindringt. Umgekehrt ist stärkere Trennungsangst als gewöhnlich beobachtet worden, wenn ein Patient aus externen Gründen (z. B. Änderung des allgemeinen Behandlungsplans, Erschöpfung finanzieller Mittel)
verlegt wird, nachdem er eine intensive und nützliche Beziehung in einer
Gruppe erreicht hatte. Auf die gleiche Art und Weise können die übrigen
Gruppenmitglieder Einspruch erheben, wenn ein neues Mitglied zu einem
späten Zeitpunkt willkürlich in das Gruppenleben eingefügt wird, weil dieser Neuankömmling betrogen wird, da er keine vollständigen Erfahrungen
mit der Gruppe sammeln konnte.*
An dieser Stelle sollten zwei therapeutische Techniken zur Meisterung der
obigen Situationen erwähnt werden. Die *erste* hat mit der Integrierung
der neuen Mitglieder zu tun, die ja noch außerhalb der von der Gruppe jetzt
erreichten Phase stehen, insbesondere bei einer Wohngruppe auf einer Station. Es kann dann von Nutzen sein, eine Untergruppe aus Neuankömm-
lingen zu gründen, was auch für die wenigen Patienten, deren Belange einander gleichen, aber nicht von der größeren Gruppe geteilt werden, in
Frage käme. Wenn der Groupworker die Stichhaltigkeit der Bedürfnisse der
Untergruppe akzeptiert und für eine bestimmte Zeit getrennte Gruppierungen und Aktivitäten aktiv unterstützen kann, dann könnte er langfristig
gesehen eine bessere Ausgangsposition für eine Annäherung unter den
Gruppierungen schaffen, und zwar in bezug auf Problemkreise und Ent-

---

* Wir wollen hier keineswegs den therapeutischen Wert und die Wirksamkeit offener Gruppen in Frage stellen. Wenn solche Gruppen planvoll zusammengestellt sind, werden Zu-
und Abgang von Mitgliedern als Teil des Kontraktes durchaus akzeptiert. Die Fragen von
Zu- und Abgang, Trennung und Verlust können äußerst gewinnbringend behandelt werden, wo eine solche Bewegung von Mitgliedern mit einiger Regelmäßigkeit stattfindet; in
diesem Fall zählen dann die einheitliche Gruppenstruktur auf lange Sicht und das zwischenmenschliche Engagement nicht zu den wichtigsten Erwartungen der Mitglieder. Eher
erfolgt eine gegenseitige Bereicherung aus dem Erfahrungsaustausch einzelner Patienten
untereinander, die sich in bezug auf ihre Behandlung in unterschiedlichen Phasen befinden (so läßt sich etwa eine offene „Übergangs-" oder „Halbzeit-"Gruppe für Patienten denken, die vor der Entlassung stehen).

wicklungsstufen, die für beide Seiten relevant und vertretbar sind. Auf einer Station mit 20 jungen Frauen stimmten die sieben neu aufgenommenen Patientinnen beispielsweise nicht mit den anderen überein und waren etwas verschüchtert durch die zwanglose, vertrauliche und recht exklusive Beziehung zwischen dem Pflegepersonal und der übrigen Patientengruppe. Der Groupworker machte das Pflegepersonal darauf aufmerksam und half der neuen Gruppe im Verlauf eines Strandausflugs, an einigen sportlichen Spielen mit einem Teil des Pflegepersonals teilzunehmen, während sich die übrigen Mitglieder unterhielten oder ganz zwanglos Steine sammelten. Nachdem sich die Spannung etwas entladen und sich unter den Spielern ein Gefühl des Einbezogenseins in die Gruppe entwickelt hatte, ließ sich eine Bewegung von Mitgliedern beider Untergruppen aufeinander zu feststellen. Auf der Heimfahrt war die Trennungslinie zwischen neuer und alter Gruppe weniger deutlich, insofern als sich kleine gemischte Gruppierungen in Unterhaltungen vertieften, die einen Prozeß gegenseitiger Orientierung und Erkundung andeuteten.

Zum *zweiten* ist es im Falle einer Unterbrechung in einer für die Gruppenentwicklung entscheidenden Phase wichtig, sei es für die Gruppe oder für einzelne Individuen, daß andere Möglichkeiten des zwischenmenschlichen Austausches gefunden werden und so die anstehenden Probleme weiterverfolgt werden können. Unterstützung und Anteilnahme für das Individuum mag etwa im Falle einer abrupten Verlegung eines Patienten aus seiner Wohngruppe entscheidend sein, um den Schock der vorzeitigen Trennung zu erleichtern oder zumindest verständlicher zu machen. In der gesamten vorangegangenen Diskussion war natürlich die Annahme enthalten, daß Planung und Manipulierung des Milieus notwendig ist, damit die Behandlung in der Gruppe einen ernstzunehmenden Stellenwert unter den verschiedenen Behandlungsarten erhält und damit eine Behandlungsart mit der anderen in Beziehung steht und mit ihr integriert wird. Diese Integrierung ermöglicht es, daß die Individual- und die Gruppenbehandlung aufeinander abgestimmt werden, damit beispielsweise die Fragen von Macht und Intimität in beiden etwa gleichzeitig ausgetragen werden.

Der Hauptwert einer guten Krankenhausgemeinschaft liegt darin begründet, daß sie durch verständnisvolle Anleitung Gelegenheiten zur Umer-

ziehung auf den Gebieten der Realitätsprüfung und der Ichstärkung bieten kann, und zwar über die Teilnahme an der Gruppe, den sozialen Status und Möglichkeiten der Identifikation. Eine *in-situ-Behandlung* völlig
schizophrener Patienten könnte solche Möglichkeiten kaum bieten. Ein
weiterer Vorteil einer gut geführten Anstalt liegt darin, daß je nach der Ich-
Stärke, der Klarheit des Denkens und dem geistigen Fassungsvermögen
der Patienten ihnen die Realität *graduell verschieden* dargestellt werden
kann. Nur wenn diese Bedingungen erfüllt sind, kann eine Anstalt die Behandlungsziele wirklich erfüllen[19].

INTENSITÄT

Die Frage der *Intensität* steht mit den unterschiedlichen Entwicklungs-
stadien oder -geschwindigkeiten in Zusammenhang. Wenn die Gruppe
zusammenwohnt, ihre Kontakte untereinander häufiger sind und alle Le-
bensphasen umfassen, muß die Frage erhoben werden, ob sich der Entwicklungsprozeß der Gruppe beschleunigt und ob zum Beispiel die in einer
Periode von drei Monaten erzielte Wirkung ebenso tief und dauerhaft ist,
wie sie es bei einer Gruppe sein mag, die im Rahmen einer kommunalen
Einrichtung während zweier Jahre einmal wöchentlich zusammenkommt.
In den fünf Jahren, seit das Stufenmodell entwickelt wurde, weisen die
Beobachtungen aus der unmittelbaren Beschäftigung damit und die Diskussionen mit anderen Praktikern darauf hin, daß gewisse allgemeine
Trends offensichtlich sind, auch wenn sich keine Faustregel aufstellen
läßt. Der erste Trend ist, um einen Ausdruck von W. Schwartz zu be-
nützen, der *Teleskop-Effekt* (telescoping effect). Das soll heißen, daß in einer
Situation, in der die Dauer der Erfahrung mit der Gruppe begrenzt und das
Ende vorauszusehen ist, die Gruppe dazu neigt, alle fünf Stufen in der ihr
zugeteilten Zeit zu durchlaufen. Das deutet darauf hin, daß die Teilnehmer intuitiv die Vorstellung haben, daß die jeweils notwendigen Aufgaben
erfüllt werden müssen, und daß sie eine Art Stundenplan für ihre Durch-

---

[19] Slavson, S. R., Group Psychotherapy and Schizophrenia. In: International Journal of Group
Psychotherapy, Band XI, Nr. 1, Januar 1961, S. 21.

führung entwickeln. Wir haben dies immer wieder in einem therapeutischen Sommerlager beobachtet, das in aufeinanderfolgenden Jahren zunächst fünf, dann elf und schließlich 18 Tage lang dauerte. Über ein ähnliches Einhalten von vorgegebenen Zeitspannen ist von Trainern von zeitlich begrenzten „T"-Gruppen unterschiedlicher Dauer berichtet worden. Tuckman schreibt dazu:

„Natürlich wird man erwarten, daß die Dauer des Gruppenzusammenseins den Grad und die Geschwindigkeit der Entwicklung beeinflußt. Die Laborgruppen, wie etwa die von Bales und Strodtbeck (1951) für einige Stunden zusammengeführten Gruppen, folgten im wesentlichen dem gleichen Entwicklungsgang wie die Therapiegruppen, die ein Jahr lang zusammenkamen. Die relativ kurze Dauer der Laborgruppen macht es notwendig, daß die Stufe der Problemlösung schnell erreicht wird, wohingegen für die längerlebige Therapiegruppe kein solcher Zwang besteht. Folglich sind die ersteren Gruppen gezwungen, sich sehr rasch zu entwickeln[20]".

Wir haben keine verläßlichen Unterlagen darüber, wieviel von dem kurzen, intensiven Durchlaufen der Stufen „haften bleibt". Es hat jedoch den Anschein, daß es im Falle des oben erwähnten Sommerlagers eine dauerhafte Wirkung auf das Verhalten und die Einstellungen hatte, weil die intensive, kurze Erfahrung des Zusammenlebens als Teil des laufenden Jahresprogramms wiederaufgenommen, nachgeprüft und bei wöchentlichen Gruppentreffen wiederholt wird. Umgekehrt stellen wir fest, daß dann, wenn ein Anstaltsaufenthalt nicht in der darauffolgenden ambulanten Psychotherapie einer sorgfältigen Nachprüfung unterzogen wird, er von den Patienten als etwas „Außergewöhnliches" angesehen wird, das mit seinem übrigen Leben nichts zu tun hat. Die mit dieser Erfahrung verbundenen Wirkungen können verflachen, und die gewonnenen Erkenntnisse in bezug auf Probleme und Erfolge im Umgang mit Menschen können allmählich in Vergessenheit geraten oder in der Erinnerung als „Sommerromanze" abgetan werden. Mit anderen Worten: wir stellen die Hypothese auf, daß die kurze, intensive und totale Erfahrung einen beträchtlichen „Eindruck" in der Charakterstruktur hinterlassen kann; wenn aber dieser Eindruck nicht durch sorgfältig errichtete und beständige Brücken von außen, durch Rück-

---

[20] Tuckman, a. a. O., S. 32.

blick und weitere Vertiefung untermauert wird, unterliegt er der großen Gefahr, daß er sich unter dem älteren homöostatischen Druck wieder verflacht. Wir vermuten, daß der menschliche Charakter ein wenig wie ein plissiertes Gewebe mit eingearbeiteten Falten ist, die man unter starker Hitze und Druck glätten kann, nur daß es wieder in die alten Falten zurückfällt, wenn der Druck nicht aufrechterhalten bleibt, bis das Gewebe abgekühlt ist.

ABHÄNGIGKEIT

Der vierte spezielle Umstand, der sich auf die Gruppenentwicklung in einer Institution auswirkt, ist die Abhängigkeit. Wir haben bereits festgestellt[21], daß kleine Kinder, stark gestörte Personen und Menschen, die ihre sozialen Erfahrungen in einem sehr abgeschirmten Rahmen erworben haben, es häufig schwierig finden, in der Voranschlußphase die angemessene Distanz zu wahren und später ihr Vertrauen vom Groupworker auf die Gruppenmitglieder zu übertragen. Wir stellen nun fest, daß dieser Umstand auch häufig für Menschen in Anstalten zutrifft. Wir differenzieren hier zwischen den Faktoren von Alter und Ausmaß der Störung, die wir später erörtern werden, und der sozialpsychologischen Tatsache, daß jemand Insasse einer Anstalt ist. Ein Patient, der in bezug auf seine Nahrung, seine medizinische Versorgung, die Erlaubnis, sein Zimmer zu verlassen, in die Turnhalle zu gehen oder sich eine Zigarette anzuzünden, auf andere Menschen angewiesen ist, steht unter dem starken Druck, eine Kind-Eltern-Orientierung zu entwickeln, und er offenbart in etwa die gleichen Verhaltensweisen und Einstellungen, wie sie bei den oben erwähnten Behandlungsgruppen vorgefunden wurden. Es besteht eine gewisse Offenheit, die von „erfahrenen" Patienten an den Tag gelegt wird, wenn sie sich in Gruppen treffen, eine Bereitschaft, persönliche Daten zu enthüllen und zu diskutieren und ihre Aktivitäten auf eine Weise gemeinsam zu unternehmen, die überraschend vertraulich wirkt, wenn sie von einem neu Hinzukommenden betrachtet wird. Aber ebenso wie Mitglieder einer im kom-

---

[21] Garland, a. a. O., S. 27 ff.

munalen Bereich bestehenden Gruppe gewisse kompensatorische Abwehr-
manöver anwenden, so nehmen selbst stark abhängige Anstaltspatienten
Zuflucht zu unfairen oder völlig unglaubwürdigen Ablenkungsmanövern,
um sich etwas Distanz und Integrität zu erhalten. Sie bringen es fertig,
Gruppentreffen zu verpassen, weil bequemerweise gerade zu dieser Zeit
andere Verabredungen arrangiert wurden; sie erreichen es, weitere Beschränkungen für sich herauszufordern, spielen in der Gruppe den Wun-
derlichen und Unnahbaren oder verleiten den Groupworker dazu, das Verhältnis des allesgebenden Elternteils zum hilflosen Kind länger beizubehalten. Wir erinnern hier an das, was wir über den gesellschaftlichen Bezugsrahmen in der Voranschlußphase gesagt haben: selbst die am stärksten abhängigen Patienten entwickeln eine scheinbar paradoxe Fähigkeit, das
„System" so zu benutzen, daß nicht nur die eigenen regressiven Bedürfnisse
befriedigt werden, sondern daß sie auch gleichzeitig davor geschützt sind,
von diesem System völlig eingenommen oder aber vollkommen abhängig
von ihm zu werden.

DER ZYKLUS AUF DER STATION — VERLUST UND WIEDERHERSTELLUNG

Bevor wir uns der Betrachtung der unterschiedlichen Auswirkungen der
Psychopathologie auf die Gruppenentwicklung zuwenden, möchten wir
kurz ein Phänomen hervorheben, das auf ziemlich einzigartige Weise das
Ineinanderfließen charakterlicher und kultureller Faktoren porträtiert: den
Gruppenzyklus auf einer Station. Er ist in unserem Zusammenhang von
besonderem Interesse, weil er zudem die Beziehung zwischen dem langfristigen Evolutionsprozeß der Gruppe, wie wir ihn dargelegt haben, und
dem sich wiederholenden zyklischen Prozeß, wie er von Schutz[22] beschrieben worden ist, illustriert. Wir erwähnten vorher[23], daß das Stufenmodell
einen möglichen Pfad der natürlichen Entwicklung darstellt, der sich in den
meisten Gruppen herausbildet. Wieweit dieser „natürliche" Pfad unter-
brochen, ja sogar ganz verbaut werden kann, wenn es an therapeutischen

22 Schutz, William C., The Interpersonal Underworld. In: Harvard Business Review, Band 36,
Nr. 4, Juli-August 1958, S. 123—135.
23 Garland u. a., a. a. O., S. 20.

Interventionen und Hilfsmaßnahmen fehlt, läßt sich ausreichend am Beispiel einer stationären Gruppe nachweisen, wenn zwei wesentliche Bedingungen gegeben sind:

1. ein hohes Maß an Zu- und Abgängen von Patienten und/oder Personal (wie bereits früher besprochen) und

2. ein Vorherrschen solcher Persönlichkeiten, die man grob gesprochen als Ich-geschädigt kategorisieren kann, Menschen also, die weder die psychische Energie für anhaltende Eigenmotivation noch eine ausreichende Fähigkeit für reife Objektbeziehungen besitzen (im Gegensatz zur einfachen Identifikation).*

Das Muster kann wie folgt beschrieben werden:

Nehmen wir als Ausgangspunkt eine einigermaßen stabile und befriedigende sozial-emotionelle Situation, in der wohl oder übel ein System von Beziehungen und Interaktionen besteht, in der die individuellen Bedürfnisse nach Pflege und Aktivitäten ziemlich gut befriedigt werden, in der die Rollen von Patienten und Personal klar sind, in der Kommunikation möglich ist und Gruppenentschlüsse gefaßt werden können. (Nebenbei bemerkt ist es nur fair zu sagen, daß — auch wenn das gezeichnete Bild sich recht ideal ausmacht — selbst in einer Institution mit bescheidenen Mitteln und gestörter Patientenschaft solche Perioden der Stille vorkommen.) Als nächstes wollen wir eine beunruhigende Variable einführen; in der Praxis ist dies am häufigsten ein Wechsel im Personal, wenn etwa eine wichtige zentrale Figur, wie der Hausvater oder der leitende Arzt, fortgeht, oder wenn der periodische Abgang der Lernschwestern stattfindet. Eine der ersten Reaktionen auf diesen Verlust — manchmal sogar eine Vorwegnahme — besteht darin, daß einzelne Patienten und auch Mitglieder des Personals sich verschanzen, ihre Angelegenheiten in Ordnung bringen und sich zum Ersatz ebenso gefestigte Personen oder Aktivitäten als Anker für ihr eigenes Ich suchen und sichern. Dieses Verhalten ist dem in der Trennungsstufe, die wir vorher beschrieben haben, sehr ähnlich, aber die Betonung liegt hier

---

* Das soll nicht heißen, daß dies *der* Zyklus auf der Station sein muß. Ganz offensichtlich gibt es zahlreiche immer wieder anzutreffende Umstände im zwischenmenschlichen Bereich (etwa Autoritätskonflikte unter dem Personal, das verschiedenen Berufszweigen angehört), die Reaktionen und Anpassungsmanöver auslösen, die zur Bewältigung der Situation notwendig sind und Aussicht auf Wiederherstellung des Gleichgewichts bieten.

deutlich auf der Selbsterhaltung. Genau an dieser Stelle ist die Psychopathologie am offensichtlichsten. In normalen Gruppen, in denen Objektbeziehungen, Gruppenidentifikationen und gesunde Traditionen stark sind,
beobachten wir ein Zusammenhalten und eine gegenseitige Unterstützung
der Mitglieder, um mit dem Verlust und dem drohenden Ungleichgewicht
in den Beziehungen fertigzuwerden. Es sollte auch daran erinnert werden,
wie oft Mitglieder des Personals sich geschlossen in die Sicherheit der
Pflegestation oder einer Arbeitsbesprechung zurückziehen. Patienten dagegen, denen es an emotionalem Rückhalt oder gegenseitigem Vertrauen
fehlt, ziehen sich von der Gruppe zurück. Nach einer kurzen „Stille vor dem
Sturm" voll aufmerksamer Unentschlossenheit oder flüchtigen Versuchen,
irgendeine Aktivität auf der Station in Gang zu bringen, scheint sich das
soziale Gewebe aufzulösen. Nachfragen nach Einzelunterredungen mit dem
Therapeuten oder nach Behandlung durch die Ärzte oder Schwestern nehmen genauso zu wie Drohungen, Flucht- oder Selbstverstümmelungsver-
suche oder Bemühungen, „sich draußen einen Job zu beschaffen"[24]. Die
Frage, ob die Dinge in dieser Weise ins Gleiten kommen und wie ernst und
anhaltend, steht oft im Zusammenhang mit der weiteren Frage, ob in der
Gruppe entsprechend dauerhafte Kräfte entwickelt worden sind. Gruppen
gestörter Kinder in dem bereits erwähnten Lager offenbaren zum Beispiel
ausgezeichnete Fähigkeiten, sich von dem Verlust ihres Groupworkers zu
erholen und den Übergang von zu Hause in das Lager zu verkraften, indem
sie sich an die Traditionen und die Gruppenidentität hielten, die sie innerhalb ihres Clubprogramms (während der 4. Stufe, Differenzierung) erworben hatten. Wenn eine Gruppe andererseits in einem Übergangsstadium
ist (sich z. B. mit der normativen Krise herumschlägt), kann solch ein Verlust
besonders gruppen- und Ich-zerstörerisch sein.
Jedenfalls kommt es, wenn das Abgleiten weiter anhält, zu einer Phase des
„Auslotens", in der die Gruppeninteraktion gleich Null ist oder sich auf
Zweier- oder Dreierbeziehungen beschränkt, in der mürrisches oder teil-
nahmsloses Rückzugsverhalten die Regel ist und in der die individuellen

24 Zum Verhalten von Patienten und Personal während wiederkehrender Krisenzeiten in der
Krankenhausgemeinschaft siehe Jacob Christ, Group Approaches in the Therapeutic Com-
munity: Discussion. In: International Journal of Group Psychotherapy, Band XV, Nr. 1,
Januar 1965, S. 39 f.

Bedürfnisse auf routinemäßige und stereotype Weise ausgesprochen und erfüllt werden. In Gruppen, in denen charakterliche Störungen (im Gegensatz zur Schizophrenie) vorherrschen, mag es weiterhin zu sporadischen Angriffen aus dem Hinterhalt oder zu kleineren „Buschfeuer"-Gefechten gegen die Institution oder gegen Sündenböcke aus der Gruppe kommen, gegen einzelne, die sich am Personal orientieren oder in ihrem Verhalten stark regrediert sind. Das Ausmaß an Verzweiflung, Depression und Schwächung, das von den Patienten und dem Personal gleichermaßen empfunden wird, braucht für diejenigen kaum beschrieben zu werden, die diesen sozial-emotionalen Tiefpunkt selbst erfahren haben. Die Heftigkeit dieser Erscheinungen ist gerade in solchen Anstalten besonders auffallend und akut, die vorher gute Unterstützung und Pflege geboten haben. Wenn es sich dagegen um einen chronischen Zustand handelt, dann sind die schwächenden Auswirkungen, auch wenn sie auf längere Sicht zersetzend sind, häufig durch Zurschaustellung eines relativ stabilen, stereotypisierten Systems maskiert, in dem Patienten und Personal gleichermaßen ihre entsprechenden Rollen und ihre „rückwärtsgerichtete" Unverletzbarkeit beibehalten.

Daß der Zyklus seinen Wendepunkt erreicht hat, kündigt sich dadurch an, daß die Patienten, wenn sie aus ihrer autistischen Untergangsstimmung herauskommen, beginnen, sich in ihr gegenseitiges Unglück einzufühlen und das Personal als ihren gemeinsamen Feind zu identifizieren, der sie im Stich läßt, beraubt und zwingt. Nachdem sie den pflichtvergessenen „Elternteil" (das Personal) aufgegeben, entlassen oder begraben haben, finden sich die „Geschwister" (die Patienten) zuerst zu einem negativen Bund zusammen und begeben sich dann zum nächsten Punkt, dem „gegenseitigen Füttern". Bemerkungen wie: „Man kann sich auf die verfluchten Ärzte auch überhaupt nicht verlassen" oder „Wir können ebenso gut unser Abendessen selbst planen, denn der Therapeut ist sowieso nie hier" werden in dieser Zeit häufig zu hören sein.

Wenn sich die äußeren Umstände zu diesem Zeitpunkt als einigermaßen konstant erweisen, wird die *Wiederherstellung* wahrscheinlich voranschreiten, die Bindungen an die Gruppenmitglieder werden wieder Freude — statt nur Freude durch Leid — bereiten, und die Zukunft wird wieder zu überschauen und zu tolerieren sein. Ungefähr zu diesem Zeitpunkt wird das Personal wieder als vertrauenswürdig angesehen und sein Wiedereintritt in das System allmählich zugelassen.

Vom Standpunkt der therapeutischen Intervention aus gesehen zeigt sich häufig, daß Groupworker und Personal bei dieser Entwicklung hinterherhinken. Sie haben selbst mit dem Verlust und mit der Umorganisation ihres Arbeitsschemas zu tun und werden zudem noch durch die Hilferufe der Patienten „auf dem Weg nach unten" belastet. Sie leiden unter Schuldgefühlen, wenn die Patienten sie in ihrer Verzweiflung der mangelnden Fürsorge bezichtigen, sie sind frustriert, weil es ihnen nicht möglich ist, den Patienten in dieser Periode des „Auslotens" zu helfen, und sie werden durch den erwachenden Zorn der Gruppe vor den Kopf gestoßen, wenn sich das soziale Gewebe wieder zu verflechten beginnt. Es nimmt daher kaum wunder, daß die Gruppe des Personals, die oft niedergeschmettert und ein wenig zynisch ist, erst spät auf die ersten Anzeichen der Bereitschaft zur Remotivation und Annäherung von seiten der Patienten eingeht. Das Personal muß seine gesamten emotionellen Reserven und intellektuellen Kräfte aufbieten, um standzuhalten und zu verstehen. Der Groupworker kann bei diesem Remotivationsprozeß des Personals eine recht entscheidene Rolle spielen, insofern als er normalerweise weder eine feste Position in der Arbeitshierarchie innehat, noch so konstanten und anhaltenden Anforderungen ausgesetzt ist wie die Krankenschwestern und Hilfskräfte. Es ist nicht ungewöhnlich, wenn sich der Groupworker, der die Probleme im sozialen System identifiziert hat, zu dieser Zeit gemeinsam mit der Oberschwester um die Organisation eines Programmes des „gegenseitigen Fütterns" zwischen Personal und Patienten kümmert, was ganz konkret das Wiedererwachen des Vertrauens und die Vollendung des Zyklus symbolisieren kann.

Aus theoretischer Sicht stellen sich zwei Fragen. Erstens, welches sind die zufälligen und auslösenden Faktoren, die den Aufstieg nach dem Erreichen des sozial-emotionalen Tiefpunktes verursachen; zweitens, wie verhält sich das Zyklus-Modell zum Stufen-Modell? Was das Aufstiegsphänomen betrifft, so könnten wir eine Reihe von außerhalb der Patientengruppe und ihrer vorherrschenden Stimmung liegenden Variablen als möglicherweise beschwingende Kräfte in Betracht ziehen; etwa die zahlenmäßige Vervollständigung des Personals, die Einführung von ablenkenden und verlockenden Freizeitbeschäftigungen, einen Wetterumschlag oder das Auftauchen eines freundlichen, hypomanischen Patienten. All diese Variablen haben gelegentlich eine Wirkung, aber sie haben in der Regel dann einen besonders positiven Einfluß, wenn sie mit einer Abnahme oder der grundsätzlichen Verarbeitung des Verlusttraumas einhergehen. Der Prozeß des Trauerns und Beklagens ist von Lindemann und Bowlby[25] so gut beschrieben worden, daß er hier nicht weiter ausgeführt zu werden braucht. Es ist aber wichtig, darauf hinzuweisen, daß, wenn Ärger, Protest, Verzweiflung und reuevolle Stimmung in der individuellen Psyche am Werke sind, das Wissen, daß diese Gefühle von den andern in der Gruppe ebenso durchlebt werden, zu ihrer Erforschung beitragen, Unterstützung gewähren und sogar, wenn nötig, dazu führen kann, daß solche Gefühle gemeinsam „begraben" werden, daß dieses Wissen also dabei hilft, den Patienten aus der Regression zurück in die Wirklichkeit zu bringen.

Was die Frage nach dem Verhältnis zwischen Zyklen und Stufen angeht, ergeben sich mehrere Punkte:

1. Wie bereits angedeutet, kann die gerade erreichte Entwicklungsstufe die Wirkung haben, die Strenge des Zyklus entweder zu mildern oder zu verschärfen, je nachdem ob die Stufe verbindender oder trennender Natur ist.

2. Das Thema der Stufe kann auch das Thema oder den erkennbaren Inhalt des Zyklus bestimmen; wenn z. B. Macht und Kontrolle (Stufe II) die wichtigsten emotionell zu bewältigenden Aufgaben sind, dann können sich die Beschwerden und das Verhalten während des Zyklus auf solche Dinge wie Reiseerlaubnisse, Verantwortung für die Reinhaltung der Station und ähnliches konzentrieren.

3. Was die Dauer und die Intensität des Zyklus betrifft, so ist sowohl bei stationären Gruppen als auch bei Kindergruppen beobachtet worden, daß sie in den Fällen sehr abnehmen, in denen die Gruppenentwick-

---

25 Lindemann, Eric, Symptomatology and Management of Acute Grief. In: American Journal of Psychiatry, Band 101, Nr. 2, September 1944; Bowlby, John,The Process of Mourning. In: International Journal of Psychoanalysis, Juli-Okt. 1961. Bowlby beschreibt drei dem hier dargestellten Gruppenzyklus sehr ähnliche Phasen des Protestes, der apathischen Resignation und der Wiederherstellung.

lung zur Stufe IV (Differenzierung und Zusammenhalt) fortgeschritten ist.

4. Die Erforschung und das Verarbeiten der zyklischen Krise sind wirksamer, wenn es bereits einen Mechanismus und eine Tradition für die Durchleuchtung von Gruppenprozessen und zwischenmenschlichen Gefühlen gibt.

Bei der Unterstützung einer stationären Gruppe und ihrer Entwicklung als Einheit ist es notwendig, neue diagnostische Werkzeuge zu verwenden. Der Artikel von Hyman Weiner über „Implications of Ward Culture for Group Work Practice"[26] enthält klare und prägnante Aussagen über den diagnostischen Prozeß auf der Station. Wir haben vor, dieses Thema zu einem späteren Zeitpunkt genauer zu beleuchten.

PSYCHOPATHOLOGIE UND GRUPPENPHASEN

Unter den Gruppen in Krankenhäusern herrschen im wesentlichen zwei Kategorien vor: die Schizophrenen und die charakterlich Gestörten. Diese klinischen Bezeichnungen sind grobe Benennungen für Konstellationen von identifizierbaren Persönlichkeitsmerkmalen. Unter jede Klassifikation fallen offensichtlich viele verschiedene Arten von Menschen, wobei jedes Individuum seine einmalige Ausstattung, seine Persönlichkeitsstruktur, seine Verhaltensmuster und seine sozialen Gegebenheiten mitbringt, die seine spezifische Art der Reaktion auf die Gruppensituation bewirken. Dennoch können wir uns der groben Kategorien bedienen und beobachten, wie die so klassifizierten Menschen sich in Therapiegruppen verhalten und wie sie die Entwicklung der Gruppe beeinflussen.

---

26 Weiner, Hyman, Implications of Ward Culture for Group Work Practice. In: Maier, H., Hrsg., Group Work as Part of Residential Treatment. New York 1965, NASW, S. 133–141; ders., Toward Techniques for Social Change. In: Social Work, Band 6, Nr. 2, April 1961, S. 26–35; L. Frey, Hrsg., Use of Groups in the Health Field. New York 1966, NASW, bes. S. 21–42.

1. Schizophrenie

Die Phasen bei Gruppen von hospitalisierten Schizophrenen scheinen unserem allgemeinen Modell zu entsprechen. Das Thema von Annäherung und Ausweichen in bezug auf Gruppenbeziehungen wird jedoch auf die für die Schizophrenie charakteristische Weise durchgespielt.
Wenn eines der Merkmale der Schizophrenie darin besteht, daß die Fähigkeit zum Anknüpfen von Beziehungen in Mitleidenschaft gezogen ist, dann wird die Erreichung des Zieles „Intimität", wie es in unserem Modell angenommen wird, notwendigerweise unvollständig sein. Das bedeutet, daß in der ersten Phase die Aufgabe des Ausweichens unsere Mitglieder am meisten beschäftigen wird. Dem schizophrenen Menschen ist nur eine begrenzte Annäherung möglich, weil die Erlangung echter (reifer) Objektbeziehungen ihm äußerst schwer fällt. Der Schizophrene kann ein Verhalten an den Tag legen, das so aussieht, als sei es eine Annäherung — und in gewissem Sinne ist es auch genau das —, aber es kann eine Annäherung sein, die darauf angelegt ist, ein Ausweichen zu bewirken. Zum Beispiel kann ein chronisch Schizophrener, der schon lange in einer Anstalt lebt, gelernt haben, wie man all die Anzeichen einer Teilnahme an Gruppenerfahrungen mitmacht, ohne durch die Erfahrung „berührt" zu werden. Wir haben Patienten beobachtet, die sich immer zu den Gruppentreffen einfanden, bei denen es etwas zu essen gab. Sie nehmen daran teil, um von der Gruppe das zu bekommen, was sie haben wollen, aber sie beteiligen sich wenig am sozialen Geschehen. Das ist symbolisch für die narzißtische und „einnehmende" Art ihrer Annäherung — solche Patienten nehmen sich den Teil der Gruppe (Mutter), von dem sie sich narzißtische Befriedigung und die Erhaltung ihres zerbrechlichen, eingekapselten Ichs versprechen. Das förmliche Eindringen in den Groupworker, das Sich-Anklammern vor Angst, die Überfülle von „tiefsinnigem" Material, all das sind im Grunde genommen Mittel zur Vermeidung von Beziehungen, die potentiell eine gewisse Selbstaufgabe fordern. Manche regredierte Schizophrene können natürlich nicht einmal auf diese erste Stufe der Mitgliedschaft gelangen. Andere mögen die erste Stufe durchlaufen, was die physische Anwesenheit und das Einverständnis mit den oberflächlichen Aspekten der Arbeitsabsprache betrifft. Auch wenn das nur eine begrenzte Annäherung ist, ist sie doch

positiv zu beurteilen angesichts der Ängste, des Mißtrauens und der Bedrohungen, die solche Beziehungen einem Schizophrenen aufbürden.

Die Macht- und Kontrollstufe ist für den Schizophrenen ebenso angsterregend, weil sie eine erhebliche Bedrohung für seine Selbständigkeit
und seine Möglichkeiten der Selbstkontrolle darstellt. Sowohl grandiose
Phantastereien als auch Gefühle der Wertlosigkeit und Ohnmacht können
durch die Realität der Erfahrung mit dem Gruppenleben erschüttert werden. Der paranoide Mensch kann eine zusätzliche Bestätigung seiner Wahn-
vorstellungen finden, wenn er sich in der Rolle des Sündenbocks der
Gruppe findet. Untergruppierungen und Verbindungen erscheinen ihm
dann eigens dazu organisiert, ihn an der Teilhabe an den vom Groupworker bereitgehaltenen „Gütern" zu hindern. Der Groupworker wird als der
Mächtige angesehen, der das therapeutische Geschenk entweder gibt oder
vorenthält. Hospitalisierte Patienten werden möglicherweise auf das außer-
gewöhnliche Verhalten des Groupworkers nicht so reagieren, wie es für die
im Modell angeführten Kindergruppen typisch ist, nämlich mit Über-
raschung. Sie können mit dem therapeutischen Ansatz bereits vertraut
genug sein, um zu erwarten, daß der Groupworker sich so verhält, wie er
es dann tut. So mag die normative Krise kaum spürbar sein, die in Gruppen eintritt, die außerhalb eines Krankenhauses aufgebaut worden sind.
Wie dem auch sei — wenn die einzige therapeutische Beziehung, mit der
der Patient sich bislang zu befassen hatte, eine Zweierbeziehung gewesen
ist, dann kann er wegen der besonderen Komplexität der Fragen von Autonomie und Kontrolle, wie sie nun einmal zu einer Therapiegruppe gehören,
in eine Krise geraten.

Die hohe Ausfallquote, die bei Gruppen außerhalb einer Anstalt in dieser Stufe auftritt, mag in Anstalten geringer sein, weil die Patienten nicht
so leicht wegbleiben können. Dennoch können die Patienten sich mit Vor-
wänden wie gleichzeitigen Verabredungen, Kopfschmerzen usw. drücken,
wie bereits vorher angedeutet.

Falls die Gruppe die Machtfrage einigermaßen löst, ist sie bereit für die Stufe
der Intimität. Gerade auf dieser Stufe der wahren Vertrautheit aber wird
der innerste Kern ihrer Krankheit berührt. Wenn die Gruppe beginnt, die
Wärme der Beziehungen zu erkennen, die sich den einzelnen eröffnet,
wenn sie nur danach greifen und sie berühren können, dann kann den

Patienten die eigene Leere und damit verbunden der Verdruß darüber,
daß „niemand da ist", bewußt werden. Ein Ich, eine Identität ist für reziproke
Beziehungen notwendig, die sowohl Liebe als auch Haß erlauben, Gefühle, die für einen schizophrenen Menschen katastrophal sein können.
An diesem Punkt kann sowohl physische als auch psychische Flucht der
einzige Ausweg sein, um nicht der inneren Leere ins Auge sehen zu müssen. Die Begegnung mit dieser Leere, die Entblößung des Ichs, kann auf eine
Regression hinauslaufen, aus der das Individuum, wenn ihm nicht geholfen
wird, seine Integrität nur retten kann, indem es die Kerkermauern von Isolation und Unverletzlichkeit wieder um sich errichtet. Es ist gerade diese
Gefahr ernsthafter Regression aufgrund der Unfähigkeit, Intimität zu ertragen, die anzeigt, wie nützlich und weise es ist, realitätsorientierte Gruppen einzusetzen, die sich auf eine Aufgabe konzentrieren. Das wird ausführlich von Slavson in zwei besonders fruchtbaren Artikeln erörtert.

Planungsgruppen, Lern- und Diskussionsgruppen haben ein Element gemeinsam, das wir für therapeutisch besonders wertvoll halten; sie sind alle
an der Realität orientiert. Wir haben bereits den Wert der Realitätsprüfung
für psychotische Patienten hervorgehoben; Gruppen und Aktivitäten sollten kontinuierliche, wirksame und bedeutungsvolle Erfahrungen in dieser
Richtung vermitteln. Der Wert einer Gruppe wird stark erhöht, wenn sie auf
Aktionen abzielt. Da sie Elemente sozialer und zwischenmenschlicher Beziehungen enthalten, haben Aktivitäten, die sich aus Gruppendiskussio-
nen und Gruppenplänen ergeben, eine größere Bedeutung als solche, die
von einem Individuum allein erdacht und ausgeführt werden oder auf eine
Anweisung des Anstaltspersonals zurückgehen[27].

Die Methode der Sozialen Gruppenarbeit, die sowohl Aktivitäten als auch
die Diskussion gruppendynamischer Prozesse und individueller Gefühle
einsetzt, ermöglicht die Entstehung einer gewissen Intimität, aber auf weniger intensiver Grundlage als bei reinen Diskussionsgruppen. Hier scheint
sich der schizophrenen Gruppe ein Weg zu eröffnen, wie sie die Intimitätsstufe bewältigen kann, ohne daß sich eine übertriebene oder schwä-
chende Übertragung entwickelt.

27 Slavson, S. R., Group Psychotherapy and Schizophrenia. In: International Journal of Group
Psychotherapy, Band XI, Nr. 1, S. 25; ders., When is a Therapy Group not a Therapy Group.
In: International Journal of Group Psychotherapy, Band XI, Nr. 1.

Wie könnte dies auf das Verhalten übertragen aussehen? Eine Gruppe
Schizophrener zwischen 15 und 25 Jahren wohnte mehrere Monate lang
auf der gleichen Station. Sie kamen mehrmals in der Woche in einer
Gruppe mit einem weiblichen Groupworker und in einer anderen Gruppe
mit einem männlichen Groupworker zusammen. Nach einer feindseligen
Periode der Annäherung und des Ausweichens, die mehrere Wochen
dauerte, ließen sie sich in einen scharfen Machtkampf zwischen zwei
Gruppenmitgliedern ein. Bei ihren Treffen mit dem männlichen Groupworker wurde dieser fast wie ein Gleichgestellter in diesen Kampf mit-
hineingezogen; in den Sitzungen mit dem weiblichen Groupworker drehte
sich der Kampf um deren Autorität und Macht als ranghöheres Mitglied des
Personals und als Frau. Während der Intimitätsphase begleitete die Gruppe
die Groupworkerin auf Ausflügen. Mit dem männlichen Groupworker
ging sie aus fast wie mit einem Gleichaltrigen. Sie drückten offen den
Wunsch aus, „mal ein Mädchen wie dich zu heiraten", und vollzogen das
dynamische Geschehen in einer Familie nach, als sie in der Stationsküche
für sich und die Groupworkerin eine Mahlzeit bereiteten. Die Phase
der Differenzierung trat ein, als den Gruppenmitgliedern geholfen wurde,
sich auch anderen männlichen und weiblichen Patienten zuzuwenden, und
als sie anfingen, ihr Augenmerk auf die Realität individueller Bedürfnisse
und Rechte zu richten. Probleme wurden offen diskutiert, und es wurden
Anstrengungen unternommen, als Gruppe an ihnen zu arbeiten. Die
Gruppe wurde allmählich fähig, fast selbständig zu funktionieren. Die beiden Sozialarbeiter waren nicht mehr Symbol für Geschwister oder Eltern,
sondern wurden zu „befähigenden" Personen.
Als sie sich trennte, konnte die Gruppe ihre Leistungen beim Namen nennen: „Diese Gruppe war gut, weil sie uns wie Menschen behandelt haben.
Die Anstalt achtete darauf, was wir zu sagen hatten. Wir kamen uns wichtig vor. Wir haben etwas geschafft."

2. Charakterstörungen

Der charakterlich gestörte Mensch ist durch einen Mangel an Impulskon-
trolle und ein defektes Über-Ich gekennzeichnet. Er scheint auf eine prä-
genitale Entwicklungsstufe fixiert zu sein. Reiner und Kaufmann sind

der Ansicht, daß solche Menschen andauernd von Angst bedroht sind, die
mit einer ungelösten Depression zusammenhängt. Sie versuchen, mit dieser
unterschwelligen Angst fertigzuwerden, indem sie sie offen zur Schau stellen, oder indem sie Krankheitssymptome herausbilden. Ihre Reaktionen
sind starr, und ihr Leben verläuft in einem ständigen Krisenzustand. Diese
Aufregung ist notwendig, damit sie das Gefühl haben, am Leben zu sein.
Ihre Gefühle sind intensiv, aber sie sind nicht in der Lage, sie objektiv
zu betrachten oder zu erörtern und sich durch Handlungen anderer Menschen mitzuteilen[28]. Identitätsprobleme, Mangel an Vertrauen, Unfähigkeit, enge Beziehungen zu bewältigen, sowie das starke Bedürfnis, die zugrundeliegende Angst und Depression zu verleugnen, sind die hauptsäch-
lichen Anliegen bei ihrer Behandlung in der Gruppe. Gerade die Einsam-
keit vieler charakterlich gestörter Menschen verleiht der Gruppe einen
Anreiz, der bei der Einzelbehandlung gewöhnlich fehlt. Die Aktivitäten
und Leistungen einer Gruppe und der Beitrag des Groupworkers zum Gelingen der Gruppe stellen eine greifbare Befriedigung für zugrundeliegende orale Bedürfnisse dar.
Wie bei schizophrenen Menschen wird die Intimität zu einem gefürch-
teten Erlebnis für den charakterlich gestörten Menschen. Er hat es gelernt,
diese Angst zu umgehen, indem er Beziehungen durch Aggressionen ab-
wehrt oder indem er die ihm am nächsten stehenden Menschen durch Drohungen, Verführung oder Furcht manipuliert, so daß er glaubt, sie unter
seiner Kontrolle zu haben. Das bedeutet selbstverständlich, daß es während
der ersten Entwicklungsstufe einer Gruppe zu einer Suche nach handfesten
Antworten auf die wichtigste aller Fragen kommt: „Was steckt für mich
drin?", eine Frage, der natürlich sowohl materielle als auch psychologische
Bedeutung zukommt. Unter keinen Umständen kann allerdings solch ein
Mensch den Gedanken ertragen, daß die Frage und die Antwort darauf
tatsächlich wichtig sind, insbesondere was Beziehungen und Gefühle betrifft. Gelegentlich ist das Verhalten solcher Gruppen zu Beginn täuschend
beherrscht und vernünftig. Da der Groupworker Möglichkeiten für Erfolgs-
erlebnisse schafft und individuelle Erkundungszüge erleichtert, fühlen sich

---

28 Reiner, B. S. und I. Kaufman, Character Disorders in Parents of Delinquents. New York 1959,
Family Service Association of America, S. 7 f.

die Mitglieder nicht bedroht. Es kommt ihnen wahrscheinlich gar nicht der Gedanke, daß die Gruppe eine potentielle Bedrohung dieser ihnen eigenen aggressiven Verhaltensweise zur Abwehr von Gefühlen und zum Vermeiden von Beziehungen darstellt.

Während dieses Stadiums ist es von ausschlaggebender Bedeutung, daß Möglichkeiten dafür geboten werden, etwas zu beherrschen oder zu meistern. Das hilft dem Individuum, seine Impulse zu steuern, so daß es die anderen Gruppenmitglieder nicht verstört oder seine unmittelbare physische und soziale Umgebung vernichtet. Hier zeigt sich der besondere Nutzen, der im Einsatz von Aktivitäten und auch von verbalen Mitteln mit dem Ziel liegt, die Gruppe vorwärtszubringen.

Es hat den Anschein, daß die volle Bedeutung der Gruppe erst in der Stufe II erfahren wird. Die Fragen von Macht, Kontrolle und Autorität treffen meist genau den Kern der Entwicklungsschwierigkeiten des charakterlich gestörten Menschen und bewirken eine Wiederholung dieser Schwierigkeiten. Der erste Entwurf des Stufenmodells sah noch keine Macht- und Kontrollstufe vor, bis H. Jones, einer der Schöpfer des Modells, mit der Gruppenarbeit in einer auf jugendliche Gesetzesbrecher spezialisierten Dienststelle begann. Er war es, dem die Unfähigkeit der Gruppe auffiel, Macht- und Kontrollfragen auf sich beruhen zu lassen. Er sagt, daß dieser Kampf um die Macht typischerweise sofort auf das anfängliche Ausloten und das versuchsweise Mitmachen in der Gruppe (Stufe I) folgte. Schon vor Jones' Beobachtungen hatte man festgestellt, daß in vielen Einrichtungen, die sich häuptsächlich mit antisozialen Banden von Gesetzesbrechern beschäftigten, unter den auftauchenden Problemen jene typisch waren, die mit der Suche nach dem Sündenbock zu tun hatten, sobald die Autorität des Groupworkers durch einen alteingesessenen „Dschungelführer" herausgefordert wurde, der mit dem Groupworker um die Autorität wetteiferte. Wir hatten uns ursprünglich nicht gefragt, warum die Fragen von Macht und Kontrolle für diese Gruppenmitglieder am schwierigsten waren, sondern akzeptierten diese Erscheinung einfach allgemein, da wir intuitiv wußten, daß Jugendliche und junge Erwachsene mit Autoritätsproblemen dazu neigen, dem Groupworker stark zuzusetzen. Wenn wir das Problem wieder zurück ins Labor oder gewissermaßen auf die Couch des Psychoanalytikers verlegen, ist es leicht einzusehen, warum Stufe II für Menschen mit Charakterstörungen so schwierig ist. Wenn wir von der Prämisse ausgehen, daß die Angst vor Verlust ein Kernproblem ist, dann erkennen wir, daß einer der Gründe für die Verlängerung des Machtkampfes mit der Angst vor der Intimität zusammenhängt, die in bedrohliche Nähe gerückt ist, nämlich auf der folgenden Entwicklungsstufe liegt. Während der schizophrene Mensch Intimität vermied, indem er fortwährend abwanderte, sich zurückzog und jede Vorwärtsbewegung umging, vermeidet der charakterlich gestörte Mensch sie in der Regel, indem er sich in ausgedehnte Kämpfe bis aufs äußerste einläßt, in denen er die Autorität des Groupworkers auf die Probe stellt, geplante Unternehmungen zu vereiteln sucht und kleine Cliquen um sich schart, die ihn in seinem Kampf unterstützen sollen. Weil er die zunehmende Wärme, die er in den Gruppenbeziehungen verspürt, fürchtet, verwendet er alle seine Energie darauf, sie abzuwehren. Wenn er auf Gruppenbindungen eingeht — was höchstwahrscheinlich mit anderen Gruppenmitgliedern geschieht —, wenn er sich auf scheinbar enge Beziehungen zu seinesgleichen in der Gruppe einläßt, um Pläne für Unternehmungen zu schmieden, wenn er die Autorität des Groupworkers untergräbt oder ein bestimmtes Mitglied zum Sündenbock abstempelt, dann ist das nur vorübergehend. Sobald ein bestimmtes Manöver ausgeführt ist, verschwinden diese Bemühungen, oder ihr Zweck ändert sich. Das Hauptinteresse des charakterlich Gestörten besteht darin, die anderen und die Situation unter Kontrolle zu halten, so daß er das, was er möchte, erhält, ohne unter negativen Auswirkungen leiden zu müssen. Da er auf eine prä-ödipale Phase fixiert ist, hat er die Aufgabe der Selbstfindung oder der Identifikation mit anderen auf der Ebene des Erwachsenen nie mit Erfolg gelöst. Weil er sich selbst für ein sehr kleines Wesen hält, das gegen die Macht einer grausamen und entbehrungsreichen Welt ankämpft, wird er seine Umgebung und die Autoritätsfiguren dazu anhalten, seine primitiven Bedürfnisse zu stillen und ihn vor jedem Einbruch in seinen von Impulsen gesteuerten Lebensstil zu bewahren.

Es stellt sich die Frage, wie sich das Verhalten des charakterlich gestörten Menschen von dem des normalen Jugendlichen unterscheidet, was die Rebellion gegen die Autorität und die Beschäftigung mit der Macht- und Kontrollstufe in Gruppensituationen anbelangt. Das ist eine besonders verwirrende Frage angesichts der Tatsache, daß viele der Gruppen von charakterlich Gestörten, mit denen wir arbeiten, zugleich im Pubertätsalter sind. Es ist zwar richtig, daß normale Heranwachsende eine ganze Menge „primitiven" Materials aufarbeiten und sich tatsächlich gegen die Autorität des Groupworkers und anderer mächtiger Personen ihrer Umgebung zusammenrotten; dennoch besteht ein signifikanter Unterschied zu den Handlungen des charakterlich gestörten Menschen. Der Unterschied scheint im Grunde auf der Tatsache zu beruhen, daß der normale Jugendliche während der prägenden Jahre in seinen Beziehungen Zuneigung und Fürsorge erfahren hat. Er hat gelernt, an solchen Beziehungen teilzunehmen, und er hat durch sie eine Phase der Identitätsbildung vollendet. Obwohl der Jugendliche sich mit seinen Altersgenossen zusammenschließt, um seine eigene Macht zu vergrößern und seine Loslösung von den Erwachsenen zu vervollständigen, ist er gleichzeitig in der Lage, von Erwachsenen Hilfe entgegenzunehmen und sich in wechselseitige und reziproke Beziehungen mit seinen Altersgenossen einzulassen. Mit anderen Worten, seine Rebellion gegen den vertrauenswürdigen Erwachsenen symbolisiert seinen Übergang von der Kindheit ins Erwachsenenalter. Auch wenn während dieser Übergangsphase sowohl seine Liebesgefühle als auch seine destruktiven Impulse durcheinandergerüttelt werden können, nehmen wir doch an, daß er mit einer im Grunde gesunden Charakterstruktur imstande sein wird, das ursprüngliche Objekt ‚Eltern' und sein Kindheits-Ego zum Teil durch das Objekt ‚Altersgenossen' und eine Identität, die ihm ganz allein eigen ist, zu ersetzen.

Eine Fallstudie mag dies illustrieren helfen. Ein 19jähriger männlicher Patient auf einer Station mit sowohl schizophrenen als auch charakterlich gestörten Menschen hielt sich bewußt abseits von den Patienten und vom Personal, außer wenn er sie seinen eigenen Worten zufolge „reinlegte", um Privilegien wie eine Fahrt in die Stadt oder einen Besuch bei seiner Freundin auf einer anderen Station zu erhalten. Bei Zusammenkünften auf der Station stritt er lauthals jegliches Interesse an der Gruppe ab mit der Feststellung, daß „all dieser Gruppenmist nur 'ne Menge Dreck ist." Gleichzeitig beschwerte er sich laut über die Verpflegung, den Mangel an Beachtung, fehlende Privilegien, Steifheit und Förmlichkeit des Personals und die Idiotie der schizophrenen Patienten. In dieser Litanei, die er bei jeder Zusammenkunft wiederholte, klang auch seine Sorge um Liebesentzug, um die Unfähigkeit, mit anderen Kontakt aufzunehmen, und die Angst vor Entbehrungen an. Im Verlauf der psychotherapeutischen Behandlung, während der weiteren Gruppentreffen und bei den Gelegenheiten, Fertigkeiten im Tischlern zu erwerben, trat ein leichter Orientierungswandel ein. Er tat den nächsten Schritt, als er zu einem Zeitpunkt, als die Patienten um das Privileg baten, die Stationsküche benutzen zu dürfen, sagte: „Die Gruppe kümmert mich kein bißchen, aber die zugrundeliegenden Prinzipien interessieren mich." Wenig später war sein Ton etwas gemäßigter, als er feststellte: „Ich werde dafür kämpfen, daß diese Burschen die Küche benutzen dürfen; diese Gruppengeschichte interessiert mich zwar immer noch verdammt wenig, aber einige der Leute hier mag ich." Das ist die Entwicklung vom reinen Eigeninteresse, das andere nur als Werkzeug zur Befriedigung der persönlichen Bedürfnisse einsetzt, zu einem Interesse an einem abstrakten Ideal. Darauf folgt dann das Eingeständnis des Interesses an den Menschen, mit denen er in der Gruppe zusammenkommt.

Bei diesem Übergang werden uns die allmählich aufkommenden Einstellungen illustriert, die in gewissem Sinne bei der individuellen und der Gruppenentwicklung parallel laufen. Das soll nun nicht heißen, daß gesunde Jugendliche nicht auch manchmal den hier gezeigten Zynismus, die Entfremdung und den Narzißmus an den Tag legen. Der Unterschied scheint nur darin zu liegen, wie lange und hartnäckig an solchen Einstellungen und Verhaltensweisen festgehalten wird. Es genügt zu sagen, daß beträchtliches Einfühlungsvermögen auf seiten des Beobachters erforderlich ist, um den Sturm, der aus der Qual des Übergangs entsteht, von demjenigen zu unterscheiden, dessen Ursprung in grundlegenden Entwicklungsdefiziten im Zusammenhang mit der Bewältigung von Verlust und Autonomie liegt. Wenn wir davon ausgehen, daß die Macht- und Kontrollstufe in der Gruppenentwicklung die Probleme der Autonomie exemplifiziert und sozusagen als Schauplatz ihrer Wiederaufführung fungiert, dann ist es nicht schwer einzusehen, daß sie — strategisch gesehen — eine ziemlich tumultuöse Phase im Behandlungsprozeß sein dürfte. Es kann bei charakterlich gestörten Menschen notwendig sein, ziemlich lange auf der zweiten Stufe zu verweilen, bevor die ersten Anzeichen für eine Bereitschaft zu erkennen sind, sich in Richtung auf engere Beziehungen weiterzubewegen.

Man kann sogar fragen, ob es bei solchen Gruppenmitgliedern eine Intimitätsstufe überhaupt geben kann. Wir meinen, daß, wenn die Thematik von Macht und Kontrolle erfolgreich durchlaufen ist, ohne daß dabei anderen oder dem eigenen Ich ein Schaden zugefügt worden ist, die tieferen Bedürfnisse des einzelnen nach Abhängigkeit und nach Identifikation mit einem starken, liebevollen und fairen Elternteil an die Oberfläche gelassen werden können. Seine Sehnsucht und seine Ressentiments gegenüber der Familie können nun die früher übliche Gewohnheit ersetzen, seine Probleme und Frustrationen der äußeren Umwelt, der Gruppe und dem Groupworker anzulasten. Zum ersten Mal erlebt nun der Mensch ein echtes Gefühl und damit zugleich die akute Angst, daß die neuen Beziehungen falsch sind, ein Trick, ein Mittel, um ihn zu verletzen. Er ist jetzt so verletzbar wie nie zuvor, weil er nie zuvor der Bereicherung und Freude so nahe war, die die Beziehungen zu anderen Menschen verheißen.

Wir wissen nicht, wie oft solche Gruppen diese Behandlungsstufe erreichen, aber wir haben es oft genug gesehen, um zu zeigen, daß die Erfahrung von Haß und Liebe eine mächtige Kraft im Leben der Gruppenmitglieder darstellt. Die Kardinalregel für den Groupworker ist hier: „Laß die Gruppe unter keinen Umständen allein." Während des zu diesem Zeitpunkt auftretenden Durcheinanders von Emotionen können Aktivitäten und Gruppennormen den Halt abgeben, den der einzelne braucht, um die erreichten Fortschritte zu erhalten. Immerhin kann er es jetzt ertragen, daß der Groupworker in deutlichen Worten den zuvor in der Aktion liegenden Schwerpunkt in abstraktere verbale Bereiche überträgt, wo vielleicht zum ersten Mal Gefühle und Handlungen mit Namen versehen werden können und Angst sich eher symbolisch anstatt handlungsmäßig ausdrücken läßt. Gewonnene Kräfte und Fortschritte müssen innerhalb der Gruppe und von der äußeren Umgebung unterstützt werden. Der charakterlich gestörte Mensch hat gewöhnlich Probleme mit seiner Umgebung, und wenn diese Umgebung sich nicht auch verändert, besteht wenig Hoffnung, daß der in der Gruppe erzielte Fortschritt erhalten bleiben kann.

Die Stufe der Differenzierung scheint zu beginnen, nachdem die Teilnehmer den therapeutischen Zweck der Gruppe akzeptiert haben. Die Tatsache, daß sie jetzt fähig sind, den Groupworker miteinander zu teilen, ermöglicht es, daß unter den Gruppenmitgliedern ein Zusammenhalt entsteht. Befriedigung durch Gruppenleistungen und die Rückversicherung durch Normen und Traditionen stellen eine solide und reale äußere Kontrolle dar, die sich aus inneren Quellen entwickelt hat, anstatt daß sie durch eine strafende Umgebung erzwungen worden wäre. Das ist für den charakterlich gestörten Menschen besonders wichtig, der seine Störung jetzt als schwächer empfindet, weil er seinen irrationalen Impulsen nicht mehr vollständig ausgeliefert ist. Er ist nicht mehr einsam, weil er sich mit seinen Leidensgefährten identifiziert hat. Er ist zu einem „Wir" und auch zu einem „Ich" geworden, weil er zur Annahme von Kontrolle und engen Beziehungen bekehrt worden ist. Seine Anwesenheit in der Gruppe kann in diesem Stadium die Kontrollen stärker und die Symbole der „Gruppenzusammengehörigkeit" plumper machen, als es bei Gruppen aus weniger problembeladenen Personen der Fall wäre. In dem Maße, in dem der Groupworker die Gruppe dazu anhält, selbständig zu arbeiten und ihren Erfolg nach den eigenen Anstrengungen zu beurteilen, läßt die Abhängigkeit der Mitglieder von ihm nach. Diese Annahme und die damit einhergehende Zunahme an Eigensteuerung erlaubt es den Mitgliedern, mit einem starken Erfolgsgefühl die Beendigung der Gruppe anzusteuern.

Unter Umständen vergehen Monate oder sogar Jahre, bis eine Gruppe erfolgreich an der Endstufe anlangt. Das liegt hauptsächlich an der besonderen Komplexität, der Verletzbarkeit und den Abwehrmechanismen der Menschen und der speziellen Umstände, die wir erörtert haben.

Wir haben die Faktoren des Anstaltsmilieus, des Stationszyklus und einiger Aspekte der Psychopathologie zu den Entwicklungsstufen von Gruppen in psychiatrischer Umgebung in Beziehung gesetzt und Vermutungen dahingehend geäußert, wie sie diese Entwicklung beeinflussen und modifizieren. Es wäre anmaßend von uns, wollten wir behaupten, daß unsere Beobachtungen und die hier geäußerten Gedanken volle Gültigkeit besäßen. Wir hoffen, daß diejenigen, die das Modell untersuchen, sich kritisch mit unseren Ergebnissen auseinandersetzen, denn nur durch die gewissenhafte Erforschung von Ideen und Vorstellungen lassen sich neue und bessere Wege zur Erklärung menschlicher Prozesse finden und wirksamere Methoden der Gruppentherapie entwickeln.

Die Autoren

Saul Bernstein
Professor and Head of Group Work Department
Boston University School of Social Work

Robert A. Daniels
Assistant Professor
Boston University School of Social Work

Louise A. Frey
Professor and Director of Continuing Education
Boston University School of Social Work

James A. Garland
Director of Activity Therapies
McLean Hospital, Belmont, Massachusetts
Adjunct Assistant Professor
Boston University School of Social Work

Ralph L. Kolodny
Associate Professor
Boston University School of Social Work

Louis Lowy
Professor of Social Work
Boston University School of Social Work

Robert J. Paradise
Program Director
Walker Home for Children, Needham, Massachusetts

Literaturverzeichnis

Allport, Gordon, The Nature of Prejudice. Cambridge, Mass. 1954, Addison-Wesley Publishing Company, S. 343–392; deutsch: Die Natur des Vorurteils. Köln o. J., Kiepenheuer & Witsch.

Anderson, Margaret u. a., The Development of a Reliable Instrument for Testing a Theory of Groupwork Practice. Unveröff. 1965, Boston University School of Social Work.

Anthony, E. James, The Generic Elements in Dyadic and in Group Psychotherapy. In: International Journal of Group Psychotherapy, Band 17, Nr. 1, Januar 1967, S. 57–70.

Barshay, Barbara u. a., A Study and Test of the Validity of a Model of the Termination Phase of Group Development. Unveröff. 1967, Boston University School of Social Work.

Bartlett, Harriett M., Toward Clarification and Improvement of Social Work Practice. In: Social Work, April 1958.

Bartlett, Harriett M., Knowledge and Value: The Distinction and Relationship in Clarifying Social Work Practice. In: Social Work, Band 10, Nr. 3, Juli 1965, S. 32–39.

Bartlett, Harriett M. und William Gordon, A Critique of the Working Definition. In: Social Work, Band 7, Nr. 4, Oktober 1962, S. 3–13.

Bellak, Leopold, Hrsg., Psychology of Physical Illness. New York 1952, Grune & Stratton.

Benne, Kenneth D. und P. Sheats, Functional Roles of Group Members. In: Journal of Social Issues, Frühjahr 1948.

Bennis, Warren, Leadership Theory and Administrative Behavior. In: Warren Bennis u. a., Hrsg., The Planning of Change, 1961, S. 44.

Berkowitz, Leonard, Aggression: A Social Psychological Analysis. New York 1962, McGraw-Hill.

Bernstein, Saul, Self-Determination: King or Citizen in the Realm of Values. In: Social Work, Band 5, Nr. 1, Januar 1960, S. 3–9.

Bernstein Saul, Youth on the Streets. New York 1964, Association Press.

Bernstein, Saul, Group Work and Conflict. In: Explorations in Group Work. Boston 1965, Boston University School of Social Work; deutsch: Untersuchungen zur Sozialen Gruppenarbeit. Freiburg ³1973.

Bernstein, Saul, Conflict, Self-Determination and Social Work. In:Values in Social Work: A Re-examination. New York 1967, National Association of Social Workers.

Bernstein, Saul und Louis Lowy, Hrsg., Explorations in Group Work – Essays in Theory and Practice. Boston 1965, Boston University School of Social Work; deutsch: Untersuchungen zur Sozialen Gruppenarbeit. Freiburg ³1973, Lambertus-Verlag.

Biestek, Felix, Problems in Identifying Social Work Values. In: Values in Social Work: A Re-examination. New York 1967, National Association of Social Workers.

Biestek, Felix, Basic Values in Social Work. In: Values in Social Work: A Re-examination. New York 1967, Association of Social Workers.

Boehm, Werner, The Nature of Social Work. In: Social Work, April 1958.

Bowlby, John, The Process of Mourning. In: International Journal of Psychoanalysis, Juli–Oktober 1961.

Brager, George, Goal Formulation: An Organizational Perspective. In: Social Work with Groups. New York 1960, National Association of Social Workers, S. 23 u. 25.

Cartwright, Dorwin und A. Zander, Group Dynamics. Evanston, Ill. 1953, Row, Peterson Co., S. 316 ff.

Caudill, W., The Psychiatric Hospital as a Small Society. Cambridge Mass. 1958, Harvard University Press.

Christ, Jacob, Group Approaches in the Therapeutic Community: Discussion. In: International Journal of Group Psychotherapy, Band XV, Nr. 1, Januar 1965, S. 39 f.

Christ, Jacob, Rezension zu Nancy Annis, Activity Therapies and Ward Group Development. Belmont, Mass. 1967, McLean Hospital, vervielfältigt.

Cole, Minerva G. und Lawrence Podell, Serving Handicapped Children in Group Programs. In: Social Work, Band 6, Nr. 1, Januar 1961, S. 97–184.

Council on Social Work Education, The Socio-Behavioral Approach and Applications to Social Work. New York 1967.

Coyle, Grace L., Group Work with American Youth. New York 1948, Harper and Bros. (Modell der Sozialen Aktion).

Dobrow, Marvin u. a., A Test of the Reliability of an Instrument and a Test of the Validity of a Model of Group Development. Boston 1966, unveröff.

Freedman, M. und B. Sweet, Some Specific Features of Group Psychotherapy and Their Implications for Selection of Patients. In: International Journal of Group Psychotherapy, 4:35, S. 359, 1956.

Freud, Anna, The Psycho-Analytical Treatment of Children. New York 1966, International Universities Press, Inc., S. 5; deutsch: Einführung in die Technik der Kinderanalyse. München [6]1972, E. Reinhardt.

Frey, Louise A., Support and the Group. In: Social Work, Oktober 1962.

Frey, Louise A., Hrsg., Use of Groups in the Health Field. New York 1966, National Association of Social Workers.

Frey, Louise A. und Ralph L. Kolodny, Illusions and Realities in Current Social Work with Groups. In: Social Work, April 1964.

Frey, Louise A. und M. Meyer, Explorations and Working Agreement in the Social Work Methods. In: Explorations in Group Work. Hrsg. S. Bernstein u. L. Lowy. Boston 1965, S. 2–11; deutsch: Untersuchungen zur Sozialen Gruppenarbeit. Freiburg [3]1973, Lambertus-Verlag.

Furst, William, Homogeneous Versus Heterogeneous Groups. In: Group Psychotherapy and Group Function. New York 1963, Basic Books, Inc.

Garland, James A., Ralph L. Kolodny und Samuel Waldfogel, Social Group Work as an Adjunct in the Treatment of the Emotionally Distrubed Adolescent. In: American Journal of Orthopsychiatry, Band 32, Nr. 4, Juli 1962.

Garland, James A., Hubert E. Jones und Ralph L. Kolodny, A Model for Stages of Development in Social Work Groups. In: Explorations in Group Work. Hrsg. S. Bernstein u. L. Lowy. Boston 1965; deutsch: Untersuchungen zur sozialen Gruppenarbeit. Freiburg [3]1973, Lambertus-Verlag.

Garland, James A. u. Ralph L. Kolodny, Das „Sündenbock"-Phänomen – Kennzeichen und Bewältigung. In diesem Band.

Geiger, George, Values and Social Science. In: The Planning of Change, S. 110.

Ginott, Haim G., Group Psychotherapy with Children. New York 1961, McGraw-Hill, S. 30-33; deutsch: Gruppenpsychotherapie mit Kindern. Weinheim [5]1973, J. Beltz.

Goffman, Erving, Asylums: Essays on the Social System of Mental Patients and Other Inmates. Garden City, New York 1961, Anchor Books, Doubleday & Co.; deutsch: Asyle. Über die soziale Situation psychiatrischer Patienten und anderer Insassen. Frankfurt 1974, Suhrkamp.

Horowitz, Murray, The Conceptual Status of Group Dynamics. In: The Planning of Change, S. 280.

Horowitz, Murray und P. Weisberg, Techniques for the Group Psychotherapy of Acute Psychosis. In: International Journal of Group Psychotherapy, Band 16, Nr. 1, Januar 1966, S. 42–50.

Jones, Maxwell, The Therapeutic Community. New York 1953, Basic Books.

Jones, Maxwell, A. Stanton und M. Schwartz,

The Mental Hospital. New York 1954, Basic Books.

Kersting, Heinz J., Verschiedene Modelle der Sozialen Gruppenarbeit. In: Lebendige Seelsorge, 23. Jg., Mai 1972, Heft 3.

Klein, Alan, Society, Democracy and the Group. New York 1953, Woman's Press, Whiteside, Inc. und William Morrow and Company.

Klein, Philip, From Philanthropy to Social Welfare. San Francisco 1968, Jossey Bass, Inc.

Kluckhohn, Clyde und Harry A. Murray, Hrsg., Personality in Nature, Society and Culture. New York 1953, Alfred A. Knopf.

Kolodny, Ralph L., Research Planning and Group Work Practice. In: Mental Hygiene, Band 42, Nr. 1, Januar 1958.

Kolodny, Ralph L., The Impact of Peer Group Activity on the Alienated Child. In: Smith College Studies in Social Work 1967.

Kolodny, Ralph L., Das behinderte Kind und die Gruppe seiner Altersgenossen. In diesem Band.

Kolodny, Ralph L. und Samuel Waldfogel, Modifying Tensions Between Handicapped and Normal in Group Work with Children. In: Child Welfare, Band 16, Nr. 1, Januar 1967.

Konopka, Gisela, Social Group Work as a Helping Process. Englewood Cliffs, N. J. 1963, Prentice-Hall; deutsch: Soziale Gruppenarbeit: ein helfender Prozeß. Weinheim 1968, J. Beltz.

Leviticus, Kap. 16, S. 5-10.

Lindeman, Eric, Symptomatology and Management of Acute Grief. In: American Journal of Psychiatry, Band 101, Nr. 2, September 1944.

Lowy, Louis, Die Funktion der Sozialarbeit im Wandel der Gesellschaft: Ein Praxis-Kontinuum. Solothurn 1973, Antonius-Verlag. Besonders S. 45-50, Modelle der Methoden in der Sozialarbeit.

Miller, Henry, Value Dilemmas in Sozial Casework. In: Social Work Jornal, Band 13, Nr. 1, Januar 1968, S. 27-33.

Miller, S., M. Rein, P. Roby, B. Cross, Poverty, Inequality, and Conflict. In: The Annuals,

Band II, S. 16, Sept. 1967.

National Association of Social Workers: Code of Ethics.

Norris, Howard J. und William M. Cruickshank, Adjustment of Physically Handicapped Youth. In: Exceptional Children, Band 21, Nr. 8, Mai 1955.

Overview of Proceedings of the Seminar in Group Movement. Boston 1962. Boston University of School of Social Work. Vervielfältigt.

Papell, Catherine und Beulah Rothman, Social Group Work Models: Possession and Heritage. In: Education for Social Work, S. 66-78.

Paradise, Robert und Robert Daniels, Die Gruppenzusammensetzung als ein Instrument der Behandlung von Kindern. In diesem Band.

Peck, Harris, A Group Process Approach to Mental Health Issues. In: The Mental Health Role of Settlement and Community Centers. Swampscott, Mass. 1963, S. 24.

Perlman, Helen H., Social Casework. A Problem-solving Process. Chicago [12]1967, University of Chicago Press; deutsch: Soziale Einzelhilfe als problemlösender Prozeß. Freiburg [3]1973, Lambertus-Verlag.

Phillips, Helen, Essentials of Social Group Work Skills. New York 1957, Association Press.

Polsky, H., Cottage Six: The Social System of Delinquent Boys in Residential Treatment. New York 1962, Russell Sage Foundation

Polsky, H., A Social System Approach to Residential Treatment. In: H. Maier, Hrsg., Group Work as Part of Residential Treatment. New York 1965, National Association of Social Workers, S. 116-132.

Pumphrey, Muriel, The Teaching of Values and Ethics in Social Work Education. In: Council on Social Work Education Curriculum Study, Band XIII, New York 1959.

Querido, A., zitiert in John und Elaine Cumming, Ego and Milieu. New York 1956, Atherton Press, S. 203.

Rapaport, David, The Study of Kibbutz Education and its Bearing on the Theory of

Development. In: American Journal of Orthopsychiatry, 28, 1958, S. 587–597.

Redl, Fritz und David Wineman, Children Who Hate. New York 1962, Collier Books, S. 54 f.; deutsch: Kinder, die hassen. Freiburg 1969, Lambertus-Verlag.

Reiner, B. S. und I. Kaufman, Character Disorders in Parents of Delinquents. New York 1959. Family Service Association of America, S. 7 f. Report on Demonstration Project, Group Work with the Handicapped. The Community Council of Greater New York, Januar 1959.

Riesman, David, The Lonely Crowd. New Haven 1950, Yale University Press; deutsch: Die einsame Masse. Hamburg, rde, Nr. 72.

Rosenthal, Leslie, Countertransference in Activity Group Therapy. In: International Journal of Group Psychotherapy, Band III, 1953, S. 43.

Rubenstein, R. und H. Lasswell, The Sharing of Power in a Psychiatric Hospital. New Haven und London 1966, Yale University Press.

Sarri, Rosemary C. u. a., Diagnosis of Group Work. In: Readings in Group Work Practice. Hrsg. Robert D. Vinter. Ann Arbor, Michigan 1967, Campus Puplishers, S. 52; deutsch: Diagnose in der Sozialen Gruppenarbeit. In: Beiträge zur Praxis der Sozialen Gruppenarbeit. Hrsg. Robert D. Vinter. Freiburg ²1973, Lambertus-Verlag, S. 64.

Schneidlinger, S., The Concept of Regression in Group Psychotherapy. In: International Journal of Group Psychotherapy, Band 18, Nr. 1, Januar 1968, S. 3-20.

Scheidlinger S. und M. Holden, Group Therapy with Severe Character Disorders: The Middle and Final Phases. In: International Journal of Group Psychotherapy, Band 16, Nr. 2, April 1966.

Schutz, William C., The Interpersonal Underworld. In: Harvard Business Review, Band 36, Nr. 4, Juli-August 1958, S. 123–135.

Schwartz, William und Serapio R. Zalba, Hrsg., The Practice of Group Work. New York 1971, Columbia University Press.

Shulman, Lawrence, Scapegoates, Group

Workers and Premotive Intervention. In: Social Work, April 1967.

Sills, David L., The Volunteers. Glencoe, Ill. 1957, Free Press, S. 62.

Silverman, Marvin, Knowledge in Social Group Work: A Review of the Literature. In: Social Work 11, Juli 1966, S. 56–62.

Slavson, S. R., Criteria for Selection and Rejection of Patients for Various Types of Group Psychotherapy. In: International Journal of Group Psychotherapy, 5:3, 1955.

Slavson, S. R., Group Psychotherapy and Schizophrenia. In: International Journal of Group Psychotherapy, Band XI, Nr. 1, Januar 1961, S. 21 u. 25.

Slavson, S. R., When is a Therapy Group Not a Therapy Group. In: International Journal of Group Psychotherapy, Band XI, Nr. 1.

Sloan, Marion B., Factors in Forming Treatment Groups. In: Use of Groups in Psychiatric Settings. NASW 1960, S. 76.

Spergel, Irving, Racketville, Slumtown, Haulburg. Chicago 1964, University of Chicago Press.

Spiro, M. E., Children of the Kibbutz, New York 1965, Schocken Books.

Stanton, A. u. M. Schwartz, The Mental Hospital. New York 1954, Basic Books.

Thomas, Edwin J., The Socio-Behavioral Approach: Illustrations and Analysis. New York 1968, Council on Social Work Education, S. 11 f.

Tuckman, Bruce W., Developmental Sequence in Small Groups. Bureau of Medicine and Surgery, Navy Dept., Bethesda, Maryland o. J., Naval Medical Research Institute.

Vinter, Robert D., The Essential Components of Social Group Work Practice. Ann Arbor, Michigan 1959, University of Michigan Press, S. 4.

Vinter, Robert D., Hrsg., Readings in Group Work Practice. Ann Arbor, Michigan 1967, Campus Publishers; deutsch: Beiträge zur Praxis der Sozialen Gruppenarbeit. Freiburg ²1973, Lambertus-Verlag.

Vogel, Ezra F. und Norman W. Bell, The Emotionally Disturbed Child as the Family Scapegoat. In: Bell u. Vogel, Hrsg., A Modern Introduction to the Family. New York

1960, Free Press of Glencoe, S. 382–397.

Weiner, Hyman J., Toward Techniques for Social Change. In: Social Work, Band 6, Nr. 2, April 1961.

Weiner, Hyman J., Social Change and Social Group Work Practice. In: Social Work, 9, Juli 1964, S. 106–113.

Weiner, Hyman J., Implications of Ward Culture for Group Work Practice. In: Henry Maier, Hrsg., Group Work as Part of Residential Treatment. New York 1965, NASW.

Whittaker, James K., Models of Group Development: Implications for Social Group Work Practice. In: Social Service Review. University of Chicago Press. Chicago, Ill., September 1970, S. 308–322.

Whyte, William H., Jr., The Organization Man. New York 1956, Simon & Schuster. In Deutschland bei Vandenhoeck & Rupprecht, Göttingen 1967. In: Riesman, D. u. William H. Whyte, The Lonely Crowd. The Organization Man.

Wilson, Gertrude und Gladys Ryland, Social Group Work Practice. Cambridge, Mass. 1949, Houghton Mifflin Co., S. 138–152.

Wineman, David, The Life-Space Interview. In: Social Work, Band IV, Nr. 1, 1959, S. 10.

Wolfe, Alexander und Emmanuel Schwartz, Psychoanalysis in Groups. New York 1960, Grune and Stratton.

Standardwerke zur Sozialen Gruppenarbeit

Saul Bernstein/Louis Lowy
Untersuchungen zur Sozialen Gruppenarbeit in Theorie und Praxis
3. Auflage, 184 Seiten, kart. lam. DM 18,50

Das Buch kommt endlich über das Elementare hinaus und sagt Neues. Alle vier Teile scheinen nicht nur sehr wesentlich für die Praxis der Gruppenarbeit, sondern ebenso für die Einzelhilfe und Gemeinwesenarbeit. Es enthält zu den theoretischen Erörterungen immer knapp gehaltene, aber instruktive Beispiele.

Ruth Brack in „Sozialarbeit", Bern

Helen Northen
Soziale Arbeit mit Gruppen
Der Verlauf des helfenden Prozesses
292 Seiten, kart. lam. DM 28,50

Diesem grundlegenden Werk, das als ein wichtiger Beitrag zu einer Praxis-Theorie Sozialer Gruppenarbeit verstanden werden kann, ist anzumerken, daß es aus sehr reichen eigenen Erfahrungen der Autorin hervorgegangen ist. Es bietet wesentliches neues Material und bleibt auf eine klare gedankliche Darstellung konzentriert. Gruppenarbeit wird hier als eine Möglichkeit gesehen, durch Gruppen-Interaktion zur positiven Veränderung des einzelnen wie der Gesellschaft beizutragen. Der Verlauf dieses Prozesses und die Rolle des Gruppenberaters darin werden sehr eingehend dargestellt, Erkenntnisse der Sozial- und Verhaltenswissenschaften einbezogen.

Landkreistag NRW, Düsseldorf

Robert D. Vinter
Beiträge zur Praxis der Sozialen Gruppenarbeit
2. Auflage, 160 Seiten, kart. lam. DM 16,–

In der Darstellung der Gruppendiagnose gibt es nach meiner Kenntnis nichts Vergleichbares in der bisher erschienenen Literatur zur agogisch-therapeutischen Arbeit mit Gruppen. Diese in USA gewonnenen Erkenntnisse sind für die Gruppenarbeit bei uns umsetzbar und die Schlußfolgerungen nachvollziehbar. Leiter von Bildungsarbeits-, Sozialarbeits- und Therapie-Gruppen können in gleicher Weise aus den Darstellungen lernen. Annedore Schultze in „Außerschulische Bildung", Bonn

Michael S. Olmsted
Die Kleingruppe
Soziologische und sozialpsychologische Aspekte
2. Auflage, 160 Seiten, Alcor, DM 15,–

Wer die Problematik der Kleingruppe kennenlernen möchte oder eine Zwischenbilanz zu gegenwärtigen Forschungsperspektiven ziehen will, ist mit diesem Buch gut beraten. Das Buch – in den USA in großer Auflage erschienen – darf einen Platz neben Standardwerken beanspruchen. Schwalbacher Blätter, Wiesbaden

Lambertus-Verlag GmbH, D–78 Freiburg, Postfach 1026

Standardwerke methodischer Sozialarbeit

Robert W. Roberts
Robert H. Nee
Konzepte der Sozialen Einzelhilfe
Stand der Entwicklung — Neue Anwendungsformen
424 Seiten, Alcor, DM 39,50

Helen H. Perlman
Soziale Einzelhilfe als problemlösender Prozeß
3. Auflage, 288 Seiten, kart. lam. DM 25,—

Florence Hollis
Soziale Einzelhilfe als psychosoziale Behandlung
304 Seiten, kart. lam. DM 32,—

Felix Biestek
Wesen und Grundsätze der helfenden Beziehung
in der Sozialen Einzelhilfe
4. Auflage, 144 Seiten, kart. lam. DM 12,80

Elizabeth Nicholds
Praxis Sozialer Einzelhilfe
288 Seiten, kart. lam. DM 25,—

Herbert Lattke
Das helfende Gespräch
2. Auflage, 352 Seiten, kart. lam. DM 36,—

Marinus van Beugen
Agogische Intervention — Planung und Strategie
176 Seiten, kart. lam. DM 18,50

Murray G. Ross
Ben W. Lappin
Gemeinwesenarbeit
Theorie, Prinzipien, Praxis
2. Auflage, 272 Seiten, kart. lam. DM 24,—

Annedore Schultze
(Hrsg.)
Soziale Gemeinwesenarbeit — Arbeitshilfen für die Praxis
94 Seiten, 7 Graphiken, kart. lam. DM 10,80

Gulbenkian-Foundation
(Hrsg.)
Gemeinwesenarbeit und sozialer Wandel
Aktuelle Planungs- und Ausbildungsfragen
208 Seiten, kart. lam. DM 22,—

Dora von Caemmerer
Praxisberatung (Supervision)
Ein Quellenband
346 Seiten, kart. lam. DM 32,—

Frans M. J. Siegers
(Hrsg.)
Praxisberatung in der Diskussion
Formen — Ziele — Einsatzfelder
328 Seiten, Alcor, DM 32,—

Bitte verlangen Sie unsere ausführlichen Informationen.

Lambertus-Verlag GmbH, D–78 Freiburg, Postfach 1026